21世纪海上丝绸之路协同创新中心智库丛

教育部国别和区域研究备案中心广东外语外贸大学拉丁美洲研究中心成果系列

2022～2023年
拉丁美洲蓝皮书
——拉美发展与中拉合作关系

隋广军 / 主编　朱文忠 李永宁 / 副主编

2022–2023 BLUE BOOK OF
LATIN AMERICA

经济管理出版社
ECONOMY & MANAGEMENT PUBLISHING HOUSE

图书在版编目（CIP）数据

2022~2023 年拉丁美洲蓝皮书：拉美发展与中拉合作关系／隋广军主编. -- 北京：经济管理出版社，2024. -- ISBN 978-7-5096-9782-5

Ⅰ. D822.373；F752.773

中国国家版本馆 CIP 数据核字第 2024GU7016 号

组稿编辑：赵亚荣
责任编辑：赵亚荣
责任印制：黄章平
责任校对：王淑卿

出版发行：经济管理出版社
　　　　　（北京市海淀区北蜂窝 8 号中雅大厦 A 座 11 层　100038）
网　　址：www. E-mp. com. cn
电　　话：(010) 51915602
印　　刷：唐山玺诚印务有限公司
经　　销：新华书店
开　　本：710mm×1000mm /16
印　　张：13
字　　数：263 千字
版　　次：2024 年 7 月第 1 版　　2024 年 7 月第 1 次印刷
书　　号：ISBN 978-7-5096-9782-5
定　　价：98.00 元

主　编：隋广军

副主编：朱文忠　李永宁

编委会成员（以姓氏笔画为序）：

丁　浩　马塞洛·塔伊托·哈拉（智利）　　王秀芝

朱文忠　孙秀丽　刘　柳　陈　艺　陈　宁　李永宁

张芯瑜　吴易明　杨晓燕　杨　菁　李翠兰　祝振铎

隋广军　梁　妍　梁韵贤　黄　磊

序　言

　　进入 21 世纪以来，中拉经贸合作持续快速推进，尤其是党的十八大以来，中拉关系实现了前所未有的跨越式发展，取得了一系列丰硕成果。自 2017 年以来，中国"一带一路"倡议吸引了越来越多的拉美国家加入，持续推动了中拉合作不断提质升级。2021 年 9 月 18 日，拉美和加勒比国家共同体第六届峰会在墨西哥首都墨西哥城举行。中国国家主席习近平受邀向峰会作视频致辞，指出中国愿同拉美和加勒比国家一道，共克时艰、共创机遇，携手推动构建中拉命运共同体。2023 年 3 月 26~31 日，巴西总统卢拉对中国进行国事访问，推动了两国关系升级，同时为促进地区和世界发展发挥出了积极作用。2023 年 11 月 2~3 日，第十六届中国—拉美企业家高峰会在北京成功举办。这次峰会以"开放创新、共享发展"为主题，进一步推动了中拉合作关系走深走实。总而言之，近年来，中国和拉美国家持续开展高质量合作，高层互访密切，中拉关系飞速发展，进入平等、互利、创新、开放、惠民的新时代。

　　《2022~2023 年拉丁美洲蓝皮书》是由教育部备案国别和区域研究中心"广东外语外贸大学拉丁美洲研究中心"的学术团队精心组织编写的系列年度蓝皮书的第六本。本系列蓝皮书的出版旨在服务于中拉全面合作伙伴关系的持续提升，助推中拉命运共同体建设不断跃上新台阶。本年度蓝皮书继续秉承了广东外语外贸大学（以下简称广外）"明德尚行　学贯中西"的校训，积极发挥广外"外语+商科"的整体学科优势，积极整合广外商学院、西方语言文化学院等学院的学术平台和专家资源，利用广外西班牙语、葡萄牙语、英语等语言优势，联合拉丁美洲国家合作院校的知名专家学者，强化中拉协同研究机制，努力产出特色鲜明的拉美国别与区域研究成果。

　　《2022~2023 年拉丁美洲蓝皮书》共收录了中外拉美问题研究专家学者精心撰写的 12 篇文章。全书共分为拉美发展与中拉合作态势研究、拉丁美洲区域与国别研究、中拉合作发展实践与案例研究三个主要部分。第一部分"拉美发展与中拉合作态势研究"主要聚焦拉美经贸发展态势与展望、拉丁美洲国家的政府债务可持续性研究、中国企业在拉美投资存在的问题与对策研究报告等经济热点问题。第二部分"拉丁美洲区域与国别研究"主要关注近年来中美洲移民危机的兴起、特征与影响,拉美新社会运动转型中政党建设与执政困境——以智利社会融合党为例,基于文化洋葱模型的电影文化折扣分析——以巴西中国电影展为例,中国与阿根廷影视交流的回顾与展望,迟来的道歉——墨西哥总统就"托雷翁惨案"道歉的动机分析等文旅热点问题。第三部分"中拉合作发展实践与案例研究"主要探讨拉美国家 ESG 政策与实践研究、中国在拉美投资的优势与风险研究、联想智能设备产品在拉美市场营销策略研究、智利与秘鲁酒店业数字化营销管理比较研究等管理热点问题。

《2022~2023 年拉丁美洲蓝皮书》是在主编隋广军教授的亲自指导和带领下策划和实施完成的。副主编朱文忠教授和李永宁教授分别修订、编审了本书一半文章的各约 12 万字。本书稿的目录及摘要的翻译工作分别由广东外语外贸大学商学院、拉丁美洲研究中心朱文忠教授、李永宁教授,西方语言文化学院陈宁教授以及中心兼职行政秘书梁妍老师组织、审核和校对;并由广外高级翻译学院硕士研究生史洋溢,西方语言文化学院硕士研究生唐正、贾灵玥等合力翻译完成。当然,本书的顺利编写和出版得益于文章作者的辛勤努力和无私奉献,也得益于经济管理出版社有关工作人员的精心指导和审定。在此谨向所有参与者的辛勤付出表示衷心的感谢!

本书编者团队深知本书的编写还可能存在诸多不足之处,敬请广大读者批评指正。谨此致谢!

编　者
于广东外语外贸大学北校区
2023 年 11 月

Preface

Since the beginning of the 21st century, China-LAC economic and trade cooperation has continued to advance rapidly. Especially since the 18th National Congress of the Communist Party of China, China – LAC relations have achieved unprecedented leapfrog development and achieved a series of fruitful results. Since 2017, China's Belt and Road Initiative (BRI) has attracted more and more Latin American countries to join it, which has continuously promoted the continuous upgrading of China-LAC cooperation. On September 18, 2021, the 6th Summit of the Community of Latin American and Caribbean States (CELAC) was held in Mexico City, the capital of Mexico. President Xi Jinping was invited to deliver a video address to the summit, pointing out that China is willing to work with Latin American and Caribbean countries to overcome difficulties, create opportunities together, and jointly promote the building of a China-LAC community with a shared future. From March 26 to 31, 2023, Brazilian President Luiz Inácio Lula da Silva paid a state visit to China, which promoted the upgrading of relations between the two countries and played a positive role in promoting regional and world development. From November 2 to 3, 2023, the 16th China-LAC Business Summit was successfully held in Beijing. With the theme of "Open Innovation, Shared Development", the summit further promoted the deepening and solidification of China-LAC cooperation. All in all, in recent years, China and Latin American and Caribbean countries have continued to carry out high-quality cooperation, with close high-level visits and rapid development of China-LAC relations, entering a new era of equality, mutual benefit, innovation, openness and benefiting the people.

The *2022 – 2023 Blue Book of Latin American* is the sixth book in a series of annual blue books carefully organized and published by the academic team of the "Center for Latin American Studies of Guangdong University of Foreign Studies", a national and regional research center registered by the Ministry of Education. The publication of this series of Blue Books aims to serve the continuous improvement of the China–LAC comprehensive cooperative partnership and promote the building of a China–LAC community with a shared future to a new level. This year's Blue Book continues to uphold the motto of Guangdong University of Foreign Studies of "Pursuit of Integrity, Practice and Cross–cultural Learning", actively gives full play to its overall disciplinary advantages of "Foreign Language plus Business", integrates its academic platforms and expert resources of the School of Business, the Faculty of European Languages and Cultures and other schools, makes use of its advantages of Spanish, Portuguese, English and other languages, and unites well–known experts and scholars from partner universities in Latin American countries to strengthen the collaborative research mechanism between China and Latin America, and strive to produce distinctive Latin American and regional research results.

The *2022 – 2023 Blue Book of Latin American* includes 12 articles written by experts and scholars on Latin American studies at home and abroad. The book is divided into three main parts: The development of Latin American and Caribbean countries and China–LAC cooperation, area studies in Latin American and Caribbean countries, and the practice and case studies of China–LAC Cooperation. The first part focuses on the economic and trade development trends and prospects of Latin American countries, the sustainability of government debt in Latin American countries, and the investment problems and countermeasures of Chinese enterprises in those countries. The second part mainly focuses on the rise, characteristics and impact of the migration crisis in Central America since the new century, political party construction and governance dilemma in the transformation of the New Social Movement in Latin American countries, the analysis of film culture discount based on the cultural onion model, the review and prospect of film and television exchanges between China and Argentina, and other hot issues in cultural tourism. The third part mainly discusses the ESG policies and practices of Latin American countries, the consultation on the advantages and risks of Chinese investment in Latin American countries, the strategy of Lenovo's smart device products in the Latin American market, and the comparison of digital marketing management in the hospitality industry in Chile and Peru.

This book was overall planned and implemented under the guidance and leadership of the editor–in–chief, Professor Sui Guangjun. The deputy editors, Professor Zhu Wenzhong and Professor Li Yongning, respectively revised and edited half of the articles in this book, with 120, 000 words per person. The translation of the table of contents and abstract of this manuscript was organized, reviewed and proofread by Professor Zhu Wenzhong and Professor Li Yongning of Latin American Studies, School of Business of Guangdong University of Foreign Studies, Professor Chen Ning of the Faculty of European Languages and Cultures, and Liang Yan, part – time administrative secretary of the center. The translation was completed by Shi Yangyi, a postgraduate student of the School of Interpreting and Translation Studies, Tang Zheng and Jia Lingyue, postgraduate students from the Faculty of European Languages and Cultures. Moreover, the compilation and publication of this book benefited from the hard work and selfless dedication of the authors, as well as the careful guidance, examination and publication of the relevant staff of the Economy & Management Publishing House. I would like to express my heartfelt thanks to all participants for their hard work!

Finally, the editorial team of this book is well aware that there may be many deficiencies in the compilation of this book, and we invite readers to criticize and correct. Thank you!

Editor

In GDUFS (North Campus)

November, 2023

目 录

第三部分　中拉合作发展实践与案例研究

附录

第一部分

拉美发展与中拉合作态势研究

拉美经贸发展态势与展望

黄　磊　邓军豪　祝振铎*

摘　要：由于近些年世界各方面局势日趋复杂，拉美地区的经济亦被拉入持续衰退中。面对这个困境，拉美各国开始着手恢复经济，在内外部环境改善的推动之下，经济不断回暖。本文将从各个角度探究拉美经济的发展状况：首先，从外贸市场萎缩、旅游行业崩塌以及贫困问题加剧等视角出发对拉美经济的衰退情况进行描述和讨论；其次，从内外部需求上升以及民生问题改善两方面研究拉美经济的恢复状况；最后，对拉美地区未来的发展以及中拉经贸关系提出展望。笔者认为，要实现经济的可持续发展，拉美地区各国必须加强区域内和区域间合作，通过深化结构性改革来降低对外部市场的高度依赖性，同时应加强与中国的贸易往来，通过产业结构转型升级，实现中拉经贸关系的持续性发展。

关键词：中拉经贸关系　经贸发展　中拉合作展望

一、导　言

从 2019 年开始，世界局势发生了比较严峻的变化，这些变化对全球各国的经贸发展产生了前所未有的阻碍作用，全球经济秩序和贸易格局也因此受到不可估量的负面影响。为应对这些变化带来的经济贸易发展困境，众多国家和地区不得不采用非常规政策，以管控各类经济行为，其结果是全球经济增长和贸易状态也几近停滞。而世界贸易市场的萎缩也反过来对各国的经济增长造成致命冲击，

---

* 黄磊，广东外语外贸大学商学院教授，博士，福布莱特学者，硕士生导师，研究方向为经济学、国际商务、企业社会责任和可持续发展管理；邓军豪，广东外语外贸大学商学院在读研究生；祝振铎，广东外语外贸大学商学院副教授，博士，硕士生导师，研究方向为管理学、家族企业管理。

表现为世界总体经济断崖式下滑，呈现世界资源需求下降、经济发展放缓以及国际金融市场波动加大的颓势状态。

随后，为应对这些环境变化的冲击，世界各国开始积极实行各种促进经贸发展的特殊政策，世界各国交互贸易开始逐渐恢复，全球经济持续向好，具体表现在世界各国和地区努力实施各类积极的货币政策和财政政策来盘活国内经济，努力消除环境变化对国内经济造成的多重负面影响。因此，世界经济发展水平也在得到进一步恢复，逐步攀升到原来的水准。

拉美地区是世界经济的重要组成部分，对其经贸发展问题进行研究具有非常重要的现实意义。拉美地区的经济发展和贸易状态存在很鲜明的特殊性，此区域的经济体大多对外部市场存在极高的依赖性，其自身发展存在明显的上限，因此，外部因素导致的国际市场萎缩，以及旅游等服务行业的停滞等所造成的危害对拉美地区而言是致命的。同时，拉美地区各国经济发展水平欠佳，多国的经济增长态势长期处于低迷水平。国内经济结构十分脆弱，抗风险能力低下。更严重的是，大多数政府经济管制能力有限，社会治理能力相对羸弱，国内贫困问题成为一种普遍存在。因此，在面对外部负面环境持续性的冲击时，拉美地区各国几乎是捉襟见肘，局面窘迫，难有招架之力，整个地区经济发展受到了严重的阻碍。

拉美地区各国恢复经济的努力措施也是显而易见，表现为各国开始实施各种扶持政策来刺激国内经济的恢复和发展。这种努力也产生了一定的效果，拉美地区的经济也在各国的共同努力下持续好转，地区民众生活水平逐步提升。

本文将从国际环境急剧变化的时代大背景出发，首先从外贸市场萎缩、旅游行业崩塌以及贫困问题加剧等方面，研究国际环境持续恶化对拉美地区各国经济贸易造成的恶劣影响，并分析拉美地区各国为此所采取的应对措施；其次从内外需求上升以及民生问题改善两个方面，探究拉美地区各国如何通过各项经济政策来重新激活国内经济；最后从深化结构性改革的视角，对未来拉美地区经济的进一步发展，以及中国和拉美国家经贸关系的深化进行展望，并提出针对性的建议。

二、2020年全球公共卫生事件对拉美经贸发展的冲击

外部环境的突然变化对全世界的经济贸易发展都带来了严重的冲击。拉美地

区各国也无法独善其身,其经贸发展也面临着众多严峻的挑战。首先,拉美地区各国的公共医疗系统不够完善且医疗物资欠缺,导致拉美各国应对变化的能力有限,逐渐沦为外部环境变化的"重灾区";其次,拉美地区的经济贸易发展原本脆弱,外部环境变化的突发性和持续性无疑雪上加霜,对本地区国家的影响也在不断加重和恶化。以下,笔者主要从拉美地区的外贸市场萎缩、旅游行业崩塌、贫困问题加剧等方面,总结拉美经济贸易的衰退情况。

(一) 外贸市场萎缩

在外部环境突然变化的持续冲击下,拉美地区各国的经济发展都在不同方面受到了抑制和阻碍,首当其冲的便是拉美的外贸市场。作为对外部市场具有极高依存度的典型地区之一,拉美地区的经济发展始终无法离开外贸市场而独立生存,而其中主要依靠的则是大宗商品类的外贸。外部环境的突然变化导致各国开始采取逐渐保守的外贸政策,这也导致全球大宗商品的贸易情况出现需求持续下降、价格不断下行的恶性趋势。故而,拉美地区承受的首要冲击,便是外贸市场的萎缩。

拉美地区国家主要出口目的地是中国以及欧美各国。为应对外部环境的突然变化,中国和欧美各国开始采取严格的进出口管控方案,从而导致了其对大宗商品进口需求的急剧下降。据统计,2020 年中国从拉美地区的进口总值同比累计下跌 5 个百分点。除了外贸需求的降低之外,大宗商品价格的不断下跌也是造成拉美地区经济发展放缓的另一重要原因。由于大宗商品是拉美各国的主要外贸供应品,拉美各国对大宗商品的价格供给弹性很高。2020 年以来,全球原油市场的价格战也愈演愈烈,导致原油期货价格在 2020 年第一季度的跌幅一度超过 60%。仅仅这一点,就对拉美地区原油的外贸出口收益造成致命影响。作为重要产油国的巴西、厄瓜多尔、墨西哥、委内瑞拉等国,由于其开采技术的限制,原油的生产成本始终徘徊在较高的梯度上。因此,油价的暴跌进一步挫伤了这些重要产油国的经济基础,造成经济发展的大幅度波动。

除了原油之外,其他农矿产品等大宗商品的价格也出现了不同程度的下跌。具体而言,铁矿价格下跌 1%、大豆价格下跌 5%、咖啡价格下跌 18%、食糖价格下跌 20%,铜矿价格更是下跌 22%。由于拉美地区各国对资源出口的高度依赖,在世界经济发展放缓、国际资源需求下降的大背景之下,拉美地区严重缺失经济增长动能。如 2020 年全年拉美地区的外贸出口总额萎缩近 10%,其中一半以上的降幅都要归咎于国际市场上大宗商品价格不断下跌的影响。

据拉美经委会估算,由于中美等国应对环境变化所采取的特殊措施,这些国家对初级产品的需求急剧下降,将导致拉美地区对中国出口量下跌 21.7%,对欧洲出口量下跌 16.1%,对美国出口量下跌 11.6%,拉美全地区总出口收入下降至少14%①。如表1所示，与上年相比，2020年拉美地区多国的初级产品出口额都呈现下降趋势。外贸市场的萎缩对拉美地区的出口贸易造成了恶劣影响。

表1 拉美地区国家初级产品出口额　　　　单位：百万美元

国家（地区）＼年份	2019	2020
巴西	147568.3	148922.0
哥斯达黎加	4845.6	4973.4
阿根廷	52201.2	45793.2
智利	58517.0	63941.9
秘鲁	34873.5	28630.4
墨西哥	88521.7	83261.9
巴拿马	1554.8	1581.4
拉美地区	480591.0	458486.4

资料来源：笔者根据拉美经委会（CEPAL）官方数据库数据整理。

（二）旅游行业崩塌

为应对外部环境的突然变化，众多国家都选择出台出入境管控政策。对于旅游业而言，这种管控性的出入境政策无疑会造成巨大的负面冲击。旅游业是拉美地区多国主要经济支柱，对拉美地区的经济发展举足轻重，多国旅游业收入占GDP比重甚至高达20%以上②。拉美地区旅游业主要客源地为欧美地区，此时，欧美国家和地区亦深陷危机泥潭之中不能自保，众多欧美国家也对自己国民的出境需求提出了多重限制。如2020年3月，多米尼加宣布全国进入紧急状态，开始实行边境封闭的政策方案；不久之后，古巴发表了关闭全国境内所有旅游业设施的声明。内外双向的限制方案，使拉美地区的旅游业被推到了濒临崩溃的边缘，众多拉美国家旅游业进入全面停滞的状态。这种负向冲击，同样也辐射到与旅游业相关的餐饮以及酒店等多个服务行业。众多相关行业的小微企业也因此受到毁灭性打击。总体上，旅游行业的崩塌，将拉美地区的经济拉入了衰退的

① ECLAC, The 2030 Agenda for Sustainable Development in the New Global and Regional Context: Scenarios and Projections in the Current Crisis, Santiago de Chile, United Nations Publication, 2020: 24.

② ECLAC, Latin America and the Caribbean and the COVID19 Pandemic: Economic and Social Effects, Santiago de Chile, United Nations Publication, April 2020: 6.

深渊。

(三) 贫困问题加剧

外部环境的突变无疑也对各行业造成持续的冲击和危害。拉美地区各国不得不面临着就业率和劳动参与率不断下降、失业率持续上升、贫富分化问题进一步恶化等一系列困境。由此造成拉美地区的贫困人口迅速膨胀，甚至出现了部分中产阶级返贫的现象，极大地阻碍了拉美地区脱贫任务的完成。

为应对外部环境突变的冲击，拉美地区多国采用了相应的"极端"举措。例如，自 2020 年 3 月初起，阿根廷实施了禁止非必要商业性活动等多项措施，规定普通民众不得随意离家前往公共场所；除开为民众提供基本生活用品的超市之外，其他所有从事经济活动的商铺被责令关门停止营业；除了特殊行业之外，其他企业被禁止从事线下活动，统一居家，一律线上办公；国内所有学校停课，老师学生居家上网课。

这一系列的措施使得全国近 70% 的经济活动人口在就业以及生活上受到了巨大的威胁，导致阿根廷的中低收入群体的生存环境越发艰难，国内的失业和贫困问题也越发恶化。由于众多行业经济活动的萎缩甚至停滞，以致拉美地区承受了一场大规模的失业潮。截至 2022 年 8 月，巴西的失业或非正式就业人群已达近4000 万人①。大部分企业开始采用裁员或提高准入门槛的方法来追求最大限度地降低企业亏损以维持生计，而这一举措所影响的人群大多数为濒临贫困边缘的低收入群体。此外，由于拉美地区多数国家内部的市场经济制度尚未完善，53.1%的劳动力人口都属于非正式就业，因此，被裁员的大部分劳动者无法获得相应的补偿，从而使这部分人群的贫困问题进一步恶化。

长期以来，贫困问题一直是拉美地区国家无法回避的疑难杂症，应对良方阙如。如表 2、表 3 所示，2019 年及 2020 年连续两年，30%以上的拉美人口均处在贫困线之下②。拉美地区国家平均失业率更是从 2019 年的 7.9% 飙升至 2020 年的10.3%。由此可见，拉美地区各国的失业率和贫困率在 2019~2020 年不断上涨，直接导致贫困问题持续加剧。

---

① 赵凯. 美联储加息加剧拉美经济挑战 [N]. 经济参考报，2022-08-01 (002). DOI：10. 28419/n. cnki. njjck. 2022. 003535.

② ECLAC, Social Panorama of Latin America 2019, Santiago de Chile, United Nations Publication, December 2019：92.

表 2 拉美地区国家失业率 单位：%

国家（地区） 年份	2019	2020
巴西	12.0	13.8
哥斯达黎加	11.8	19.6
阿根廷	9.8	11.5
智利	7.2	10.8
秘鲁	3.9	7.7
墨西哥	3.5	4.4
古巴	1.3	1.4
拉美地区	7.9	10.3

资料来源：笔者根据拉美经委会（CEPAL）官方数据库数据整理。

表 3 拉美地区国家贫困人口百分比 单位：%

国家（地区） 年份	2019	2020
智利	13.0	14.2
哥伦比亚	31.7	39.8
墨西哥	36.5	37.4
厄瓜多尔	25.7	30.6
秘鲁	15.4	28.4
哥斯达黎加	16.5	19.4
拉美地区	30.4	32.8

资料来源：笔者根据拉美经委会（CEPAL）官方数据库数据整理。

与此同时，严重的贫富分化现实始终是困扰拉美地区的另一大难题。在外部环境突变的冲击下，受影响最大的便是长期处于社会边缘的低阶层群体。社会矛盾不断激化，派生出一系列影响国家经济和贸易持续发展的社会问题。

（四）拉美经济衰退

在外部环境突变的持续影响下，拉美地区出现的外贸市场不断萎缩、旅游行业发展停滞、贫困现象持续加剧等多重问题，对拉美地区的经济发展产生了严重的遏制作用，成为拉美地区经济持续衰退的主要原因。

近些年来，拉美地区的经济发展状况原本就一直处在不理想的状况之下。比如，2013~2019 年，拉美地区的年均增速低至 0.38%，为近 70 年来经济增速的最低水平①。拉美经委会指出，2019 年拉美地区的总体经济增长率仅为 0.1%。作为拉美地区第一大经济体的巴西，2019 年的经济增幅低至 1.1%，阿根廷 2019 年出现了 3.1% 的负增长。同时，国际货币基金组织（IMF）于 2021 年 4 月发布的报告中指出，2020 年拉美地区的全年宏观经济负增长幅度扩展到了 -7%。拉美地区的 33 个经济体中，多达 23 个处在增速放缓的状态。部分经济体甚至出现了发展停滞或衰退的状况。

如表 4 所示，2019~2020 年，拉美地区大部分国家的年度 GDP 总值都处在缩减的衰退状况下，2020 年拉美地区的 GDP 总值较 2019 年下跌了 15%。由此可见，拉美地区经济出现了持续性的衰退现象。

表 4 拉美地区国家年度 GDP 单位：百万美元

国家（地区）	年份 2019	2020
巴西	1873129.3	1484932.5
阿根廷	449958.5	385377.5
哥斯达黎加	64459.2	62405.2
秘鲁	228297.7	201534.8
墨西哥	1269024.6	1100142.3
巴拿马	69721.8	57086.8
拉美地区	5246614.4	4441424.2

资料来源：笔者根据拉美经委会（CEPAL）官方数据库数据整理。

三、当前拉美经贸发展现状

面对外部环境突变，世界各国并没有坐以待毙，而是通过各种积极手段，迅

---

① ECLAC, Preliminary Overview of the Economies of Latin America and the Caribbean 2019, Santiago de Chile, United Nations Publication, December 2019：116.

速采取了针对性措施，抑制外部环境变化的冲击。当前，各国的经济开始呈现复苏的迹象。随着全球经济的逐渐复苏，拉美地区各国也在努力寻求恢复国家经济的路径和良方，各国的经济发展也开始触底反弹、不断回暖。本节主要从拉美地区的内外需求上升和民生问题改善两大方面，对当前拉美经济发展的现状进行探究。

比如，墨西哥制定了新的经济恢复政策，颁布一系列批准恢复运营的必要产业政策，其中包括采矿、汽车和建筑等多个行业领域，致力于早日缓解国内经济的发展颓势。以墨西哥金塔纳罗奥州的经济发展为例，此州经济发展主要依靠旅游业来支撑，在外部环境突变的影响下，此州旅游业受到重创，州内的经济发展也陷入了泥潭之中。随着国家恢复经济政策的制定和实施，金塔纳罗奥州赖以生存的旅游业也及时恢复经营，州内的众多旅游景点开始对游客开放，部分地区与旅游相关的酒店和商店等服务行业也进入了恢复经营的状态，州内经济形势向好。又如，巴西圣保罗于2020年6月开始实施恢复经济活动的决策方案，随后，圣保罗州内绝大部分行业领域的经济活动都重新被激活，全州经济开始逐渐恢复生机。再如，2020年5月，玻利维亚的支柱产业——采矿业率先投入运营，加入到新一轮经济建设的浪潮之中。同时，全国大部分地区也在国家相关政策的引导下逐渐进入了恢复经济活动的状态，为国家经济的复苏蓄力。除此之外，包括厄瓜多尔、哥伦比亚以及委内瑞拉等多个拉美国家都开始重新开放国内经济活动。从解除机场管控、重启商场经营活动、恢复非必要经济活动、放松经济活动管控措施等多方面来重启国内经济和贸易。显而易见，当前的拉美地区正努力通过多种措施来重启经济，试图将经贸发展推上良性循环的轨道。

（一）内外需求上升

当前，拉美地区经济开始呈现整体复苏的态势。国际经济局势的好转带来了国际外贸需求的不断提高，其中体现最为明显的便是拉美地区内部和外部需求的双双扩大。2021年全球贸易总量的增长速度达到了5%，比2020年增长了近4%。这主要得益于拉美地区外贸的主要服务对象国——中国和美国开始逐渐放开外贸限制，对外需求骤增。由于应对外部环境变化政策的有效性和持续性实施，中国成为2020年全球唯一一个实现了经济正增长的国家，2020年经济增长率达到了2.3%。中国经济的回暖，给中拉贸易带来了极大的促进和推动作用。将中国作为主要外贸出口国的秘鲁、智利、巴西和乌拉圭等拉美国家受益匪浅。外贸市场回暖，这些国家的出口收益获得大幅上升。同时，美国拜登政府于2021年2月27日推出了一项涉及金额1.9万亿美元的《美国救援计划》，该计划使得巴西、墨西哥、秘鲁、智利和哥伦比亚等与美国往来商品贸易较为频繁的拉美国家获得了不菲的外贸需求增长。美国外贸计划的实施给这些拉美国家在2021年带来了经济增长率的提高,增长率均保持在 3.0%~7.6%。

随着国际市场需求的不断上升,拉美地区赖以生存的出口商品——大宗商品的价格也逐步回升。从 2020 年第三季度开始,全球大宗商品市场行情便开始逐渐好转,大宗商品贸易需求不断扩张,价格也获得提高。国际货币基金组织于 2021 年 1 月发布的《世界经济展望》报告中指出,与 2020 年相比,2021 年的国际油价将上涨 20%。油价的上涨,为墨西哥、厄瓜多尔以及巴西等拉美地区主要产油国贡献了 3%的经济增速,为拉美地区的经济复苏起到关键的促进作用。

此外,2021 年国际铜价累计涨幅已经超过了 20%,钼、锡、镍、锌、铁、铅等金属矿石的价格也屡创新高,为拉美地区带来了较高的外贸收益。同时,随着近几年"双碳"目标在全球的兴起,世界上不少国家开始步入电气化的进程,对精铜的需求不断提升,使得国际精铜市场在 2021~2023 年出现了数十万吨的供给缺口,这给秘鲁、智利、阿根廷和巴西等主要精铜出口国带来了极大的外贸市场扩张契机。如表 5 所示,2021 年拉美地区各国的初级产品出口额均呈现显著的上升趋势,地区总出口额较 2020 年上涨超过 35%。这一切表明,拉美地区外贸市场环境开始明显好转。

表5　拉美地区国家初级产品出口额　　　　　单位:百万美元

年份 国家 (地区)	2020	2021
巴西	148922.0	201256.3
哥斯达黎加	4973.4	5719.0
阿根廷	45793.2	66522.4
智利	63941.9	82906.4
秘鲁	28630.4	43402.2
墨西哥	83261.9	112398.6
巴拿马	1581.4	3634.0
拉美地区	458486.4	621079.4

资料来源:笔者根据拉美经委会(CEPAL)官方数据库数据整理。

全球经济的回暖、国际市场形势的好转,促进了拉美地区外贸需求的持续上涨,成为拉美地区经济复苏的动力,各国经济发展因此持续向稳、向好、向深。除了外贸市场不断好转、外贸需求持续上升之外,拉美各国内部各项政策的放开，以及各类经贸救助政策的实施，极大地刺激了拉美地区内部需求的持续回升。比如，近两年拉美各国政府持续推出一系列刺激国民消费支出的救助计划，为民众提供经济补贴以提振和刺激消费需求。因此，当前拉美地区民众的消费结构也出现了较大的转变。这种消费结构的转变，也为地区经济的复苏和发展起到了积极的推动作用。2021 年，巴西的公共费用支出同比尽管下降了 4.9%，但是与 2020 年第四季度相比，总体上还是有所增加；2021 年，智利社会总消费同比增长 9.1%，其中政府消费支出同比增长 9.9%，家庭消费支出同比增长 8.9%，非耐用品消费同比增长 10.6%，耐用品消费同比增长 61.2%[①]。当前，无论是外贸市场的需求还是国内居民的需求都在持续回暖，拉美经济也在内需和外需双重好转的推动之下迎来了新的增长态势。

（二）民生问题改善

在外部环境变化持续冲击的过程中，由于整体经济停滞不前，受影响最为严重的便是普通百姓。拉美地区与民众衣食住行密切相关的民生问题层出不穷，中低阶层的民众尤甚。要使经济能够真正得到恢复，民生问题是亟待解决的首要问题。

在外部环境持续变化期间，众多低收入群体和未受市场经济体制保障的非正规工人群体的生计受到了极大的威胁。为维持并逐步恢复这部分群体的生活水平，部分国家出台并实施了相关的纾困政策。例如，巴西经济部实施了相关的帮扶政策，为每人提供了 120 美元/月的津贴补助。此外，为解决严重的失业问题，巴西政府还出台了一系列政策措施以扶持国内中小微企业的发展。众所周知，拉美地区的中小微企业始终是促进拉美经济发展的重要组成部分，在带动拉美地区就业以及促进经济增长方面发挥着无法取代的重要作用，而由于中小微企业自身的抵御风险能力较弱，在经济持续衰退期间，拉美地区受到极大生存威胁的便是这些中小微企业，基本上处于岌岌可危的状态。因此，巴西针对中小微企业出台的这一系列扶持政策，能够在短时间内将中小微企业的生产经营迅速推上正轨，充分激发中小微企业在促进就业、刺激新经济增长点、推动技术创新、融聚民间资本等多方面的重要带动作用，从而为经济的复苏和发展打下基础。

在各项经济政策的推动下，拉美地区民生问题得到了较大幅度的改善。截至 2022 年，拉美地区大多数国家的国民就业水平已经恢复到与 2019 年持平的水平。例如，为缓解普通民众的经济负担，阿根廷政府向低收入家庭群体发放 157 美元/户的救助补贴，同时出台了全新的《租金法》，限制租金的上涨，保障靠租

---

① Estudio Económico de América Latina y el Caribe：Dinámica laboraly políticas de empleo para una recuperación sostenible e inclusiva más allá de la crisis del COVID-19, CEPAL, Agosto 2021：237.

房来维持生计的民众的权益，从而维持了人民的基本生活水平。再如，为减轻贫困人口生活压力，厄瓜多尔政府为月收入 400 美元以下的低收入贫困家庭发放 60 美元的资金补贴。

由于拉美地区存在就业模式的特殊性，地区内拥有一批巨大规模的非正规就业人口，这群人在参加工作的过程中，没有获得市场经济法规的保护，如果出现离职或被裁员，他们无法获得相应的工资补贴。环境急剧变化导致了失业率的大幅上升，为保障这类非正规就业人口的权益，一些国家推出了相应的救助政策。比如，智利政府出台了一项 20 亿美元保障计划，专门用以弥补非正规就业人口在此期间受损的权益，并在此基础上实施了一系列就业保护计划。通过扶助小微企业、安排救济性工作、锁定劳工工资等多种渠道来帮扶基层劳工群体，以此改善民生问题。

在保障非正规就业人口权益方面，阿根廷政府也出台了相关的政策来对非正规就业人口进行帮扶。首先，从根本入手，降低非正规就业人口的被裁员率。为此，阿根廷政府将扶助对象瞄准在了非正规就业人口最为密集的中小企业领域，提出了"工作和生产援助"等多项扶持方案来为中小企业补充薪酬，从而缓解中小企业的经济压力，降低企业的裁员率。其次，阿根廷政府通过相关财政举措来为非正规就业人口提供经济支持，非正规就业工人可向当地政府申请无息贷款，从而帮助其获得基本的经济收入。

伯利兹出台了新的失业减免计划，通过经济补贴，保障其基本生活需求，以缓解失业人群的生活压力。在国内经济逐渐缓和之后，危地马拉政府出台一系列的奖励计划，对在恢复经济中作出较大贡献的个人和组织发放奖金，并且通过国家财政大量拨款的手段扶持受经济衰退影响的民众群体。同时，对私营部门工作者发放补贴工资和能源补贴，部分收益减少比较明显的小规模农户则可获得政府提供的非现金赠款。

此外，哥伦比亚、玻利维亚、多米尼加共和国和秘鲁等国也纷纷出台财政政策组合包，以改善民生问题，包括向民众发放现金、为企业推迟税费缴纳甚至减免税费等措施。总而言之，在拉美各国的共同努力之下，当前拉美地区的民生问题得到了极大程度的改善，民众生活水平开始逐渐回归到了较好的水平，社会矛盾也得到了极大的缓解。

如表 6 所示，在拉美地区各国积极施行扶持性的财政政策之后，多个国家 2021 年的失业率相比 2020 年有了不同程度的下降。问题的缓解，使众多民众的基本生活得到保障，民生问题因此得以改善。

表6　拉美地区国家失业率　　　　　　　　　　　单位：%

国家（地区）＼年份	2020	2021
巴西	13.8	13.2
哥斯达黎加	19.6	16.4
阿根廷	11.5	8.8
智利	10.8	8.9
秘鲁	7.7	5.8
墨西哥	4.4	4.1
拉美地区	10.3	9.3

资料来源：笔者根据拉美经委会（CEPAL）官方数据库数据整理。

（三）拉美经济回暖

在各国积极性的经济政策持续推动之下，拉美地区的内部和外部需求不断回升，民生问题持续改善，总体经济形势开始向好发展。从2021年初开始，拉美地区部分经济体就已经实现了经济的正增长。其中，巴西和智利2021年第一季度的经济增长率分别为1.0%和0.3%。如表7所示，拉美地区2021年的总体GDP发展较2020年实现了13%的恢复性增长，2022年的总体GDP发展较2021年也实现了14%的恢复性增长。数据表明，绝大多数国家的年度GDP总值都在2020~2022年实现了稳定的连续性增长。可见，当前的拉美地区经济开始逐渐回暖，经济发展态势良好。

表7　拉美地区国家年度GDP值　　　　　　　　单位：百万美元

国家（地区）＼年份	2020	2021	2022
巴西	1484932.5	1650422.9	1921365.4
阿根廷	385377.5	485295.1	630029.1
哥斯达黎加	62405.2	64587.3	68576.8
秘鲁	201534.8	223570.8	242623.7
墨西哥	1100142.3	1274451.3	1416138.8
巴拿马	57086.8	67406.7	76522.5
拉美地区	4441424.2	5018903.0	5719661.9

资料来源：笔者根据拉美经委会（CEPAL）官方数据库数据整理。

四、拉美经贸发展与中拉经贸关系展望

（一）拉美经贸发展展望

当前，全球经济正处于缓慢复苏的阶段，世界各国之间的贸易活动不断增强，全球经济呈现出相对繁荣的态势。但是，与其他发达经济体不同的是，拉美各国的财政和货币政策的可操作空间较为狭窄，面临着较明显的约束性，因此，拉美经济的复苏存在着无法回避的潜在脆弱性和不可持续性。为克服这些潜在的威胁，拉美国家必须通过深化结构性改革，方可实现经济的可持续增长。

综上所述，拉美地区对外部市场依赖性非常高，即经济发展高度依赖出口。也正是这种高度依赖性，导致了拉美地区在面对国际环境突变冲击时显得力不从心。当众多发达国家面临外部环境变化压力而限制进出口贸易时，拉美地区那种经济发展高度依赖外部市场的缺陷也被无限放大。外部市场需求降低以及外部贸易条件限制增多等原因，都对拉美地区的经济增长造成了近乎致命的损害。因此，当国际市场回暖，外部贸易限制取消以后，拉美地区经济发展在各项政策的共同带动下开始逐渐回升。然而，取得稳定的发展后，结构性改革这个问题也自然成为拉美地区各国需要深思的一个问题和方向。要实现地区的可持续性发展，各国就必须根据自身条件，加入深化结构性改革的队列中，降低对外部市场的依赖，以应对地区脆弱性问题，从而实现长远的发展。

为此，拉美地区各国需要调整产业结构，从而增强地区产业链的广度和深度。拉美地区的主要出口产品是大宗商品等一系列初级产品，此类产品的特点是复杂程度和生产门槛低，不需要投入过多的人力和技术成本便可完成整个生产流程。而且，这些产品的出口完全依赖外部市场的需求，与产品自身关联不大。这一系列特点也使得初级产品在全球产品价值链上处在极低的地位。因此，拉美地区要降低地区脆弱性，就必须从产品结构入手，通过技术水平的提高来实现生产结构的差异化，深化地区出口产品结构化转型，在转型中求发展，降低对外部市场的依赖，从而实现地区经济的长远可持续发展。

（二）中拉经贸关系展望

拉美地区与中国的经济产业结构存在高度的互补性，因此，双方一直是天然的贸易伙伴。自2012年以来，中国在拉美地区就一直保持着第二大贸易伙伴的地位，中拉近十年来始终保持着密切的外贸交易往来。但是，外部环境突变的冲击导致中拉双方贸易严重受挫，进出口贸易的萎缩对中拉经贸合作造成了十分消极的影响。目前，中拉经贸活动也逐渐恢复正常，2021 年中拉贸易总额突破 4500 亿美元，2022 年更是再度上涨 7%，达到了 4857.9 亿美元，成果丰硕。

同时，我们也必须意识到，多年来，中拉之间的贸易往来大部分都局限于大宗商品等初级产品，因此，进出口产品结构比较单一。而且，尽管中拉贸易结构存在高度的互补性，但是由于劳动力成本优势，中国出口的工业制成品与拉美国家在本国市场面临着非常强的竞争。因此，从中国和拉美国家自身的未来发展来看，双方都面临经济转型升级的现实需求，客观上都需要加强彼此之间的产能合作，以此为基础，支持各自的经济和产业转型。具体而言，就是拉美地区国家不能止步于初级产品的"全球供应商"角色，中国也必须在拉美地区摆脱廉价产品的"世界工厂"的刻板印象。中拉双方以一般工业消费品交换能源和矿物产品为主的贸易结构是不可持续的，需要进一步推动工业化升级和经贸结构的调整转型。

未来，中拉经贸关系的可持续增长依赖于双边经贸结构的改革升级。就拉美国家而言，需要扩大对中国出口产品的多样化，并且要努力提升这些出口产品的附加值。不少学者相信，产能合作是走出中拉贸易困境的重要出路和方式。通过产能合作，中拉双方可以逐步调整自身的贸易结构，实现产业对接。比如，中国可以向拉美国家输出产能，帮助其发展工业，挖掘新的贸易潜力。通过这个途径助力中拉经贸关系的可持续性增长，促进双边合作转型升级。

就未来发展的可行性而言，拉美地区可以通过产业转型升级来调整中拉在农矿业以及能源行业的合作现状，拓展配套产业的发展，以促进与初级产品相关的生产性服务业的复苏和升级。另一个重点领域与医疗卫生有关。拉美国家可重点关注以较快速度发展起来的医疗卫生产业，配合中国"一带一路"倡议在拉美地区的发展态势，推动医疗卫生基础设施建设工程的进一步优化升级，将交通运输等相关产业一同纳入基础设施的合作建设中。

总而言之，当前全球的经贸发展态势给中拉经济和贸易关系带来挑战的同时，也派生出一个前所未有的宝贵机遇。拉美地区国家应该在不断变化的国际环境中，战略性地推动与中国经贸合作领域的产业转型升级，以通过拉动相关产业的发展，来增强拉美地区大宗商品产业的外部风险抵抗能力，从而进一步深化中拉经贸关系，实现中拉经济贸易的互依互推的长期可持续性发展。

五、结　语

由于自身先天存在多方面的脆弱性，在外部环境突变的侵袭之下，拉美地区国家的经济和贸易发展出现了严重的停滞甚至倒退局面。为应对国际环境突变带来的负面冲击，拉美地区也与世界其他国家和地区一样顺应经济回暖的发展趋势，通过实行大规模的财政扶持计划和流动性供给补助，较好地解决了国际局势突变产生的各类民生问题，并通过积极的外贸政策解决了由此导致的众多经济发展难题。此后，拉美地区经济贸易发展不断回升，发展趋势基本向好。仔细观察拉美地区的经济发展状况，人们也会发现，虽然当前拉美地区经济发展状况持续回暖，但是在外部环境突变中暴露出来的严重阻碍此地区经济贸易发展的具有极高脆弱性的产品结构问题必须得到重视。在未来的发展过程中，拉美地区国家必须进一步探索相应的结构性改革举措，通过深化产品结构性改革来实现生产结构异质化，以降低拉美地区对外部市场的高度依赖，实现地区的长期、可持续的稳定性发展。同时，拉美地区国家也需要进一步推动产业结构转型升级，以深化和稳定与世界各国的经贸关系。在此基础上，基于拉美地区与中国产业结构存在高度的互补性，以及中拉之间天然的贸易伙伴关系，拉美地区国家需要进一步深化中拉经贸关系，这也是当前以及未来较长的一段时间内，拉美地区国家需要重点关注的最重要的经贸发展战略。

拉丁美洲国家的政府债务可持续性研究

李翠兰[*]

摘 要：拉丁美洲国家政府债务逐年增长是地区经济危机的潜在根源。近几年国际环境的不稳定加剧了该地区社会经济的失衡。拉丁美洲国家对债务融资的长期依赖增加了该地区应对外部冲击时的脆弱性，并使实施公共政策以实现政府债务可持续发展目标变得更具挑战性。本文在拉丁美洲国家政府债务规模的基础上，结合影响政府债务可持续性的经济发展、财政赤字、利息水平和外汇储备四个因素逐一分析，对当前拉丁美洲国家的政府债务总体状况进行分析，并提出防范政府债务因经济下滑而出现较大风险、加强财政支出和赤字管理、推动金融和债务管理改革来降低政府债务风险的措施和建议。

关键词：拉丁美洲 政府债务 可持续性 财政支出

一、引 言

政府债务已成为现代经济不可或缺的融资手段或调控工具，无论是为了弥补财政赤字、筹集建设资金，还是为了调整经济结构、熨平经济周期、改善融资模式，政府债务在各国经济发展中发挥的作用越来越大。但是，作为"双刃剑"的政府债务，如果水平过高以致超过政府所能承受的范围，就可能成为引爆经济动荡甚至债务危机的导火索。在低利率甚至零利率、负利率刺激下，发达经济体加大了举债力度，出现了 20 世纪 50 年代以来增速较快的一次债务膨胀

---

[*] 李翠兰，广东外语外贸大学经贸学院讲师，经济学博士。

（Reinhart et al.，2012）①。伴随政府债务持续增长，美国等多国出现了"高债务、低增长"的局面。但由于利率水平持续走低，部分学者（Blanchard，2019）② 认为这种局面是可持续的，低利率水平下政府维持高负债的成本低，规模巨大的政府债务不会危及美国等发达经济体的财政可持续性。政府债务大幅增长的势头很快蔓延到发展中国家，包括新兴市场经济体。国际金融协会（IIF）发布的 2023《全球债务监测》③ 报告显示，在利率上升的环境下，全球债务存量在 2023 年上半年增加了 10 万亿美元，达到 307 万亿美元的历史新高。全球债务与 GDP 之比经历近两年的下降后再次上升，当前全球债务与 GDP 之比已提升至 336%，预计到 2023 年底这一数值将升至 337%。与此同时，据国际货币基金组织估计，2022 年 60% 的低收入国家最终面临债务困境的高风险，至少 25% 的中等收入国家处于类似情况（Chuku et al.，2023）。④ 全球范围内，公共债务负担正成为日益严重的问题，其中拉丁美洲国家的政府债务问题最为严峻。长期以来，尽管拉丁美洲国家政府一直努力改善财政和债务状况，但是始终效果甚微。作为全球债务负担最重的地区之一，拉丁美洲国家的政府债务规模如何？影响各国政府债务可持续性的因素有哪些？当前债务可持续状况到底如何？对上述问题进行深入探讨和研究，无论对发展中国家还是发达国家，加强财政和债务管理都具有重要的理论意义和现实意义。研究政府债务的可持续性，对一国控制债务规模、调整财政收支结构有着至关重要的意义，同时也能为在全球范围内缓解政府债务负担提供借鉴。

二、拉丁美洲国家的政府债务现状分析⑤

2020 年不稳定的国际环境对拉丁美洲国家的公共财政造成了严重打击，但从公共债务规模的变化来看，拉丁美洲部分国家 2021 年和 2022 年的财政复苏速

① Reinhart C M, Reinhart V R, Rogoff K S. Public Debt Overhangs：Advanced-economy Episodes since 1800 ［J］. Journal of Economic Perspectives，2012，26（3）：69-86.

② Blanchard O. Public Debt and Low Interest Rates ［J］. American Economic Review，2019，109（4）：1197-1229.

③ https：//www.imf.org/zh/Blogs/Articles/2023/09/13/global-debt-is-returning-to-its-rising-trend.

④ Chuku C, Samal P, Saito J, Hakura D, Chamon M, Cerisola M D, ... & Zettelmeyer J. Are We Heading for Another Debt Crisis in Low-Income Countries? Debt Vulnerabilities：Today vs the pre-HIPC Era，2023.

⑤ BCRP（Central Reserve Bank of Peru）. Reporte de inflación：junio 2023, Lima ［EB/OL］. https：//www.bcrp.gob.pe/docs/Publicaciones/Reporte-Inflacion/2023/junio/reporte-de-inflacion-junio-2023.pdf.

度远快于预期。由于社会支出和补贴、通货膨胀、经济增长放缓和借贷成本上升的压力，2023 年拉丁美洲国家面临的财政挑战可能会加剧。从总体来看，拉丁美洲国家的政府债务主要呈现出以下几个特点：

（一）政府债务规模大，呈下降趋势

拉丁美洲国家的政府债务与 GDP 的比率仍然较高。2023 年 3 月，拉丁美洲国家中央政府债务与 GDP 的比率略有下降，主要是由于名义 GDP 的增长。2023 年 3 月，拉丁美洲国家 16 国平均政府债务占 GDP 的比重为 49.5%，比 2022 年底下降 1.9 个百分点（见图 1）。2020 年至 2023 年 3 月的政府债务相对于 GDP 的水平凸显了该地区各国为应对 2020 年国际突发事件支付的高昂成本而导致的巨大融资需求。尽管公共债务在 2021 年至 2023 年 3 月有所改善，但无论是从历史上看还是与其他地区相比，政府债务仍处于较高水平，占 GDP 的 50% 左右，这一水平与 2003 年前该地区观察到的水平非常相似（拉加经委会，2023）[1]。2022 年名义国内生产总值增长对该地区一些国家的公共债务占比的变化趋势产生了重大影响。

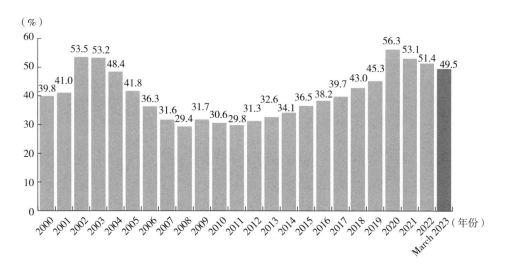

图 1　2000 年到 2023 年 3 月拉丁美洲国家中央政府债务与 GDP 的比率

资料来源：拉丁美洲和加勒比经济委员会（ECLAC），基于官方数据。

（二）各国政府债务存在较大差异

在区域层面，南美洲和中美洲的政府债务分别占 GDP 的 52.9% 和 46.1%。

---

①　ECLAC（Economic Commission for Latin America and the Caribbean）（2023d），Public Debt and Development Distress in Latin America and the Caribbean（LC/TS. 2023/20），Santiago.

单独来看，该地区各国差异很大，阿根廷和巴西的政府债务占比超过 70%，危地马拉、巴拉圭和秘鲁等其他国家则接近 GDP 的 30%（见图 2）。

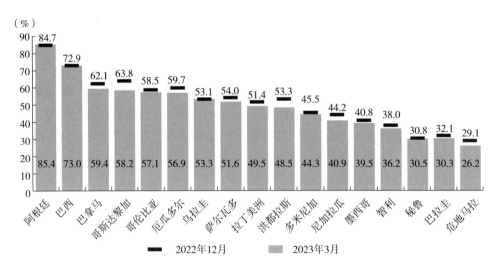

图 2　拉丁美洲各国中央政府债务占 GDP 的比率

资料来源：拉丁美洲和加勒比经济委员会（ECLAC），基于官方数据。

以巴西为例，未偿债务在 12 个月内占 GDP 比率下降了 5.4 个百分点，这主要是由于债务趋势中隐含的不同组成部分之间的相互作用，特别是产出增长率和净债务赎回的贡献，大幅抵消了应计名义利息增加的影响（巴西中央银行，2023）。在加勒比地区，2022 年 12 月中央政府总债务占 GDP 的 77.9%，比 2021 年底下降 6.3 个百分点。在一些国家，此类债务占 GDP 的 100% 以上，例如巴巴多斯和苏里南，分别占 GDP 的 123.3% 和 122.3%。与拉丁美洲一样，经济增长形势的好转产生了强大的分母效应，因为年内政府债务绝对水平基本保持稳定。在这方面，伯利兹、巴巴多斯、圭亚那和牙买加的政府债务占 GDP 的比率大幅降低。在圭亚那，随着海上石油生产的启动，国内生产总值预计将实际增长 60% 以上。相比之下，苏里南的债务水平有所上升，原因是本国货币贬值对外币债务余额产生影响。尽管该地区中央政府债务水平相对于国内生产总值有所下降，但仍远高于确保该地区公共债务可持续性的健康水平，因此它们构成了当前宏观经济状况下的脆弱性根源。

（三）经常性支出减少，资本性支出缓慢增长

根据世界银行的预测，随着世界经济总量的增加，拉丁美洲国家经常性支出预计收缩，总支出将减少，从 2022 年占 GDP 的 21.6% 下降到 2023 年的 21.4%（见图 3）。相比之下，资本性支出无论是按实际价值还是相对于产出而言都将恢复并增加。然而，如果财政结果偏离当年预算设定的目标，公共投资的增加可能难以实现。到 2023 年底，基本支出的实际增长率可能接近于零，甚至略有负值。

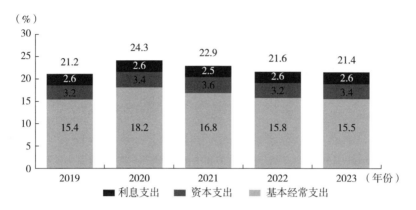

图 3　2019～2023 年拉丁美洲国家政府支出的构成（占 GDP 比率）

资料来源：拉丁美洲和加勒比经济委员会（ECLAC），基于官方数据。

2023 年经常性支出减少的主要原因是补贴支付和经常转移行为。据世界银行预测，拉丁美洲国家的经常性支出将延续 2021 年开始的下降趋势，平均占 GDP 的 8.3%，这主要是由于为应对 2020 年全球经济环境不稳定而实施的紧急计划的撤回。

如图 4 所示，2020～2023 年拉丁美洲国家的基本支出占比仍高于 2020 年之前的水平，2015～2019 年平均占 GDP 的 7.8%。由于部分国家在 2023 年前 5 个月的补贴和经常性转移支出仍强劲增长，因此到 2023 年底支出水平可能会更高。比如，智利实行的与全民保障养老金相关的社会保障福利支出较大（DIPRES，2023）。① 与此同时，洪都拉斯的补贴和经常性转移支出增加是对生产技术债券和 2022 年 2 月生效的电力补贴延续的反映。在巴拉圭，老年人和社区发展以及 Tekoporã 计划的社会福利大幅增加，缴费型养老金支出也有所增加（巴拉圭财政部，2023）。在多米尼加共和国，补贴和经常性转移支出增加的原因是向电力部门和 Supérate 计划的转移，其中包括食品和燃料补贴等多项社会福利（DIGEPRES，2023）。②

---

① DIPRES（Budgetary Affairs Bureau of Chile）（2023）. Informe de ejecución presupuestaria mensual：junio 2023［EB/OL］. http：//www. dipres. gob. cl/598/articles-311998_doc_pdf_reporte. pdf.

② DIGEPRES（Directorate General of the Budget of the Dominican Republic）（2023）. Informe de ejecución presupuestaria：enero - marzo 2023［EB/OL］. https：//www. digepres. gob. do/wp - content/uploads/2023/06/Informe-Enero-Marzo-2023-VERSION-WEB-VF-10. pdf.

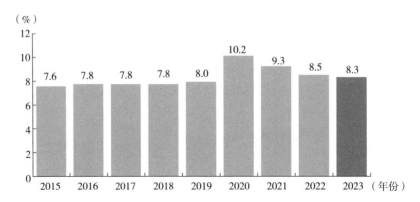

图 4　2015～2023 年补贴和经常性转移占 GDP 比率的趋势

注：①包括的国家有阿根廷、巴西、智利、哥伦比亚、哥斯达黎加、多米尼加、厄瓜多尔、萨尔瓦多、危地马拉、洪都拉斯、墨西哥、尼加拉瓜、巴拿马、巴拉圭、秘鲁和乌拉圭。②2023 年的数字为官方估计。③就阿根廷、墨西哥和秘鲁而言，数字分别指国家公共行政部门、联邦公共部门和联邦政府公布的数据。

资料来源：拉丁美洲和加勒比经济委员会（ECLAC），基于官方数据。

从图 5 可以看出，拉丁美洲各国的资本性支出存在着较大的差异，2023 年1～5 月相对于 2022 年 1～5 月，在 2022 年减少资本性支出后，预计在 2023 年将有所增加。但是这些结果并不一定代表 2023 年的预期增长，因为总支出的大部分通常是在当年的最后几个月执行的。

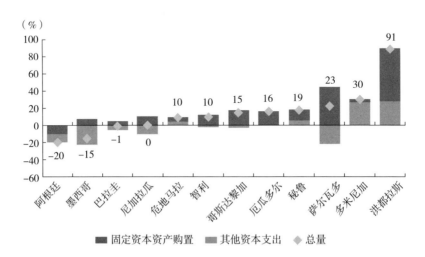

图 5　拉丁美洲国家资本性支出及各组成部分贡献的同比变化

注：时间为 2023 年 1～5 月相对于 2022 年 1～5 月；按不变价格计算。

资料来源：拉丁美洲和加勒比经济委员会（ECLAC），根据官方数据。

一些国家的固定资本资产收购强劲增长。在多米尼加，主要支出涉及住房和医院的建设以及圣多明各缆车的建设（多米尼加财政部，2023）。在哥斯达黎加，最大的支出用于道路建设（哥斯达黎加财政部，2023）。与此同时，在洪都拉斯，资本性支出的增加主要是由于上年的比较基数较低，以及公共部门的结构改革和项目批准的延迟，这些支出执行不力（洪都拉斯财政部，2023）。洪都拉斯其他资本性支出的增加部分反映了中央行政部门向国家农业发展银行转移资源。在阿根廷，资本性支出减少的主要原因是交通工程实际直接投资减少以及公共投资项目向省市转移的资本减少（阿根廷财政部，2023）。

三、影响拉丁美洲国家政府债务可持续性的因素分析

与政府债务可持续性密切相关的宏观经济变量主要有经济增长速度、财政赤字规模①、利率水平以及外债资金的创汇能力。

第一，经济增长速度是决定债务可持续性的根本因素。根据拉丁美洲和加勒比经济委员会的预测，该地区经济2022年仅增长3.7%，2023年经济增长速度将进一步下降至1.3%。这种减速是在"失去的十年"②之后发生的，在这十年中，由于各种冲击，人均GDP实际下降。低经济增长加上高通胀和利率将使政策管理变得特别困难。拉丁美洲国家的经济增长速度较慢，债务资金产出效率低于债务利率，无法稀释基本财政赤字，从而导致债务不可持续。因此，经济增长同政府债务可持续性之间是正相关关系。GDP增长越快，政府债务负担率上限越高，政府财政政策的空间就越大，政府债务可持续性就越强；GDP增长越慢，政府债务负担率上限越低，政府财政政策的空间就越小，政府债务的可持续性就越差。2024年，拉丁美洲和加勒比地区GDP预计平均增长1.5%，保持低增长趋势，南美洲的增长率为1.2%，中美洲和墨西哥为2.1%，加勒比地区（圭亚那除外）为2.8%（见图6）。

鉴于上述区域经济活动增长缓慢，且通胀率预计仍将保持相对较高水平（尽管低于2022年中期达到的水平），拉丁美洲和加勒比地区劳动力市场前景黯淡。联合国区域委员会估计，所有次区域2023年的增长率都将低于2022年。

① Congressional Budget Office of Argentina（2023）. Análisis de la ejecución presupuestaria de la administración nacional：mayo de 2023［EB/OL］. https：//www. opc. gob. ar/ejecucion-presupuestaria/analisis-de-la-ejecucionpresupuestaria-de-la-administracion-nacional-mayo-2023/.

② 1982年8月，以墨西哥宣布无力偿还外债为标志，拉美债务危机爆发，自此开始被称为"失去的十年"。

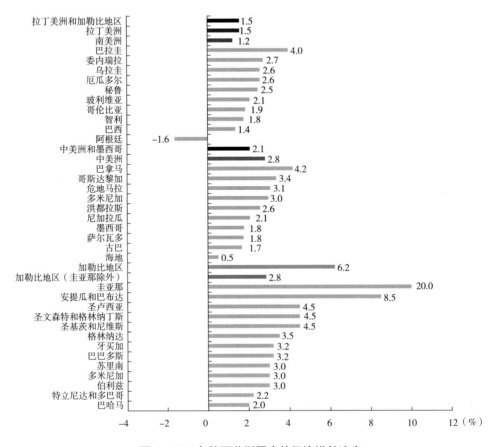

图 6　2024 年拉丁美洲国家的经济增长速度

资料来源：拉丁美洲和加勒比经济委员会（ECLAC），基于官方数据。

第二，财政赤字规模是影响政府债务可持续性的最直接因素。财政赤字率不断攀升从而引起债务规模不断扩张，以致影响了政府债务的可持续性。因此，财政赤字规模与政府债务可持续性之间是负相关关系。财政赤字水平越高、规模越大，政府债务的规模也就越大，其财政政策的空间也就越小，从而债务可持续性也就越差；反之，财政赤字水平越低、规模越小，政府债务的规模也就越小，其财政政策的空间也就越大，从而债务的可持续性就越好。财政赤字是财政支出与财政收入之差。拉丁美洲的财政状况预计将在 2023 年恶化。拉丁美洲和加勒比地区国家的财政赤字平均占 GDP 的 2.7%，中央政府总体赤字在 2022 年大幅减少后将进一步恶化。推动这一趋势的主要因素是总收入的预计减少，而总支出预计将小幅下降（见图 7）。与此同时，预计基本财政收支将在 2022 年实现盈余后出现赤字。如果当前的预测成为现实，财政状况将恢复到 2020 年之前的状态。

具体来说，当总体赤字和基本赤字出现时，2015~2019年平均分别占GDP的2.9%和0.6%。如果国际和国内宏观金融状况变得更加复杂，各国可能被迫调整总支出以遏制财政赤字的增长。

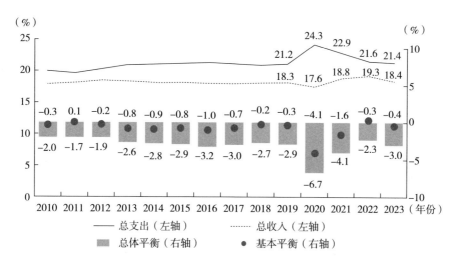

图7 2010~2023年拉丁美洲国家中央政府财政指标占国内生产总值的百分比

资料来源：拉丁美洲和加勒比经济委员会（ECLAC），基于官方数据。

第三，利率决定债务融资的成本，也是影响政府债务可持续性的直接因素。

较高的债务利率，意味着对于相同数量的债务，政府需要支付更多的债务利息，资金成本和债务负担增加，从而影响债务的可持续性。因此，债务利率同债务的可持续性之间是负相关关系。债务利率水平越高，债务成本越高，债务规模扩大，债务负担加重，财政政策空间收窄，债务可持续性变差；相反，债务利率水平越低，债务成本越低，债务规模收缩，债务负担减轻，财政政策空间变大，债务可持续性变好。当政府债务成本不是线性时，不确定性（关于"r-g"的增长或未来值）变得尤为重要。当债务比率增加时，政府债务成本的增加超过线性。一个原因是，较高的债务水平通常与较高的风险溢价相关，导致偿债成本与债务占GDP比率之间呈二次关系。另一个原因是，随着政府必须从国民收入中获取更大份额，提高税收来偿还政府债务的扭曲成本就会上升。在存在不确定性的情况下，政府债务的预期成本高于恒定值所产生的成本。通常的债务可持续性计算假设"r-g"增长或为恒定值，因此具有误导性。尽管支付相对于国内生产总值保持稳定，但该地区一些国家在2023年前5个月出现了大幅增长（见图8）。造成这种情况的因素有很多，例如名义政府债务存量的增加以及国内和国际利率的上涨（见图9）。这些利率的高水平与发达经济体主要央行遏制通胀的努力相一致，这增加了浮动利率公共债务比例较高的国家的利息支付。

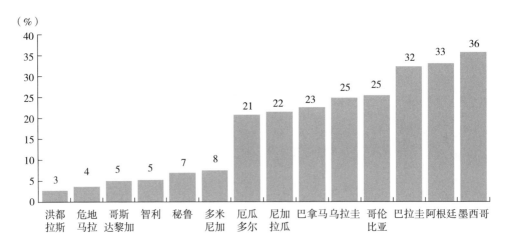

图 8 拉丁美洲中央政府利息支付占 GDP 比率

资料来源：拉丁美洲和加勒比经济委员会（ECLAC），基于官方数据；https：//stats. oecd. org/。

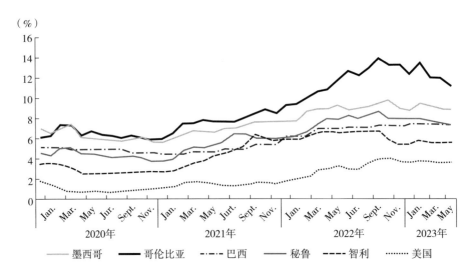

图 9 2020 年 1 月到 2023 年 5 月部分拉丁美洲国家与美国 10 年期利率比较

资料来源：拉丁美洲和加勒比经济委员会（ECLAC），基于官方数据；https：//stats. oecd. org/。

　　例如，阿根廷的债务占 GDP 的 34%，墨西哥的债务占 GDP 的 30%，巴拿马的债务占 GDP 的 19%，导致这些国家需要支付更多的利息成本。最极端的例子是巴西，利息支付几乎占 GDP 的 7%。一些国家向国际金融机构支付的可变利率债务利息较高（巴拿马公共融资局，2023；巴拉圭财政部，2023）。利息支付的增加导致该地区政府可用于采取积极政策促进可持续和包容性发展的财政空间减少。这种情况要求该地区政府采取有力措施，确保公共财政的长期可持续性。公共债务占 GDP 的比例较高并不只是拉丁美洲和加勒比地区存在的现象。考虑到拉丁美洲地区政府的平均收入（按国际标准衡量）较低，而且它们将收入的很大一部分用作债务利息，因此不断增加的债务水平需要采取更积极的措施。

拉丁美洲国家中央政府的利息支付相对于其他优先支出的权重很大。平均而言，这些支出占中央政府教育、卫生和社会保障支出的一半以上。利息支付的相对比重过大对公共投资尤其不利。2012~2021 年，拉丁美洲国家中央政府资本支出大幅减少，成为各国实施财政整顿措施抑制政府债务增长的主要财政调整变量。与此同时，价格趋势影响了通胀指数债务工具的价值。例如，在哥伦比亚，以实际价值单位计价的政府债务证券的利息支付大幅增加。在乌拉圭，尽管政府债务总额中只有 5.4% 采用浮动利率，但 48.3% 是以指数单位计价的，因此通货膨胀增加了这些工具的本金，从而增加了利息支出。一些国家的利息支付可能会增加，部分反映了全球利率上升对国际金融机构的浮动利率公共债务的影响，以及近期公共债务重组进程的效果逐渐下降（巴巴多斯银行，2023）。

第四，外债资金的创汇能力是决定外债可持续性的重要因素。如果外债资金创汇能力较强，意味着相同数量的外债融资可以创造更多的外汇收入以充实外汇储备，增强外债的清偿能力和可持续性。出口增长率都高于美元外债利率，表明拉丁美洲各国外债资金的创汇能力较强，但这种正向效应却被拉丁美洲国家的货物贸易长期逆差产生的负向效应所抵消，从而致使拉丁美洲国家外债的可持续性总体上较差。从图 10 可以看出，拉丁美洲国家的国际储备总额自 2022 年降到最低谷后，2023 年开始有所增加，正如世界银行拉丁美洲和加勒比地区首席经济学家威廉·马洛尼认为的，拉丁美洲地区大多数国家的通胀率低于全球平均水平，中央银行的外汇储备也在增加。2023 年以来，与拉丁美洲合作规模最大的美国和中国的经济贸易合作开始恢复正常，拉丁美洲地区的资源性产品出口增加，本地区的创汇能力在恢复与提升，这有利于国家做好偿还外债的准备。但对外国经济的依存度高也会造成抗风险性小、抗冲击性弱、脆弱度高的问题。

（十亿美元）

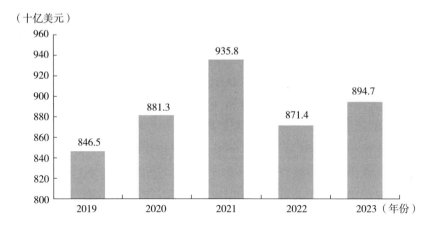

图 10　2019~2023 年拉丁美洲国家国际储备总额（年末余额）

注：2023 年数据截至 2023 年 6 月 30 日。

资料来源：拉丁美洲和加勒比经济委员会（ECLAC），基于官方数据。

四、提升拉丁美洲国家政府债务可持续性的建议

自 2023 年开始，世界经济开始了缓慢回暖，但是一些拉丁美洲和加勒比国家偿付能力缺乏长期保障的问题引起了媒体以及主要国际金融组织和评级机构专家的广泛关注与讨论。国际社会对拉丁美洲地区债务问题的日益关注直接影响到该地区财政可持续性的发展。通过对拉丁美洲国家的经济发展水平、财政赤字、利率水平和外汇储备的分析可知，拉丁美洲国家政府债务虽然暂时不存在系统性债务危机，但是区域间差异较大，可以通过以下措施将拉丁美洲和加勒比国家的债务风险降至最低。

（一）防范政府债务因经济下滑而出现较大风险

政府债务可持续性与经济增长呈显著正相关关系，因此如果拉丁美洲国家经济增长遭遇重大冲击而出现下滑，将严重制约政府财政收入从而使债务面临较大风险。当前，国内外经济环境和拉丁美洲各国的社会结构性矛盾依然突出，应该深入、大力发展各国国内经济循环，大力扶持立足于国内经济循环的特色产业，推动产业结构升级，构建完整的产业链和供应链，降低经济的外向度，提高国内经济循环产业链、供应链的安全性，防止各国经济因对外依存度过高遭遇重大不确定性冲击后出现的雪崩式下滑现象，从而可以规避政府财政收入因经济急速下

滑导致赤字高企以致集聚债务风险甚至引发债务危机的可能性。

（二）加强财政支出和赤字管理

加强财政支出和赤字管理，合理确定债务规模，防范债务风险或危机。印度在财政预算和债务管理上遵循黄金法则，严格执行经常性和资本性"绝缘"的复式财政预算制度，即由国内外借款形成的债务资金不得用于一般民用、国防和对外援助等经常性开支。相关规定对维持拉丁美洲各国政府债务的可持续性具有重要的借鉴意义。拉丁美洲国家在收入增速减缓、支出加大的背景下，政府财政将面临更大的压力和更多的期待。因此，高度重视政府财政和债务管理的黄金法则，确保债务资金只用于资本性支出而不用于一般性开支，对各类支出明确范围，使其形成既独立又衔接的管理体系，是防范财政和债务危机的重要基础。此外，可以建立政府预算管理专门委员会防范债务风险或危机，实现财政和债务管理的公开化和透明化，合理确定债务规模，动员各种力量共建"安全财政"。

（三）推动金融和债务管理改革

利率市场化是市场经济的内在逻辑和发展趋势，过度管控利率引起金融市场扭曲将导致高昂的债务融资成本，增加政府债务负担。印度政府推行的利率市场化改革比较成功。拉丁美洲国家应将债务风险置于总体可控的前提下，逐步放开金融市场，推动利率市场化改革，依靠市场机制引导社会闲散资金流向生产效率较高的行业、部门和领域，充分发挥政府债务资金对经济增长和发展的促进作用。同时，也可以在外汇市场上，依靠数字化手段，通过大数据、人工智能等高科技手段，降低外债融资成本。此外，在确定合理债务规模的前提下，还要不断优化政府债务结构，包括内外债的期限结构、债务的央地构成、债务的利率结构、外债的币种结构、内外债的债权人结构等，防控债务风险，增强债务的可持续性。

参考文献

［1］高培勇. 国债运行机制研究［M］. 北京：商务印书馆，1995.

［2］邓子基，张馨，王开国. 公债经济学——公债历史、现状与理论分析［M］. 北京：中国财政经济出版社，1990.

［3］陈志勇，李祥云. 公债学［M］. 北京：中国财政经济出版社，2012.

［4］郭庆旺，赵志耘. 公共经济学（第二版）［M］. 北京：高等教育出版社，2009.

［5］吉富星，刘兆璋，徐浩然. 不确定性下的政府债务风险管控研究：基于理论、规则和实践视角［J］. 财政研究，2022（12）：43-56.

［6］李丹，庞晓波，方红生. 财政空间与中国政府债务可持续性［J］. 金融

研究, 2017 (10): 1-17.

[7] 刘铭, 乔桂明, 程然. 基于 Logit 模型的新兴经济体主权债务危机预警研究 [J]. 国际金融研究, 2020 (3): 55-64.

[8] 毛捷, 马光荣. 政府债务规模与财政可持续性——一个研究综述 [J]. 财政科学, 2022, 83 (11): 10-40.

[9] 王志刚. 财政数字化转型与政府公共服务能力建设 [J]. 财政研究, 2020 (10): 19-30.

[10] Blanchard O. Public Debt and Low Interest Rates [J]. American Economic Review, 2019, 109 (4): 1197-1229.

[11] Cavallo E, A Powell, T Serebrisky. From Structures to Services: The Path to Better Infrastructure in Latin America and the Caribbean [R]. Inter-American Development Bank, Development in the Americas Flagship Report, 2020.

[12] Chuku C, Samal P, Saito J, Hakura D, Chamon M, Cerisola M D,... & Izquierdo A, C Pessino, G Vuletin. Better Spending for Better Lives: How Latin America and the Caribbean Can Do More with Less [R]. Inter-American Development Bank, Development in the Americas Flagship Report, 2018.

[13] Chuku C, Samal P, Saito J, Hakura D, Chamon M, Cerisola M, Chabert G, Zettelmeyer J. Are We Heading for Another Debt Crisis in Low-income Countries? [R]. Debt Vulnerabilities: Today vs The pre-HIPC Era. IMF Working Paper, 2023: 23/79.

[14] Powell A, O Valencia. Dealing with Debt: Lower Risk for Higher Growth in Latin America and the Caribbean [R]. Inter-American Development Bank, Development in the Americas Flagship Report, 2023.

[15] Reinhart C M, Reinhart V R, Rogoff K S. Public Debt Overhangs: Advanced-economy Episodes Since 1800 [J]. Journal of Economic Perspectives, 2012, 26 (3): 69-86.

[16] Valencia O, D A Parra, J Camilo Diaz. Assessing Macro-fiscal Risk for Latin American and Caribbean Countries [R]. Inter-American Development Bank, Working Paper, 2022, No. 1346.

中国企业在拉美投资存在的问题与对策研究报告

朱文忠　郑雪梅

摘　要：本文以风险分类理论模型为切入点，对中国企业在拉美国家投资的主要问题与对策进行了分析与总结。首先，本文梳理并讨论了中国企业在拉美投资环境的优势与不足；其次，根据中国企业在拉美投资面临的外部环境，分析目前国际环境带来的重要影响和核心挑战；最后，重点聚焦于中国企业在拉美投资过程中面临的具体风险和问题，全方位、多角度地分析这些问题与挑战所产生的不利影响，并提出解决中国企业在拉美投资问题的合理化对策与建议。

关键词：拉美投资　风险分类理论　风险规避

一、引　言

随着中国同拉丁美洲国家关系的发展，中国企业在拉美日益活跃的投资也吸引越来越多的关注。拉美与中国建交的国家从改革开放之初的不足 10 个已经发展到如今覆盖绝大多数的美洲版图，27 个拉美国家与中国签署了"一带一路"合作文件，中拉经贸关系驶入快车道。同时，中国在拉美当地的投资从改革开放之初的寥寥无几增加至 2023 年的数千亿美元。自 2000 年至今，中拉贸易额增长了 40 倍，2022 年中拉贸易额逼近 5000 亿美元大关，连续 6 年保持高速增长。按照目前的贸易发展势头，到 2035 年，拉美与中国的贸易额预计超过 7000 亿美元

---

* 朱文忠，广东外语外贸大学商学院教授，博士生导师，广东外语外贸大学拉丁美洲研究中心主任；郑雪梅，广东外语外贸大学商学院研究生。

（王莉莉，2023）。2023 年 4 月，巴西总统卢拉成功访华进一步提升了中拉经济合作潜力。中拉互为重要市场，拥有广阔的双向投资机会。本文基于杨松（2019）的风险分类理论模型，从宏观层面系统研究中国企业投资拉美存在的主要问题，努力丰富和完善"一带一路"背景下中国与国外之间国际直接投资的风险管理理论内涵。在实现高质量发展的时代背景下，深入研究中国企业在拉美的投资问题和对策，一方面能为中国企业投资拉美规避境外投资风险，寻求更为高效、稳定的投资方式，提供发展方向和对策思路；另一方面有助于加强中拉之间的经贸往来和合作交流，促进中拉双边经济合作实现稳健、可持续的高质量发展。

二、文献综述

拉美地区作为共建"一带一路"倡议的延伸，是世界上重要的新兴经济体，备受各国学者和投资者的关注，相关研究多集中在各国对拉美地区的投资分析，包括投资方式、投资的产业结构、影响投资的因素、投资对拉美地区产生的影响等方面。

（1）中国对拉美地区直接投资存在投资区域和投资行业不均衡现象。

中国对拉美地区直接投资主要流向英属维尔京群岛和开曼群岛两个避税港，流向其他国家的直接投资相对较少，中国企业在拉美地区的投资主要集中在资源密集型产业与制造业领域，投资拉美的动因类型主要为政策优惠型、资源寻求型以及市场导向型（赵雪梅，2009）。中国对拉美投资的行业结构方面，投资失利率高的行业主要集中在旅游业和交通业，而在金属矿产行业和能源行业的投资失利率相对较低（王永中和徐沛原，2018）。中国对拉美地区的投资方向相对集中，主要分布在钢铁业、采矿业以及制造业等领域，投资主体以大型国有企业为主，民企相对较少，对拉美地区的投资方式趋于多元化（吕宏芬和俞涔，2016）。吕晓梅（2016）认为，中国对拉美地区的直接投资在轨道交通、汽车、通信、工程机械、电力和钢铁行业具有优势。中国在拉美地区的直接投资是资源寻求型，投资对象国主要是巴西、智利、秘鲁和委内瑞拉，在石油和矿产品领域表现得尤为突出（Jenkins，2009）。

（2）政治、经济和资源等因素是影响中国企业赴拉美地区直接投资规模的主要因素。

拉美地区具有良好的投资环境，稳定的政治环境、丰富的自然资源、广阔的市场、独特的地缘优势、绝大多数国家奉行的积极外资政策都为中国企业在拉美地区进行投资提供了良好的机遇（吴撼地，2011）。但也有部分拉美国家频繁出现执政党更替和政府更迭，不同的执政理念会导致不同的经济政策，从而改变投资环境和中国投资者的预期（吴国平，2011）。同时，拉美地区强大的工会力量会带来较大的劳工风险，使得中国投资企业面临诸多风险。李紫莹（2011）强调，中国对拉美地区投资一定要注重政治风险，如能源合作风险、劳工风险、要求追加环境保护投资风险、对中国期望值过高风险等，需加强风险意识，提高警惕。

中国企业赴拉美投资应该开拓多资源领域，做好市场前期调查，规避投资风险，建立良好的中国企业形象，同时，中国政府应加强对企业的扶持和引导，建立危机预警机制（李辉等，2013）。中国对拉美地区直接投资有资本充足、资源需求旺盛、中拉双方政治经济基础良好以及中方鼓励企业对拉美投资的优势，但也存在投资主体、行业结构不合理，相关人才缺乏，企业形象不佳以及风险意识淡薄的不足。此外，拉美地区也存在基础设施薄弱、政府效率低下、腐败严重等劣势（王立云，2014）。

杨松（2019）在研究中国企业在拉美直接投资风险时，将风险分为三类：一是以政治风险、法律风险、社会风险、文化风险为主的宏观层面风险；二是中观层面风险，主要包括行业技术风险、产品市场风险和供应链风险；三是微观层面风险，包括竞争风险、战略决策风险、生产风险、人力资源风险和运营风险。有学者分析得出，中国投资对当地可持续发展带动不足，导致拉美经济结构"去工业化""大宗商品化"，同时，中国投资对拉美国家的"补贴"可能延缓这些国家急需的经济改革进程（吕洋，2016）。中国企业在拉美地区投资劣势表现为，中拉的文化交流相对于经济交流非常滞后，主要体现为价值观、消费观、语言的不同（王立云，2014）。尽管中国对外直接投资能力和竞争力在不断提高，但中国企业的所有权优势和内部化优势都不够明显，尤其是相对于美国等发达国家的企业而言（李辉等，2013）。此外，中国在对拉美进行直接投资时应考虑美国因素（唐宏轩，2012），美国将拉美地区视为其"后花园"，频繁干预中拉合作交流会给中国投资拉美带来更多的不确定性风险（朱文忠，2022）。

（3）中国对拉美地区的直接投资对中拉双边贸易规模有促进作用。

中国对拉美地区的直接投资与中国对拉美地区的出口贸易有互补关系，直接投资属于出口创造型投资，会促进中国对拉美地区的贸易，但对出口和进口的影响程度不同，对出口的创造效应更为显著（樊梦婷和钟熙维，2012）。同样，拉美国家GDP的增加和中国货币自由度的提升均能显著拉动中国对拉美不同技术水平制成品出口的增长，拉美地区经济发展水平越高的国家更倾向于多进口包含高技能的复杂技术制成品；中拉要素禀赋差异对资源密集型显著，对低技术和高技术制成品出口存在正向影响（赵子薇，2022）。中国对拉美地区的投资是出口创造型的，同时也是进口创造型的（颜岩，2008）。黎意斌（2013）运用 2003~2011 年拉美主要十国的数据建立回归方程，结果显示：与中国对拉美地区直接投资流量呈负相关关系的因素包括市场规模（GDP）、拉美吸收外资流量和经济开放程度，促进直接投资流量的因素包括中国从拉美地区国家的进口、中国对拉美地区直接投资存量。

通过对文献的梳理和总结，本文认为：首先，中国在拉美的直接投资带动了中拉经济贸易合作的长足发展，随着中拉双边经贸合作的不断发展和深入，中国与拉美地区的经济关系不断升温，中国已经成为该地区最重要的贸易伙伴和海外投资来源地，中国对拉美地区的直接投资存量呈上升趋势，直接投资流量受政治、经济等因素影响波动较大。其次，中国企业在拉美投资存在优势，中拉双方政治和经济基础良好，中拉资源禀赋具有互补性。同时，中国资源需求充足，而拉美地区能源资源丰富，中国在拉美地区能源资源领域将有较大发展空间。中国已成为世界第一大贸易国，对外贸易为中国积累了大量的外汇储备，有充足的资金进行对外直接投资。与此同时，中国政府鼓励本国企业对拉美投资，且专门针对拉美地区出台了促进投资的支持措施。最后，投资与风险相伴，国际投资环境相比国内更加错综复杂，中国企业在投资拉美的过程中难免会受到政治、经济、劳工、社会安全等方面的影响，同时也会受到美国等第三方的影响。过于强大的工会力量、社会治安的不稳定、人文风俗习惯的差异、西方社会的干扰等都给中国企业投资拉美地区带来了不确定性和风险。因此，进行中国企业在拉美地区投资问题与对策研究意义重大。

此外，本文通过研究中国企业在拉美投资的历史脉络和发展趋势，综合分析了拉美地区投资环境的优势与不足；并在中美大国博弈的背景下，研究中国企业在拉美投资所面临的外部环境，分析目前国际环境所带来的重要影响和核心挑战；进一步研究中国企业在拉美投资过程中面临的具体风险和问题，力求多角度、全方位地分析这些问题与挑战所产生的不利影响，并提出解决中国企业在拉美投资问题的合理化对策与建议。

三、当前中国企业在拉美投资面临的主要问题

（一）经济因素

经济因素是众多外部投资影响因素中最直接、最基本的因素。一国经济发展

水平高，意味着该国具有较大的市场规模和较好的经营条件，对外国投资者有较强的吸引力。总体而言，拉美地区的经济水平不高，经济社会发展处于"极为复杂"的阶段。

1. 经济发展不平衡且持续增长乏力，投资保护主义有所抬头

截至 2022 年底，拉美地区总人口 6.51 亿，GDP 总额达到 5.4 万亿美元，相比 2003 年（3.81 万亿美元）增长约 41.7%。根据拉丁美洲和加勒比经济委员会的统计，2022 年拉美地区总体 GDP 增长约 3.5%，约为 2021 年（6.75%）的一半，拉美经济增速预期不断在下调。

根据拉美地区各国 2022 年经济增长速度的高低，将经济增长速度大体分为高速增长类、缓速增长类、负增长类三类。近年来，安提瓜和巴布达、多米尼加步入经济发展快车道，2022 年经济增长率分别为 6.4%、4.9%，高于拉美地区平均水平（3.7%）。但在安提瓜和巴布达，代表其整体经济基础的工业、农业却始终较为薄弱，经济严重依赖旅游业、离岸金融业和网上博彩，属于低发展层次。多米尼加作为中美洲最大的经济体，投资环境良好，地理位置优越，自贸网络广泛，是加勒比地区吸引外资最多的国家。目前，多米尼加在经济上过于依赖农业和矿业，但随着时间的推移，保税区和旅游产业也逐渐成为当地经济发展的新载体。拉美地区大多数国家处于缓速增长时期，如玻利维亚（3.5%）、格林纳达（3.6%）、智利（2.4%）、秘鲁（3.4%）、墨西哥（3%）、巴西（2.8%）等国家。智利作为典型的资源型国家，经济结构过度依赖于铜矿出口，油气资源方面却较为稀缺，石油主要依靠进口。墨西哥是世界上最开放的经济体之一，拥有完整的工业体系，经济增长率常年保持平稳，但货币贬值、通货膨胀、毒品经济等经济难题尚未解决，这在一定程度上阻碍了其长期发展。相比之下，巴西的经济结构接近发达国家水平，2022 年国内生产总值为 1.65 万亿美元，同比增长 5.2%，经济实力居拉美地区首位，在世界排名第 9。自博索纳罗政府上台后，巴西经济上秉持新自由主义路线，主张推进结构性改革和私有化，市场反应较为积极。

处于负增长水平的国家包括特立尼达和多巴哥（-0.2%）、阿根廷（-1.5%）、尼加拉瓜（-1.5%）。作为拉美地区综合实力较强的国家，阿根廷强化政府干预，实施进口替代，同时刺激出口，于 2003~2011 年实现经济较快发展。但从 2012 年起，受国际经济形势的影响，阿根廷经济增速明显放缓，2022 年受美联储加息预期等内外因素的影响，经济形势剧烈波动，该国累计通胀率已达 46.2%。

当前，世界各国经济都处在转型及调整的时期，中国也正在调整经济结构。而拉美地区经济则陷入停滞甚至衰退状态。从 2013 年开始，新兴经济体由于外部需求不足，经济增速明显下降，对国际大宗商品产生很大影响。拉美地区持续恶化的贸易条件及高涨的通货膨胀率使得这些国家的政府无法使用扩张性的货币政策，经济压力增大。

调研组通过对在拉美投资的中国企业员工的问卷调查发现，75%的受访员工认为经济增长乏力导致的失业率与通货膨胀率的增高将迫使拉美地区国家的政府加大对本国企业的扶持力度。拉美地区国家政府开始加强对外国直接投资企业资金流的审查与监控，"投资保护主义"有抬头的趋势。65%的受访员工认为拉美国家对其能源产业的保护力度增强，且多国已开始加快对能源行业的国有化，这会给中国企业赴当地投资的行业及区域选择增加更多的限制与障碍，增加经营风险。

2. 宏观经济环境的不稳定性日益凸显，投资环境也面临极大的挑战

调研组在调研中发现，42%的受访企业认为拉美投资环境欠佳。从金融环境来看，在 20 世纪 70 年代和 90 年代，拉美地区各国分别经历了两次较大规模的金融改革。但由于改革的不完全与局限性，拉美地区金融市场在改革后仍不成熟，过早的资本项目下的开放也加大了拉美地区国家的金融风险。政府放宽了对金融市场的垄断和监管，很多银行在办理业务过程中为追求高利率而承担着高风险，导致了拉美地区银行危机的频发。因经济发展的历史原因，拉美地区的债务负担一直较重，其中中国国有企业直接投资比重较高的几个国家，外债负担都很重，较高的外债占比会影响经济发展，有爆发金融危机的风险。

调研结果显示，在当前经济增长乏力的环境下，38%的受访者认为拉美地区国家货币大幅贬值、金融自由化的不成熟、监管乏力、过高的外债负担造成了拉美地区金融环境的不稳定，导致投资的不确定性增加及投资风险的提高。从宏观经济环境来看，52%的受访者认为拉美地区很多国家的税率水平比中国要高，而且税收制度复杂，这给在拉美地区投资的中国国有企业造成不小的成本压力。况且拉美地区部分国家的汇率制度仍未充分实现市场化，导致在拉美进行投资的企业在国际资本市场上融资困难；加上拉美地区金融市场尚不成熟，不少国家面临着偿债压力，宏观经济环境不稳定，经济增长常大起大落。一是平均通货膨胀率远高于全球其他地区。二是从 2008 年国际金融危机开始，拉美地区经济发展开始出现各国发展极度不均衡的状况，大部分国家的经济都存在结构性问题，很容易受外部环境的影响。三是储蓄率不高，基础建设投资及科技创新乏力，都制约着拉美经济的持续健康发展。四是多数国家的财政压力持续增长，财政赤字状况严重。欠佳的宏观经济环境不仅不能给在当地投资的企业提供安全保障，还加重了企业的经营负担与融资成本，这要求在当地投资的中国国有企业具有较强的经营能力与宏观经济预测能力。

3. 国别基础设施状况参差不齐，差异明显

依据世界经济论坛 2022 年发布的《全球竞争力报告》，拉美地区的基础设施全球竞争力指数偏低，在七大洲中仅排名第五。且拉美地区很多国家普遍存在交通、水电、通信等基础设施落后的现象。公路交通建设上的明显短缺最具有代表性，各国政府对于基础设施建设与发展的关注也不够，基础设施铺设率不高，运行效率低下，存在质量、数量双短缺的现象。从交通运输情况来看，阿根廷拥有拉美地区最长铁路，长达 34059 千米，但因铁路部门长期经营不善，加上铁路网年久失修，大多数路段的铁路已经停运。巴西虽是拉美地区发展相对较好的国家，但也存在基础设施总量不足的问题，当地缺乏互联互通的全国铁路网，客运仅占较小的比例，铁路平均时速也仅为 22 千米/小时，运输效能低下。公路方面，承担着巴西全国 95% 的旅客出行以及 61.1% 的货物运输的公路因长期失修而质量堪忧，据统计，57% 的巴西高速公路存在问题而并不适合交通运输。

从电力和通信发展情况来看，截至 2022 年，拉美地区通电率达 98.12%，大多数国家达 100%，但仍有部分国家如海地仅达 32.7%，处于世界垫底水平。近59% 的拉美公司在一年期间经历过断电。拉美地区不仅通电率低，而且输电损耗高，输电损耗甚至远高于世界平均水平，能源浪费情况严重。2022 年，拉美地区移动覆盖率只有 18%，而海地、古巴等国的覆盖率还不到 2%。

拉美地区基础设施水平整体滞后，国家间的发展极度不平衡。拉美地区国家对基础设施的投资仅占 GDP 的 2%～3%，而年均投资需占到 GDP 的 5% 才能达到推进工业化和城市化的基本要求，资金的匮乏制约着拉美地区基础设施建设的发展。根据联合国的数据，2011～2040 年拉美地区基础设施投资总需求将高达 13.2万亿美元，其中，铁路、公路、电力、港口建设等领域缺口最大。基础设施供需差异巨大，限制了企业效率的提升，增加了企业成本。

（二）政治因素

政治环境也是投资者需要考虑的重要因素之一，直接关系到国际投资的安全性、稳定性。政府的稳定性、政策的连续性、法律制度的健全有利于营造一个安全的投资环境，给投资者提供类似风险补偿的保险机制，将投资风险降到最低。对政治环境的衡量主要采用的是由世界银行发布的世界治理指数，包括公共话语权和问责制（Voice and Accountability，VA）、政治稳定性（Political Stability，PS）、政府效率（Government Effectiveness，GE）、监管质量（Regulatory Quality，RQ）、法律法规（Rule of Law，RL）和腐败控制（Control of Corruption，CC）六个方面，可以用来评价政府治理的有效性。每项得分在 -2.5～2.5，得分越高说明政治环境越好。通过对拉美地区全部国家政治环境指标进行加权计算，得出前五位国家的排名及指标得分（见表 1）。

表1　2022 年拉美地区部分国家政治环境指标得分

	国别	VA	PS	GE	RQ	RL	CC
排名前五位的国家	伯利兹	1.05	0.43	1.08	1.34	1.12	1.01
	巴拉圭	1.21	1.05	0.56	0.50	0.60	1.27
	阿根廷	1.12	0.92	0.43	0.54	0.39	1.41
	秘鲁	0.80	0.87	0.54	0.15	0.10	1.13
	巴西	1.14	0.49	0.38	0.48	0.48	0.55

资料来源：世界银行《世界治理指数》（WGI）。

1. 政策性风险较高且缺乏有效性与连续性，束缚企业发展

在拉美地区，政策的连续性不强，对外合作政策也缺乏连续性，一直处在调整的过程中，直接影响到投资市场的安全，导致国际评级机构对其投资环境的评估一直不高。调研结果显示，有51%的受访者认为中国企业在拉美投资的风险来自政治方面，政府政党更替及产业政策的变化会给在当地投资的企业带来巨大的经营风险。而且很多拉美国家的政府及民众担心中国企业的投资会威胁到本国的资源安全，会改变原来的员工福利水平。部分拉美国家对于外国企业的投资有专门的限制性规定，给投资企业造成太多的束缚。

厄瓜多尔政府虽逐步重引外资的进入，但政府效率低下、执政党内斗的问题始终没有解决，所出台的一系列关于投资的政策也频繁变动，给中国企业投资该国带来许多不确定性。排名靠后的委内瑞拉多年的政府腐败和管理不善导致政府绩效指数低下，按照市场经济的评价，委内瑞拉的营商风险等级已经达到最高，政府人员变动频繁、政策缺乏有效性和连续性、西方国家的金融制裁都增加了企业在委内瑞拉的经营成本和风险。

2. 法治环境仍不完善、治安条件恶劣，加大投资风险

从整体来看，拉美地区的政治环境基本保持稳定，但仍有少数国家陷入政治危机和动乱。此外，拉美地区还存在恐怖主义泛滥、民族矛盾激增等问题。排名前二的伯利兹与巴拉圭，政局相对稳定，但尚未与中国建交，其中的不稳定因素制约着中国在伯利兹与巴拉圭的投资发展。近年来，阿根廷政府已和中国企业在多个领域展开合作，其政治环境相对稳定，法律体系也较为完善，但工会势力过于强大、政策的可预见性低、治安环境较差等问题使得中国企业在进行投资时也面临一定风险。

目前，拉美地区国家的法治状况在全世界各国中处于中游水平，但各国治安环境差异显著，司法系统低效，廉洁程度低，在执法监管、民事司法等领域表现乏力。近年来，为吸引外商投资，拉美地区在投资贸易立法方面不断完善，但

缺乏稳定性，尤其是与税收相关的规定修改最为频繁，而且有法不依的情况相当普遍，导致市场秩序混乱。另外，拉美地区很多国家政府部门普遍行政效率低下，办事手续复杂、冗长，阻碍了企业经营效果的发挥。作为拉美地区最不发达的国家之一，玻利维亚在吸引外资方面存在诸多不利之处，其中之一是法律法规的不明晰使得中国企业的利益无法得到保障；排名垫底的圭亚那和智利，总体政治形势都相对稳定，但外籍劳工限制严格、环境保护要求高、治安形势严峻、投资项目履约审查监督严格等现象始终存在，使得大量外资"望而却步"。

3. 资源民族主义和环境保护限制，降低企业自主性

拉美国家近年来开始逐步注重环境保护问题，针对资源类的开发项目，政府提出越来越严苛的环保标准要求和补偿条件。随着拉美地区对资源的日益重视，其资源民族主义趋势愈加明显，开始限制外国资本进入能源行业，并通过政策、法规、税收等不断强化本国在能源行业的主动性，加大了中国国企在拉美地区投资的风险。

（三）社会文化因素

1. 片面发展经济，忽视社会的发展

拉美存在一系列社会问题。到2015年，拉美仍有近30%的人口生活在贫穷中。经济落后也造成了拉美失业率偏高。此外，拉美还是世界上贫富差距最大的地区之一。基尼系数是判断财富分配是否公平的重要指标，一般视基尼系数0.4为警戒线，高于该数值被视为收入差距较大。根据世界银行统计的结果，拉美大部分国家基尼系数过高，社会不公平现象非常严重。落后的经济、贫困、高失业率、贫富差距过大，这些都激化了社会矛盾，社会不稳定现象加剧，威胁中国企业在拉美的安全，相关恶性事件屡见不鲜。

2. 工会组织强大，劳资纠纷问题突出

拉美地区的工会力量非常强大，中国国企的惯常做法与拉美地区工人的工作习惯及生活态度存在一定的差异，很容易引起劳资冲突。拉美的工人总体素质不高，日工作时间也较短，因此对于中国企业来说，雇用中国工人成为最好的选择。而为保证当地的就业率，拉美地区国家还会对中国国有企业中的中方人员数量与比率设置上限，要求在当地投资的中国国有企业尽可能多地聘用当地的劳工。一旦企业无法满足员工提出的要求，就会爆发罢工，给企业带来严重的损失。而且拉美地区的劳动力市场并不成熟，缺乏灵活性。如此不完善的劳动力市场、宽松的劳工政策加上对外国企业用人的限制，对于缺少解决劳资纠纷问题经验的中国国有企业来说将会是很大的障碍。

3. 环保标准严格，增加海外投资风险

拉美拥有丰富的自然资源和良好的生态环境，政府和当地人民的环保意识非

常强。政府出台了一系列的法律法规和严格的环保标准来保护环境。一旦工程不达标，企业就面临着停业整顿或是巨额的罚款。拉美也是环保组织最为活跃的地区，反对环境污染、生态破坏的游行此起彼伏。此外，很多基础设施建设工程都要经过广袤的热带雨林，这势必会引起世世代代居住在雨林里的原住民的强烈反对，因为他们担心赖以生存的土地会遭到破坏。中国和巴西、秘鲁合作修建两洋铁路就遭到了环保主义者和原住民的强烈反对。尽管两洋铁路还没有最终确立修建路线，但是官方公布的 5 套方案中有 4 套会经过雨林地区。环保主义者和原住民的反对游行势必会增加企业投资的海外风险。

4. 存在文化壁垒，造成交流合作障碍

中国和拉美文化差异巨大。中国文化源远流长，是世界上唯一没有中断的文明，而拉美文化则是古老的印第安文化和殖民时期带来的欧洲文化的融合体。地理、历史和文化的差异造成中国和拉美人民在价值观上的不同。中国人更加注重集体利益和效率，而拉美大多数人民更加注重个人幸福。此外，语言不同也是中国企业在拉美投资的重要障碍，拉丁美洲大部分国家的官方语言为西班牙语、葡萄牙语和法语。文化上的差异加剧了中国企业在拉美投资的风险。

（四）美国因素

美国一直是拉美地区直接投资的主要来源国之一，拉美也一直被美国视作"后院"。美国与拉美经贸关系呈非对称性，美国是拉美地区最重要的贸易伙伴和投资来源国，拉美对美国的经济依附程度较高。尽管美国不同执政党在不同时期对拉美经济战略进行了调整，但其本质依然是维护"美国优先"的理念。通过经济手段确保拉美在美国经济体系中的从属地位，在中美大国博弈加剧的背景下，拉美地区成为美国争夺的重要区域（谢慧敏，2024）。美国试图通过加强与拉美的经济联系和战略合作，遏制中国在该地区的影响力，同时拉美地区的能源产业也关系到美国的能源安全，所以美国对中国国有企业在拉美地区能源产业的投资一直心存芥蒂。担心中拉合作会使美国市场对于拉美地区的重要性降低，对中国和拉美地区的合作忧心忡忡，极力阻挠中国国企与拉美国家的合作，中拉关系的深入发展已经受到美国的掣肘。一方面，美国抛出"中国威胁论"和"新殖民主义论"等不实言论混淆视听，将中拉合作渲染为中国对美国的"反制"，让中国处在国际舆论的压力之下；另一方面，美国拉拢智利、秘鲁和墨西哥等国家签署 TPP 协定，试图从经济上遏制中国，虽然 TPP 后期遭到搁浅，但是美国特朗普政府在 2018 年曾表示要重返 TPP 协定。在中国经济快速发展特别是中国在拉美地区影响力不断增强的情况下，美国必然会拉拢拉美地区给中国制造新麻烦，"美国因素"是中国和拉美地区发展双边关系无法回避的重要因素。

四、中国企业在拉美投资的对策与建议

在百年未有之大变局和共建"一带一路"倡议的重大机遇面前，培育开放型经济，促进中国企业开展跨国经贸活动显得尤为重要。当前，中国与拉美国家之间的双边政府关系逐渐密切，中国企业"走出去"的步伐逐渐加快。在这样的局势面前，中国政府与企业都应抓住难得的机会，通力合作，形成相互促进的良性循环。

（一）政府层面

1. 做好区位选择，促进中拉全方位合作

中国在对拉美地区进行直接投资时，应该选择经济发展前景良好、劳动力相对富余并且政治风险较低的拉美地区国家进行直接投资。在拉美地区被确定为"21世纪海上丝绸之路"的自然延伸后，双方更应加快推动在基础设施、装备制造、经贸往来以及人文交流等方面的合作，助推中拉关系的进一步发展。

（1）推动国际产能合作，促进贸易多元化。中国与拉美地区合作的关键点之一在于国际产能合作和贸易多元化，政府应通过推动国际产能合作以解决目前在投资和贸易上存在的问题。

首先，借助国际产能合作，促进拉美地区"再工业化"，增加成套设备的出口。一直以来，拉美地区以出口初级产品为主，造成中拉经贸存在产品单一、集中度高、结构失衡等一系列问题。在世界经济增速下滑，大宗商品价格持续走低的大环境下，拉美地区的经济增长也受到比较严重的影响。目前，拉美地区相关国家亟须改变其传统经济和贸易结构，以提高工业化水平和在国际贸易价值链中的地位。面对拉美地区的这种需求，中国可以借助国际产能合作，加强与拉美地区工业部门的合作，扩大对其成套工业设备的出口，在帮助拉美地区"再工业化"发展的同时，也可以为中拉双边贸易增加新的增长点。其次，借助国际产能合作，开发新产品，促进双边贸易多元化发展。目前，中拉双边贸易结构单一，国际产能合作有助于推动双方在有潜在比较优势的领域的合作，如高新技术、清洁能源以及通信设备等产业领域；也有助于在现有市场的基础上，进一步扩大对拉美地区的开发，培育新的市场，通过市场多元化来提升双边合作的深度。

（2）加强中拉金融合作，推进资金融通。金融是经济发展的核心，资金融通是共建"一带一路"的重要支撑。拉美地区发展中国家相对较多，同时也是饱受金融危机影响的地区。中国在投资拉美地区时应加强和深化与该地区相关国

家的金融合作，扩大双边本币互换、结算范围及规模，建立信用体系；加快推进亚洲基础设施投资银行（以下简称亚投行）和金砖国家新开发银行的建设及运营，加强与该地区金融机构的金融监管合作，建立合作机制，完善风险预警、风险应对和危机处置的制度安排，确保大型基建项目和重点项目的顺利进行。

（3）协助拉美地区基础设施建设，扩大国际影响力。铁路、港口、机场和道路等基础设施的建设，是推动国家经济发展的重要前提。一直以来，拉美地区较低的基础设施建设水平严重影响了拉美地区的经济和中拉经贸关系的发展。中国经过改革开放 40 多年的探索和发展，在基建方面已经积累了非常丰富的经验和专业技术知识，亚投行的成立更为基建提供了高效的融资渠道。目前，中国正在向拉美地区提供基础设施贷款，建设两洋铁路以及尼加拉瓜运河等大型基建项目，协助拉美地区国家改善基础设施条件。下一步，中国将继续发挥在基础设施建设方面的优势，积极扩大对拉美地区发展的参与度，在助推中国经济转型的同时，扩大对拉美地区的影响力。

2. 重视对企业的扶持和引导，提高企业竞争力

近年来，中拉双方高层互访频繁，国家制定了一系列鼓励企业进行境外投资的政策措施，对企业的发展起到了积极的作用，为扶持和引导企业参与拉美地区市场，应在以下几个方面做进一步加强：

（1）建立企业投资的激励机制，创造良好投资环境。给企业创造良好的投资环境，避免当地政府和相关机构给中国企业制造不必要的麻烦。中国企业境外投资的快速增长虽然引起全世界的瞩目，但是也引起一些国家的担心，在拉美同一国家内部，当地政府或相关机构对待中国企业也会同时有欢迎和敌对两种态度。为保障中国企业的合法权益，中国政府应发挥积极的作用，进一步加强与拉美各国政府之间的联系，通过与拉美国家进行双边或多边谈判，签订促进相互投资的协定，为中国企业创造良好的投资环境。

（2）设立企业贸易的培训机制，提高企业的适应性。部分赴拉美地区投资的中国企业由于缺乏对当地政治环境、经济环境以及人文环境的了解，导致与当地政府或者居民发生利益冲突，遭受到了损失。为此，应针对赴拉美地区投资或与拉美地区有贸易往来的企业，设立相应的培训机制，即给这些企业提供拉美地区相关国家投资环境、法律法规、财务知识、社会风险以及人文风俗、行为习惯等知识的培训，帮助企业培养针对拉美地区的国际化人才。

（3）鼓励和协助企业建立行业商会，提高企业的国际化水平。通过建立行业商会的形式保障中国企业的利益，避免中国企业受到不公平竞争的对待，必要的时候，由商会同所在国政府或机构进行协商和谈判。同时，依托商会的力量及时、全面地掌握当地政府的政策信息、投资信息以及项目信息，推动市场的信息

交流，为中国企业提供尽可能多的相关信息，最大限度地规避风险，维护中国企业的自身利益，帮助中国企业提高抗风险能力以及行业竞争力。

3. 加强公共外交和人文交流的力度，树立良好国家形象

拉美地区对中国的了解甚少或存在错误的认识，这其中的原因是多方面的，除了地理距离造成的隔阂，语言、文化和政治等方面都存在着巨大的差异，中国与该地区公共外交缺乏和双方人文交流贫乏都是造成这种现象的重要原因。推动中国与拉美地区的公共外交和人文交流，对树立中国良好的国家形象、提升中国在拉美地区的软实力、推动中拉经贸的发展都有良好的促进作用。中国应在以下方面做进一步努力：

（1）增加中国新闻媒体在拉美地区的覆盖率，强化国家影响力。在拉美地区国家的酒店、机场休息室等公共场所随处可以看见英国广播公司、《纽约时报》、《金融时报》等西方媒体的宣传，其影响力可见一斑，而中国新闻媒体在拉美的普及相较而言远远不足。中国应加大对拉美地区的新闻媒体传播力度，无论是独立经营还是通过与当地媒体合作的方式，积极扩大中国媒体在拉美地区的覆盖率，强化中国声音在拉美地区的影响力，让拉美地区普通民众能够更多地接触中国媒体，更好地了解中国。

（2）宣传中国传统文化，提高中国知名度。通过学习和借鉴西班牙塞万提斯学院、法国法语联盟、德国歌德学院等各国文化交流传播中心的宣传和经营模式，吸引更多的拉美民众主动了解和学习中文以及中国的传统文化，让中国的语言和文化深入拉美民众日常生活，让当地民众对中国不再感觉陌生和遥远。

（3）深化旅游和游学合作，助推中拉双边合作。应加强中拉双方旅游合作，推动旅游业的发展，鼓励双方学生游学互访，深入了解对方的文化、生活方式和思维方式，增强两地学生之间的交流学习，以更好地加强双方的相互了解，进一步助推中拉双边合作的发展。

（二）企业层面

1. 选择与共建"一带一路"相契合的投资领域，重视"1+3+6"合作框架

在共建"一带一路"的引领下，中国企业在拉美地区进行投资时，应当重视中方提出的"1+3+6"框架，即在能源资源、基础设施建设、制造业、农业、科技创新和信息技术领域加强合作。例如，在制造业方面，中国的生产技术领先于拉美地区，具备比较优势，在国内的产业结构进行调整升级时，将不具有比较优势的产业转移到具有比较优势的市场是一个非常好的选择。中国企业应充分利用国家的鼓励政策及拉美地区为吸引外资而制定的优惠政策和协议，结合各国实际的区位优势，优化产业结构，在重点领域投资合作。在经历了金融危机和全球大宗商品价格下滑后，拉美地区的产业结构调整进入关键时期，这为中国调整在

拉美市场现有的产业结构、发展其他行业领域提供了契机，中国企业应把握好这一机遇。

2. 做好防范风险准备，提高应对风险的能力

中国企业在拉美地区进行投资的过程中，应做好防范风险的准备。拉美地区各国国情差异较大，特别是在政治更迭过程中，不同政党执政理念上的差异会导致经济政策的调整，这些调整通常具有突发性，会改变投资环境和投资预期。此外，拉美地区各个国家资源禀赋不同、产业优势不同，使得中国企业在对拉美地区各个国家进行投资时的国别选择也非常重要。因此，中国企业对拉美地区投资在抓住机遇的同时，也要高度重视风险控制。

（1）充分研判投资环境，重视投资目标国的政治和经济政策的稳定性。中国企业进入拉美地区进行长期投资时，应充分考虑当地的政治稳定性和经济政策连续性给投资带来的风险和影响。近年来，拉美地区一些国家政党更替频繁，国家新的领导人上台后，政府执政理念也发生了变化，对之前的经济政策进行了调整。尽管这些国家政局稳定，但由于经济政策突然改变，使得投资环境和投资预期也有所变化，一些重大项目面临搁浅或重新谈判的不利局面。当然，也有一些拉美国家，尽管政权更迭在不同政党之间进行，但是保持了经济政策的连续性，保障了投资环境的稳定。此外，还有部分拉美国家由于政局的不稳定，内乱不断，在这样的情况下，投资项目的风险可想而知。上述不同投资环境所带来的投资风险和造成的投资后果是完全不同的，中国企业在选择投资国时应提高风险识别能力，充分研判当地的投资环境。

（2）重视对外投资策略，建立风险转移机制。中国企业在拉美地区进行投资时，应尽量与当地企业进行合资，以合作的方式将风险共担，尤其是大型项目，尽量采取绿地投资，将部分风险转移给当地政府或企业。同时，中国企业在拉美地区进行投资时，应通过与当地政府、声誉较好的银行及公司签订担保或补偿协议，在投资前购买出口信用保险等一系列措施来建立风险转移机制。

（3）重视拉美地区国家的劳工风险，完善公司劳务条款。拉美地区的工会力量非常强大，各个行业都有自己的工会，通常当地员工都会通过工会争取自己的权益，由此产生的劳工问题是中国企业无法回避的，这对于很少处理劳工问题并且缺乏解决国际劳资纠纷问题经验的中国企业来说，是一个不小的挑战。因此，中国企业在拉美地区进行投资时，要对当地的劳工市场进行前期调研和深入了解，聘请劳工问题专家和相关法律人士来帮助企业完善劳务条款，降低劳工风险。

（4）提高自身经营的技术含量，从双边政府关系利好中获利。例如，华为在通信技术上的领先、关键技术产业化，使其企业规模不断扩大，其影响力不仅

停留在简单的经济社会影响力方面，更深深地嵌于一国关键领域的发展方略中。在这种情况下，华为不仅可以凭借其自身经济社会影响力来获得双方政府的支持，更可以利用"国家在关键领域技术开拓者"这一角色将自己与国家发展紧密相连，这样的企业更容易从双边政府关系利好中获利。因此，企业自身经营中技术含量的提高更容易使企业在"走出去"的过程中提升竞争力。

3. 积极承担社会责任，树立良好企业形象，实现中拉双方互惠互利

中国企业在拉美地区进行商业活动时，需要平衡利益和责任两者之间的关系，在保证必要投资收益的基础上，应树立良好的企业形象，加强与当地政府和民众的沟通，妥善处理与当地工会和员工之间的关系，积极承担社会责任，依法保护当地的生态环境。拉美地区各个国家不仅希望中国企业的投资能够提高当地的生活水平和就业率，也希望中国企业能够注重当地的生态环境，尤其在资源类的项目上，减少对当地环境的破坏，关注民生问题，扩大公益类的投资，力求双方互惠互利、实现双赢。

4. 采取因地制宜的经营策略，实现经济效益与社会效益的统一

由于中拉在历史、文化、政治和法律等方面的差异显著，因此可能会影响企业在当地的发展规模和受重视程度。如果未能意识到这些差异，会让企业与东道国的经济社会发展目标出现脱节，进而使企业付出更多的政策性成本。因此，中国企业在"走出去"时，应更多地关注东道国自身的竞争优势、风俗习惯以及政府政策，制定因地制宜的经营战略，实现经济效益与社会效益的统一，更好地获得当地政府与人民的支持。

五、结　语

本文通过梳理中国企业在拉美投资相关的现有研究文献资源，归纳与构建理论分析框架，在此基础上将定量分析和定性分析相结合开展调研和量化研究，深入分析中国企业在拉美投资存在的重要问题和面临的挑战。

首先，主要从拉美地区投资环境展开，从经济因素、政治因素、社会文化因素、美国因素四个方面分析拉美地区的投资环境。经济因素方面，拉美地区普遍呈现经济低迷的状态，除安提瓜和巴布达、多米尼加外，其他国家经济发展动力不足，部分国家如尼加拉瓜甚至出现经济负增长的情况，且拉美地区各国家的基础设施发展水平参差不齐，墨西哥、巴西等国家在海运、空运方面设施相对完善，海地、危地马拉的基础设施环境排名在全球垫底，这对于中国的投资来说既

是机遇也是挑战；政治因素方面，拉美地区政治环境国别差异明显，政局稳定风险、金融风险、社会治安风险、工会风险的存在都给来自中国的投资者带来巨大的风险和损失；社会文化因素方面，中国与拉美地理上相隔较远，社会文化上差异较大，劳工风险以及环保风险是不容忽视的因素；美国因素方面，美国对其他国家在拉美地区深化双边关系均相当敏感，由于美国已经将中国视为主要战略竞争对手，美国很有可能会利用其在拉美地区拥有的政治、经济和社会影响力为中拉投资关系的进一步发展设置障碍。

其次，围绕中国企业投资所面临的现状、困难和挑战，从政府层面以及企业层面提供对策建议，从而更好地规划中国企业在拉美的投资行为，为中国企业投资提供政策指导。

总的来说，中国始终视拉美地区为重要的投资目的地，在21世纪的国际舞台上，中国与拉美已经成为彼此不可或缺的战略合作伙伴。中拉不断密切的高层往来、日益蓬勃的经贸合作等，都昭示着双方在彼此国际战略中的重要地位。突飞猛进的贸易、投资合作加速了中拉经济联动的步伐。据联合国拉美经委会测算，中国经济每增长1个百分点，就带动拉美经济增长0.5个百分点，真正体现了命运与共、唇齿相依。中国对拉美在其国际经贸版图上的地位予以更多重视，拉美也期望进一步开拓中国市场，增加对中国出口，同时吸引中国投资，促进本地经济增长。在新的历史条件下，中国与拉美的经贸合作，尤其是中国对拉美的投资活动，拥有更多的历史机遇。中拉命运共同体，不仅仅体现为经济层面的相互联动。在迅速增长的经贸合作体量和稳定向前的政治外交对话之外，中拉同为日益崛起的新兴国家或地区，都致力于推动国际格局的多极化，中拉双方不存在根本性的地缘利益冲突，多年来关系友好，而今在实现各自民族复兴、发展自强的道路上，更需要彼此同舟共济、相互学习、相互帮助。由此可见，构建中拉命运共同体正当其时。

参考文献

［1］Jenkins R. China's Impact on Latin America ［J］. Revista Cidob Dafers Internacionals，2009（85-86）.

［2］陈涛涛，吴敏，金莹，等. 投资拉美：中国企业的多案例分析［J］. 国际经济合作，2020，407（5）：25-39.

［3］樊梦婷，钟熙维. 中国扩大对拉美直接投资的策略研究［J］. 财经问题研究，2012，345（8）：86-91.

［4］高智君. 中美在拉丁美洲直接投资的影响因素比较——基于自然资源、市场和效率的经验性研究［J］. 拉丁美洲研究，2021，43（6）：107-135+

157-158.

［5］郭一帆. 股东国利益是否影响多边开发银行的资金分配？——基于拉美地区多边开发银行基础设施投资的分析［J］. 经济社会体制比较，2023（3）：183-197.

［6］黎意斌. 中国在拉美直接投资的区位选择及其影响因素实证分析［D］. 复旦大学，2013.

［7］李辉，侯志铭，张荣. 中国对拉美直接投资的现状及发展问题研究［J］. 财经理论研究，2013，155（6）：48-53. DOI：10.13894/j. cnki. jfet. 2013. 06. 009.

［8］李紫莹. 中国企业在拉美投资的政治风险及其对策［J］. 国际经济合作，2011，303（3）：20-24.

［9］吕宏芬，俞涔. 中国对拉美直接投资的现状与问题研究［J］. 江苏商论，2016（12）：55-57.

［10］吕晓梅. 中国对拉美地区直接投资产业选择研究［D］. 山东师范大学，2016.

［11］吕洋. 中国对拉美投资的现状及问题［J］. 国际研究参考，2016，346（11）：7-13.

［12］唐宏轩. 进一步深化与扩展中国与拉美主要国家经贸合作的战略研究［D］. 黑龙江大学，2012.

［13］田泽，董海燕. 中国投资拉丁美洲的环境评价［J］. 商业研究，2016，468（4）：33-38. DOI：10.13902/j. cnki. syyj. 2016. 04. 005.

［14］王立云. 中国对拉美地区直接投资的优劣势分析［D］. 河北经贸大学，2014.

［15］王莉莉. 中拉合作相向而行［J］. 中国对外贸易，2023（7）：12-13.

［16］王永中，徐沛原. 中国对拉美直接投资的特征与风险［J］. 拉丁美洲研究，2018，40（3）：51-71+155-156.

［17］吴国平. 后危机时期中国企业投资拉美和加勒比地区的机遇与挑战［J］. 中国社会科学院研究生院学报，2011，182（2）：126-133.

［18］吴撼地. 新世纪以来中国对拉美地区的直接投资研究［J］. 中国社会科学院研究生院学报，2011，182（2）：134-139.

［19］谢慧敏，李春顶，邢泽蕾. 美国对拉美经济战略的调整及其影响［J/OL］. 拉丁美洲研究，1-26［2024-07-15］. http：//kns. cnki. net/kcms/detail/11. 1160. C. 20240701. 1603. 012. html.

［20］谢文泽，郭一帆. 多边开发银行基础设施投资的因素考量：基于拉美

地区的实证研究［J］. 拉丁美洲研究，2022，44（6）：131-151+158.

　　［21］颜岩. 中国对拉丁美洲直接投资的贸易效应实证分析［D］. 暨南大学，2008.

　　［22］杨松. 中国企业拉美直接投资风险综合评价研究［D］. 西南科技大学，2019.

　　［23］张春宇，卫士加，朱鹤. 中国在拉美的直接投资对中拉双边贸易的影响［J］. 拉丁美洲研究，2017，39（1）：41-59+155.

　　［24］赵国华，赵子薇. 中国对拉美国家出口贸易影响因素实证分析——基于总量与技术结构视角［J］. 技术经济，2022，41（2）：108-118.

　　［25］赵雪梅. 中国企业在拉美投资的产业分布及动因分析［J］. 拉丁美洲研究，2009，31（s2）：38-42.

　　［26］朱文忠，张燕芳. 中拉产能合作的机遇、挑战与对策建议［J］. 国际经贸探索，2018，34（4）：60-74. DOI：10. 13687/j. cnki. gjjmts. 2018. 04. 005.

　　［27］朱文忠，傅琼芳，纪晓夏. 双边市场中卖家社会责任缺失对平台企业顾客忠诚的影响［J］. 管理评论，2022，34（7）：189-197. DOI：10. 14120/j. cnki. cn11-505.

第二部分

拉丁美洲区域与国别研究

近年来中美洲移民危机的
兴起、特征与影响

张芯瑜*

摘　要： 近年来，受经济贫困、气候变化、暴力加剧、美国移民政策调整等因素的影响，中美洲地区赴美非法移民问题日益突出。中美洲非法移民潮主要来自危地马拉、萨尔瓦多与洪都拉斯三国，美国是其主要目的地，并呈现出年轻化及女性比例增加的特点，另外，雇用贩运者协助越境以及乘坐"大篷车"结队出行是移民的主要迁移方式。中美洲移民危机的兴起不仅对其来源国，还对其主要目的地——美国，带来了巨大的负面影响。展望未来，增加对中美洲国家的援助与支持、着眼中美洲国家发展诉求以及加强地区和国际合作是解决中美洲移民危机的重要途径。

关键词： 中美洲　移民危机　美国　非法移民

2014 年，美国西南边境涌现了一波来自中美洲的"无人陪伴儿童"移民潮，由此引发了国际社会的广泛关注。2018 年以来，更是有数千名来自中美洲国家的非法移民借助"大篷车"结伴而行，在历经千辛万苦后抵达美墨边境。中美洲赴美移民并非近年来的新现象，这一人群的流动具有一定历史渊源。Manuel Orozco 和 Julia Yansura 将中美洲外流移民的历史分为三个阶段：1970～1990 年的避战移民时期，1990～2000 年的经济驱动移民时期，2000～2014 年的多因素移民时期。[①] 在不同历史阶段，中美洲移民潮兴起的驱动因素不同、特征不同，对来源地与目的地的影响也不同。本文以近年来中美洲移民危机为研究对象，就其移

* 张芯瑜，中山大学国别区域研究院、拉美研究中心副研究员。感谢中山大学拉美研究中心研究学生助理张裕栋对本文数据资料收集提供的帮助。

① Manuel Orozco, Julia Yansura. Comprender la Migración Centroamericana: La crisis de migrantes menores de edad centroamericanos en contexto［EB/OL］. Inter-American Dialogue, https://www.thedialogue.org/wp-content/uploads/2014/10/Comprender-la-Migracion-Centroamericana.pdf, 2014.

民潮的特征、产生根源及影响等问题进行探讨，以期深化对中美洲地区移民治理问题以及中美洲赴美移民群体现状的研究。

一、近年来中美洲移民危机的兴起

中美洲人口外流的历史早已有之。自 20 世纪 70~80 年代中美洲多国内战爆发或升级以来，该地区外流人口迅速增加。美国由于与中美洲存在巨大的社会发展差距，因此成为这些移民的主要目的地。到 21 世纪，受气候变化、暴力加剧等因素的影响，该地区赴美非法移民问题逐渐显现。2008 年国际金融危机之前，居住在美国的"北三角"国家（指中美洲北部三国——危地马拉、萨尔瓦多和洪都拉斯）人口以每年 7.3% 的速度增长。[①] 来自这一区域和墨西哥的旅美移民至 2010 年已达到 2040 万人左右，是 1970 年移民数量的近 20 倍。[②] 同时，非法移民问题开始出现。2000~2010 年，来自危地马拉、萨尔瓦多与洪都拉斯的非法移民数量分别增加了 79%、44% 与 106%。

2009~2020 年，受洪都拉斯爆发军事政变加剧该地区的政治与社会动荡、中美洲地区气候恶化导致粮食危机、咖啡锈病与咖啡价格下跌诱发产业危机以及国内帮派斗争加剧拉低社会治安水平等因素影响，中美洲产生了新的移民危机。2012~2017 年，在墨西哥被拘留的"北三角"国家非法移民人数呈指数级增长，从 2011 年的 61334 人增加到 2016 年的 152231 人。[③] 在这一期间内，两起非法移民事件引人瞩目。一是 2014 年大量来自"北三角"国家的"无人陪伴儿童"聚集在美墨边境地区，引发无数媒体渲染的"移民危机"；二是 2018 年数千人规模的"北三角"国家非法移民乘坐"大篷车"抵达美墨边境，与特朗普政府针锋相对。

2020 年，中美洲国家赴美移民情况发生了新的变化。2020 年，由于中美洲国家采取措施限制了人员流动，加之美国社会失业率的增加，中美洲赴美移民数

①　Alejandro I. Canales Cerón, Martha Luz Rojas Wiesner. Obtenido de Panorama de la migración internacional en México y Centroamérica［EB/OL］. CEPAL, https：//www. cepal. org/es/publicaciones/43697-panorama-la-migracion-internacional-mexico-centroamerica, 2018.

②　Kate Brick, A E Challinor, Marc R Rosenblum. Mexican and Central American immigrants in the United States［EB/OL］. Migrant Policy, https：//www. migrationpolicy. org/pubs/MexCentAmimmigrants. pdf, 2011.

③　Carmen Rodríguez. Forced to flee Central America's Northern Triangle a neglected humanitarian crisis［EB/OL］. MSF, https：//www. msf. org/sites/default/files/msf_forced-to-flee-central-americas-northern-triangle_e. pdf, 2017.

量迅速减少。但在中美洲经济不断衰退、2020 年产生的两场飓风灾害以及拜登政府所谓"包容开放"的移民政策等因素的影响下，中美洲国家赴美移民数量再次快速增长。以在美墨边境被逮捕非法移民家庭单位为例，来自危地马拉与萨尔瓦多的被逮捕家庭数在 2021 年（截至 3 月）相比 2020 年，均存在 3000 个到 8000 个不等的回升，而来自洪都拉斯的被逮捕家庭数仅在此期间便涨至 38921 个，甚至高于 2016~2019 年各年份整财年的同期数据。① 2021 年初，"大篷车"移民规模升级，聚集在"北三角"国家准备北上的移民达到 7000~8000 人。② 2022 年 6 月，新一波移民浪潮的规模扩大到 11000~15000 人，其中包括大量来自"北三角"之外其他拉美国家的移民。③ 2021 年 1 月到 2022 年 3 月，来自墨西哥和"北三角"的非法移民人数增加了近九倍，2022 年 4 月更是有 234088 名非法移民涌入美国。④

二、近年来中美洲移民危机的主要特征

总体而言，近年来中美洲地区的移民危机主要呈现如下特征：

第一，移民来源地相对集中。危地马拉、萨尔瓦多与洪都拉斯由于在经济、政治、社会等方面具有突出的小国脆弱性，因此成为重要的移民来源地。三个国家位于中美洲北部，紧挨墨西哥，是这一区域中移民输出的主力军。从地区整体赴美移民数量来看，2009 年在美的中美洲（包括"北三角"、伯利兹、尼加拉瓜、哥斯达黎加、巴拿马与多米尼加）非法移民约 441 万人。其中，危地马拉约 80 万人、萨尔瓦多约 115 万人、洪都拉斯约 47 万人，分别大约占当年这些国家

① CBP. U. S. Border Patrol Southwest Border Apprehensions by Sector ［EB/OL］. https：//www.cbp.gov/ newsroom/stats/southwest-land-border-encounters/usbp-sw-border-apprehensions，2021.

② Laura Acevedo. Migrant caravan departs for U. S.，clash with Central American forces ［EB/OL］. https：//www.10news.com/news/local-news/migrant-caravan-departs-for-u-s-clash-with-central-american-forces.

③ Lillian Perlmutter. Up to 15000 may join largest ever migrant caravan to walk through Mexico to US ［N/OL］. The Guardian，https：//www.theguardian.com/us-news/2022/jun/03/migrant-caravan-tapachula-mexico-biden，2022-06-03.

④ James E Risch, et al. Biden's Border Crisis：Examining Policies That Encourage Illegal Migration ［EB/OL］. USCFR，https：//www.risch.senate.gov/public/_cache/files/d/f/df4e21bf-322e-455c-a61b-，2022.

在美移民总数的 60%、46% 与 68%。① 与之相比，伯利兹本身不存在足以形成移民潮的人口基数；尼加拉瓜虽贫穷，但人地矛盾较弱且社会治安良好，移民问题并不突出；而哥斯达黎加与巴拿马的经济发展程度较高，总体上不存在对外大量输出移民的情况。在美国外来移民存量前 30 位的国家当中，萨尔瓦多、危地马拉与洪都拉斯的排名从 1995 年的第 11 名、第 17 名和第 26 名分别上升到 2020 年的第 5 名、第 8 名和第 14 名，尼加拉瓜则从 1990 年的第 26 名逐渐跌出这一排名，其他中美洲国家 30 年来均不在这一排名中（见图 1）。

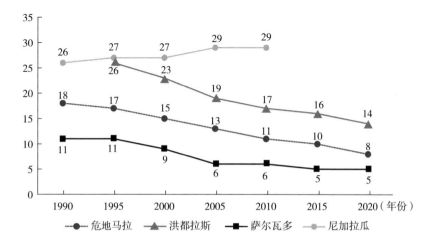

图 1 "北三角"与尼加拉瓜移民在美国移入移民存量前 30 位国家中的排名

资料来源：Datosmacro. Inmigrantes en Estados Unidos según país de origen ［EB/OL］. https：//datosmacro. expansion. com/demografia/migracion/inmigracion/usa.

第二，移出目的地单一。由于美国与中美洲之间存在巨大的经济社会发展差距，加之地理上的相对靠近以及美国所谓的"包容开放"移民政策的驱动，美国始终是中美洲国家移出移民的主要目的地。对比表 1 与表 2 可以看出，中美洲移民起初只在美洲范围内活动，后来西班牙这一欧洲国家出现在 2020 年的移民首选名单中。但无论如何，美国始终占据这一排行的榜首。此外，据统计，2015 年，97% 的墨西哥移民和 78% 的中美洲移民居住在美国，其中"北三角"国家的情况极其突出：美国是 88.9% 的萨尔瓦多移民、86.6% 的危地马拉移民和 81.8%

① Morales Gamboa, otras. Migraciones en centroamérica：estándares internacionales y capacidades estatales en materia de derechos humanos y laborales ［EB/OL］. Facultad Latinoamericana de Ciencias Sociales－Sede Costa Rica, http：//biblioteca. clacso. edu. ar/Costa_Rica/flacso-cr/20170704031413/pdf_181. pdf.

的洪都拉斯移民的目的地。①

表1 1990年"北三角"国家移民目的地前五名国家排名

来源国	目的国排名				
	1	2	3	4	5
危地马拉	美国	墨西哥	伯利兹	加拿大	萨尔瓦多
洪都拉斯	美国	萨尔瓦多	危地马拉	尼加拉瓜	伯利兹
萨尔瓦多	美国	墨西哥	危地马拉	洪都拉斯	哥斯达黎加

资料来源：Datosmacro. Emigrantes según país de destino［EB/OL］. https：//datosmacro. expansion. com/demografia/migracion/emigracion/guatemala，https：//datosmacro. expansion. com/demografia/migracion/emigracion/honduras，https：//datosmacro. expansion. com/demografia/migracion/emigracion/el-salvador.

表2 2020年"北三角"国家移民目的地前五名国家排名

来源国	目的国排名				
	1	2	3	4	5
危地马拉	美国	墨西哥	伯利兹	加拿大	西班牙
洪都拉斯	美国	西班牙	墨西哥	尼加拉瓜	萨尔瓦多
萨尔瓦多	美国	加拿大	危地马拉	墨西哥	哥斯达黎加

资料来源：Datosmacro. Emigrantes según país de destino［EB/OL］. https：//datosmacro. expansion. com/demografia/migracion/emigracion/guatemala，https：//datosmacro. expansion. com/demografia/migracion/emigracion/honduras，https：//datosmacro. expansion. com/demografia/migracion/emigracion/el-salvador.

第三，非传统劳动力人口逐渐增加。总体上看，中美洲赴美移民群体以受教育程度较低的社会底层人民为主。比如，在2009年的旅美外国人当中，54%的危地马拉人、53%的萨尔瓦多人和50%的洪都拉斯人的受教育程度均低于中等教育水平。与之相对的是其年轻化的人口结构：89%的萨尔瓦多与洪都拉斯移民和88%的危地马拉移民年龄在18~65岁。② 另外，中美洲移民总体上呈现男多女少

---

① Alejandro I Canales Cerón, Martha Luz Rojas Wiesner. Panorama de la migración internacional en México y Centroamérica［EB/OL］. CEPAL, https：//www. cepal. org/es/publicaciones/43697 - panorama - la - migracion - internacional-mexico-centroamerica, 2018.

② Kate Brick, A E Challinor, Marc R Rosenblum. Mexican and Central American immigrants in the United States［EB/OL］. Migrant Policy, https：//www. migrationpolicy. org/pubs/MexCentAmimmigrants. pdf, 2011.

的现象："北三角"国家的男性赴美移民人数比女性人数多 26%。① 但是，随着中美洲治安情况和自然环境的恶化，越来越多非法移民的移民动机开始不局限于寻找工作，而是逃避家乡的暴力和粮食危机。因此，非传统劳动力人口也加入移民浪潮中：在墨西哥与危地马拉边境的一处北上移民要道的拘留所，2015 年每天逮捕的人当中 3/4 是女性。② 2013 年，在美国西南部边境几乎没有任何家庭被逮捕；2020 年，许多"北三角"移民都是未成年人且一半以上在边境被拘留的人以家庭为单位出行。③

第四，移民青睐于穿越墨西哥至美墨边境的陆上路线。雇用贩运者协助越境以及乘坐"大篷车"结队出行是中美洲移民的主要迁移方式。截至 2006 年，有"pasantes""pateros""coyotes""polleros"等不同称谓的贩运者，将有移民倾向的中美洲人运送至美墨边境，为墨西哥边境管理带来了巨大的困扰。④ 据统计，2012~2015 年，50%以上在美墨边境受遣返的中美洲移民雇用了贩运者。⑤ 许多移民为雇用贩运者背负着高达 7000 美元以上的债务，必须在抵达美国时偿还。⑥ 事实上，北上移民路线危险性极高且贩运者的背景不一，许多移民成为人口贩卖的牺牲品，因此不少移民为保障安全选择结队乘坐"大篷车"出行。有学者认为，"大篷车"移民早在 20 世纪 90 年代末就变得规模庞大了，但直到近年来才因为其同各个利益团体（政府、贩运者、犯罪集团等）的联系被学术界和媒体所重视。⑦ 同以往非法移民尽可能躲避美国边境巡逻队的做法不同，近年来大多数非法移民家庭或无人陪伴未成年人直接向美国边境管理人员自首并提出庇护申请，

①⑤　Alejandro I Canales Cerón, Martha Luz Rojas Wiesner. Panorama de la migración internacional en México y Centroamérica ［EB/OL］. CEPAL, https：//www. cepal. org/es/publicaciones/43697－panorama－la－migracion－internacional－mexico－centroamerica, 2018.

②　Diana Damián Palencia, otros. Una cartografía de las mujeres en las migraciones. El corredor Huehuetenango － Comitán ［EB/OL］. FOCA A. C., http：//cdhezac. org. mx/MaterialConsultaCDPD/Informes/InformeEspecialMigracionyDiscapacidad. pdf, 2015.

③　Ronn Pineo. Immigration Crisis：The United States under President Donald J. Trump ［J］. Journal of Developing Societies, 2020, 36（1）：7-40.

④　Gonzalo Carrasco González. La migración centroamericana en su tránsito por México hacia los Estados Unidos ［J］. Alegatos, 2013（83）：169-194.

⑥　Sandra E, Herrera Ruiz. Migración en Guatemala：un enfoque periodístico ［R/OL］. Universidad de San Carlos de Guatemala, https：//digi. usac. edu. gt/bvirtual/informes/puieg/4AnalisisPeriodistico. pdf, 2001.

⑦　Vladimir López Recinos. Nuevos escenarios de la migración centroamericana：Éxodo compulsivo de hondureños en tránsito por México hacia Estados Unidos（1990-2020）［J］. Observatorio del desarrollo, 2021, 10（28）：43-56.

他们大多数人可以因此获得进入美国的合法途径。① 尽管如此，他们非法移民的身份仍未改变，仍需要相当长的移民法庭审理周期以最终决定其去留。

三、近年来中美洲移民危机产生的缘由

中美洲大量移民的涌出从根本上说是其社会发展水平与其他地区，尤其是与美国的巨大差距所致。因此，学术界常用驱动移民形成的"推拉理论"来解释美国作为外在因素对中美洲移民危机产生的影响。但我们不能忽视中美洲国家尤其是"北三角"国家自身的发展脆弱性在驱动移民形成时的重要影响。中美洲国家的小国脆弱性相当突出，包括犯罪猖獗导致安全脆弱性、依赖侨汇加剧经济脆弱性、贫富分化导致社会脆弱性、国家治理缺失导致政治脆弱性、灾害频发凸显环境脆弱性等。② 因此，中美洲移民危机的产生是内外部因素共同驱动的结果。

（一）经济贫穷驱使移民赴美寻找工作机会

大部分中美洲国家独立后，基本上继承了西班牙殖民时期的经济社会结构：土生白人大地主仍位于社会上层，位于殖民地社会底层的原住民或混血人种农民并未获得政治经济利益。越靠近殖民地时期的政治经济中心（危地马拉），这种情况表现得越明显。19 世纪 70 年代的自由派改革催生了一批咖啡寡头，进一步加剧了土地兼并和贫富差距，由此产生的严重的社会不平等现象基本延续至今，而 20 世纪末期的新自由主义政策更令这一情况雪上加霜。虽然在这一过程中，一些有识之士如危地马拉的阿雷瓦洛和阿本斯、洪都拉斯的塞拉亚等试图改变这一情况，但其政权很快遭到美国与国内右翼势力的颠覆。

中美洲民众的经济贫穷首先反映在其绝对收入的低下。例如，2018 年，萨尔瓦多与洪都拉斯的人均 GDP 勉强达到 3600 美元与 2200 美元，不到拉美地区平均水平的 1/3。③ 其次，经济贫穷还反映在贫困人口在总人口中的比重偏高。

① Bipartisan Policy Center. Policy Proposals to Address the Central American Migration Challenge ［EB/OL］. https：//bipartisanpolicy. org/report/policy-proposals-to-address-the-central-american-migration-challenge/, 2019.

② 彭赫. 小国脆弱性分析——以中美洲"北三角"国家为例 ［D］. 中国社会科学院大学（研究生院）硕士学位论文, 2021.

③ Alejandro I Canales Cerón, Martha Luz Rojas Wiesner. Panorama de la migración internacional en México y Centroamérica ［EB/OL］. CEPAL, https：//www. cepal. org/es/publicaciones/43697-panorama-la-migracion-internacional-mexico-centroamerica, 2018.

洪都拉斯和危地马拉的贫困率高达 74% 与 68%，其中农村贫困率高达 82% 与
77%。① 最后，中美洲普遍年轻的人口结构也使其本地就业市场趋于饱和。对此，
有学者指出，从根本上驱动移民产生的因素不是贫困而是缺乏发展。② "北三角"
国家的经济基础只能为 35% 的劳动力创造正规就业机会，其余 65% 的就业人口除
了失业或选择移民外，不得不投身非正规行业。③ 但是非正规经济（economic
informality）的增长又反作用于移民增长。非正规经济每提升 1%，将导致危地马
拉、洪都拉斯与萨尔瓦多移民分别增长 5%、12% 和 27%。④

（二）环境脆弱促使移民外流改善生存条件

第一，中美洲位于地震带和飓风带上，时常遭受这些自然灾害的侵袭。飓风
和地震能在短时间内摧毁基础设施，对经济运行造成严重负面影响，这些负面影
响在国土面积狭小、国家脆弱性明显的中美洲得以放大，由此造成的大批失业与
无家可归人口成为潜在的移民群体。萨尔瓦多在 2001 年大地震后，单一年度对
美国移民数量突破了 3 万人大关，且在此后几年基本维持在这一数字左右。⑤
2020 年，两场飓风叠加其他因素影响导致危地马拉、萨尔瓦多与洪都拉斯的年
度经济分别收缩了 1.8%、8.2% 与 9.0%。⑥ 恶劣的气候助长了中美洲的移民
流出。

第二，中美洲"干旱走廊"气候的形成导致粮食危机，中美洲人民在粮食
不安全的境况下不得不背井离乡。在 21 世纪初频繁的厄尔尼诺现象的影响下，
中美洲"干旱走廊"在 2014 年前后形成，在当年导致该地区出现 35 年未有的大
旱。2015 年和 2016 年，该地区又遭遇两次严重干旱。数年的大旱导致"北三

①　Alicia Bárcena, et al. Atlas of Migration in Northern Central America［EB/OL］. CEPAL, https：//
repositorio. cepal. org/bitstream/handle/11362/44288/1/S1801071_en. pdf, 2018.

②　Manuel Orozco, Julia Yansura. Comprender la Migración Centroamericana：La crisis de migrantes menores
de edad centroamericanos en contexto［EB/OL］. Inter-American Dialogue, https：//www. thedialogue. org/wp-
content/uploads/2014/10/Comprender-la-Migracion-Centroamericana. pdf, 2014.

③　Alejandro I Canales Cerón, Martha Luz Rojas Wiesner. Panorama de la migración internacional en México y
Centroamérica［EB/OL］. CEPAL, https：//www. cepal. org/es/publicaciones/43697-panorama-la-migracion-
internacional-mexico-centroamerica, 2018.

④　Manuel Orozco. Recent Trends in Central American Migration［EB/OL］. The Dialogue, https：//
www. thedialogue. org/wp-content/uploads/2018/05/Recent-Trends-in-Central-American-Migration-1. pdf,
2018.

⑤　Michael Chertoff, Stewart A Baker, Michael D Hoefer. Yearbook of Immigration Statistics：2004［EB/OL］.
DHS, https：//www. dhs. gov/immigration-statistics/yearbook/2004, 2006.

⑥　Peter J Meyer. Central American Migration：Root Causes and U. S. Policy［EB/OL］. CRS, https：//
crsreports. congress. gov/product/pdf/IF/IF11151/8, 2022.

角"国家损失了80%~90%的豆类收成与60%的玉米收成。① 这一地区陷入粮食危机的人数从2019年的220万增加到2021年底的约640万，到2022年有720万危地马拉人与洪都拉斯人处于粮食危机当中。② 相比贫困，粮食危机是对中美洲人民生命更直接的威胁。

第三，咖啡行业危机导致失业率上升与收入下降，进而推动移民外流。2019年，农业产值分别占危地马拉、洪都拉斯与萨尔瓦多三国出口产值的41.69%、28.12%与15.77%，其中咖啡和香蕉两种大宗农产品出口尤为重要。③ 据美国国会研究处（CRS）的报告，咖啡产业在"北三角"国家为大约130万个家庭提供了季节性收入。④也就是说，咖啡产业能影响上百万人口的收入水平。而2012~2013年在该地区蔓延的咖啡锈病导致咖啡作物严重减产。伴随咖啡产量减少的是国际咖啡价格低迷周期的开始。⑤ 对依赖咖啡为生的小农和咖啡种植工人而言，咖啡产业几乎是其换取粮食的首要经济来源。咖啡减产带来的是经济危机与粮食危机，进而演变为生存问题，驱使中美洲赴美非法移民潮的产生。

（三）社会暴力逼迫移民逃出躲避帮派冲突

中美洲国家自独立以来，爆发过多次严重的暴力冲突。在20世纪末期的内战爆发之前，该地区的暴力冲突主要表现为：各个政治派别之间的矛盾往往诉诸武力，通过发动内战或者进行政治迫害以消除政敌。而在内战结束后，来自社会层面的帮派冲突成为暴力的主要来源。例如，Mara Salvatrucha（MS-13，"野蛮萨尔瓦多人"）和Mara Barrio 18（Barrio 18，"18街黑帮"）等帮派，由内战期间逃往美国的战争难民组建，战争结束后返回中美洲，对当地社会治安造成了极为恶劣的影响。1998~2004年，约有34000个帮派成员被美国驱逐出境，到2005年，萨尔瓦多的暴力死亡事件达到纽约的7倍。⑥ 帮派团伙的壮大实质上是中美洲社会治理水平低下的表现。政府权力在被排斥社会群体聚居区域的缺失令帮派成为维持这些区域基本秩序的次国家行为体。⑦ 帮派暴力对移民潮兴起产生了直接的影响。据统计，在危地马拉、洪都拉斯与萨尔瓦多，凶杀案每增加1%，移

---

① Ivannia Ayales, et al. Climate Migration in the Dry Corridor of Central America Integrating a Gender Perspective [EB/OL]. InspirAction/Christian Aid, https：//www. christianaid. org. uk/sites/default/files/2022 - 07/2019_migration_gender_climate_change_central_america. pdf, 2019.

②④ Peter J Meyer. Central American Migration：Root Causes and U. S. Policy [EB/OL]. CRS, https：// crsreports. congress. gov/product/pdf/IF/IF11151/8, 2022.

③ Atlas of Economic Complexity [EB/OL]. https：//atlas. cid. harvard. edu/.

⑤ Jaques Avelino, et al. The Coffee Rust Crises in Colombia and Central America (2008-2013)：Impacts, Plausible Causes and Proposed Solutions [J]. Food Sec, 2015 (7)：303-321.

⑥ 林恩·福斯特. 中美洲史 [M]. 张森根，陈会丽译. 上海：东方出版中心，2016.

⑦ 王鹏. 中美洲国家治理与社会安全 [J]. 拉丁美洲研究，2015 (2).

民就会分别增加 100%、120% 与 188%。①

值得注意的是，如图 2 所示，"北三角"国家的每 10 万人凶杀率在 2008~2020 年呈现走低态势。凶杀率的降低首先得益于近年来萨尔瓦多政府对打击帮派暴力的强硬态度。作为拥有两个最大帮派的中美洲犯罪中心国家，萨尔瓦多政府先是对黑帮采取"非常措施"间接促成两大黑帮的再度停火，而后启动《领土控制计划》（*Plan de Control Territorial*）采取软硬兼施的方式打击黑帮犯罪。其次，2020 年中美洲各国采取的封控管理措施在一定程度上有助于对该地区社会治安的改善。但是相对数字的改善并不代表社会暴力情况的根本性好转：2020 年的"北三角"国家每 10 万人凶杀率相比以往虽下降很多，但仍徘徊在 20%~40%，仍是很高的数字。暴力仍是驱动移民流出的重要因素。

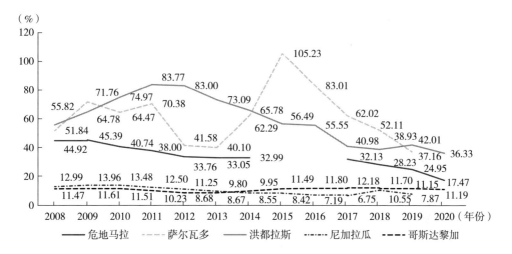

图 2　2008~2020 年部分中美洲国家每 10 万人凶杀率

资料来源：UNDOC. dp - intentional - homicide - victims［EB/OL］. https：//dataunodc. un. org/dp - intentional-homicide-victims.

（四）移民危机中的美国因素

首先，中美洲移民危机是中美洲国家小国脆弱性的结果，而美国对这种脆弱性的形成负有不可推卸的历史责任。美国在 20 世纪初主要通过联合果品公司的经济压榨与基于其利益的军事干涉（在危地马拉、洪都拉斯）、直接军事占领（在尼加拉瓜）、扶植出卖国家利益的军事独裁者（在整个中美洲普遍推行）等

---

① Manuel Orozco. Recent Trends in Central American Migration［EB/OL］. The Dialogue, https：// www. thedialogue. org/wp- content/uploads/2018/05/Recent - Trends - in - Central - American - Migration - 1. pdf, 2018.

手段，从经济、政治等方面控制该地区。在 20 世纪 70～80 年代的内战中，美国为中美洲的独裁政权（如"北三角"国家的右翼军政府）或反左翼军事组织（如尼加拉瓜的反"桑解阵"政府武装团体）提供军事支持，其支持下的危地马拉军政府对玛雅人执行的种族屠杀更是直接推动了大量人口外逃。而在联合果品公司倒台后，美国对中美洲事务的继续干涉和参与在一定程度上加剧了该地区的移民危机。有拉美学者举证表明，美国支持了 2009 年洪都拉斯军事政变，以推翻推动地区一体化和亲和平民的塞拉亚政府，① 此后的政治与社会动荡使得该国取代多米尼加成为可卡因空运路线的重要中转站。② 新的美国水果公司继承联合果品公司的一贯作风，在危地马拉雇用当地黑帮以处理征地问题和劳工骚乱。③

其次，中美洲人对美国移民政策缺乏了解是推动和刺激他们前往美国的诱因。美国移民政策的演变大致经历了"开放—收紧—松动—再收紧"的四个历史时期，分别为 19 世纪 80 年代前的自由移民时期、19 世纪 80 年代至"二战"前的限制移民时期、"二战"后到 21 世纪初的松动时期，以及 21 世纪以来的再收紧时期。④ 美国移民政策的变迁是价值观念、经济利益、政治利益等多种因素导致的结果。其中，政治利益层面的张力主要来自政党政治中的博弈。一般认为，美国民主党属于左翼政党或自由派，倾向于支持移民，而共和党则属于右翼政党或保守派，通常支持限制性入境移民政策。例如，前总统奥巴马执政期间，出台了"童年抵美者暂缓遣返计划"（DACA）。暂缓遣返的对象主要是拉美裔的非法入境的未成年人，并为其留在美国提供机会。当中美洲"无人陪伴儿童"掀起入境新浪潮后，这迅速成为美国政治纷争的焦点。而后特朗普政府采取一系列严格限制非法移民的措施，例如推行了"零容忍"政策尤其是"骨肉分离"政策，将非法移民及其子女强行分离。特朗普政府极具排外色彩的移民政策招致了民主党人的猛烈批判。因此，在民主党总统候选人拜登上台后，不仅恢复了DACA 并扩大了"临时保护身份"（TPS）的发放对象，还在"延迟强制离境"

① 表面上，美国发表了谴责政变的声明。实际上，有学者和媒体揭示，美国在洪都拉斯政变中发挥了同谋的作用：第一，由美国在洪军事基地为政变军方提供后勤支持；第二，由政治人物（民主党领袖、参议院外交关系委员会主席）和自由派学界发声为政变站台；第三，由外交人员（负责拉美事务的两名副国务卿）与发动政变的军事与民事团体接触；第四，由美国国际开发署、美国国家民主基金会为反政府团体提供资金支持；等等。参见 Marco A. Gandásegui. Las interrogantes sobre el golpe de Estado en Honduras. ¿QUIEN MANEJA LA POLÍTICA EXTERIOR DE EEUU? ［J］. Tareas, 2010（134）：61-73。

②③ Ted Leggett, et al. Transnational Organized Crime in Central America and the Caribbean: A Threat Assessment ［EB/OL］. UNDOC, https：//www. unodc. org/toc/en/reports/TOCTACentralAmerica-Caribbean. html, 2012.

④ 宋欣怡. 由内而外的实用主义——美国移民政策的政治逻辑 ［J］. 国际公关, 2022（4）；周督竣、包刚升. 观念、利益与政党：美国移民政策变迁背后的三重张力 ［J］. 探索与争鸣, 2023（4）.

（DED）方面重申"不支持驱逐至不安全地方"。① 为了从根本上解决中美洲的移民问题，2021 年 7 月拜登政府还出台了《2021 美国公民法案》（*U. S. Citizenship Act of* 2021）和《美国根本解决中美洲移民问题战略》（*U. S. Strategy for Addressing theRoot Causes of Migration in Central America*）。理论上，拜登政府希望通过更好地参与中美洲地区治理以将移民留在原地。但在现实中，其政策被人误解为美国移民政策的全面开放，加之贩运者的歪曲解读宣传，吸引了大批中美洲移民前往美国。

（五）其他可考虑因素：受家庭关系网影响的移民

家庭团聚也对中美洲人流向美国起到推动作用。中美洲人流向美国有着较久的历史，先发移民往往成为后发移民在美国社会的关系网。2018 年的一项研究表明，"北三角"国家移民有 82% 的家庭成员在美国生活。② 另一项调查显示，80% 的危地马拉受访者、90% 的洪都拉斯受访者和 99% 的萨尔瓦多受访者都表示自己有旅美家人。③ 这些在美关系网往往能帮助后发移民获取美国移民政策的信息，以此吸引移民前往美国定居。2014 年一项在萨尔瓦多人中开展的统计调查数据显示，"在美国有家人"和"认识一位新移民"的人群范围内，"考虑过移民"的有 32% 与 36%，虽相对高于"未考虑过移民"的占比，却不是太高的数字。原因不难发现：其中 81% 的人表示他们的亲戚在美国没有合法身份。④ 由此可见，合法移民身份获取的难易程度可能制约着家庭团聚，这是一项受美国移民政策影响的变量。

四、近年来中美洲移民危机产生的影响

无论从何种角度出发看待这一现象，大规模非法移民因糟糕的国内情况而迁往另一地，并且其中包含大量无人陪伴儿童，在路途中还需面对高温、饥饿、犯罪等致命性因素，中美洲移民潮终归不是一个正面现象。该现象不仅对其来源地

① Marina Alves, Willian Alves. The Biden Era and the US Immigration Policies to Central America and Mexico [J]. Petrel, 2020, 2 (4)：134-145.
② Alicia Bárcena, et al. Atlas of Migration in Northern Central America [EB/OL]. CEPAL, https://repositorio. cepal. org/bitstream/handle/11362/44288/1/S1801071_en. pdf, 2018.
③ Ronn Pineo. Immigration Crisis：The United States under President Donald J. Trump [J]. Journal of Developing Societies, 2020, 36 (1)：7-40.
④ Manuel Orozco, Julia Yansura. Comprender la Migración Centroamericana：La crisis de migrantes menores de edad centroamericanos en contexto [EB/OL]. Inter-American Dialogue, https://www.thedialogue.org/wp-content/uploads/2014/10/Comprender-la-Migracion-Centroamericana.pdf, 2014.

中美洲国家，还对其主要目的地美国带来了巨大的冲突和挑战。

（一）移民危机对中美洲的影响

外流移民本身是中美洲国家发展脆弱性导致的结果，驱动移民的各种因素诸如贫困、帮派暴力、气候恶劣等不会随着移民的流出而得到根本改善。这就意味着中美洲移民仍要应对跨区域迁徙路上的风险。他们对前往区域外尤其是前往美国的强烈需求，以及他们中间逐渐增加的弱势群体，往往使他们成为各种非法活动的目标。因此，移民危机对中美洲的主要负面影响便是随之而来的各种非法活动的增加：首先，移民活动助长非法集团在移民贩运当中的参与。移民往往雇用贩运者协助自己进行偷渡活动，但相较于独立的贩运者或专事此行业的小团体，墨西哥和中美洲的本地犯罪集团的组织度更高，基础也更广，很快参与到人口贩运中。例如，墨西哥洛斯泽塔斯贩毒集团被认为一度完全控制了这一活动，并且从移民中招募犯罪集团成员。① 其次，移民活动导致越来越多中美洲未成年人陷入危险：他们中有很大一部分是无人陪伴儿童，容易被裹挟进许多非法活动中。在危墨边境，雇用移民童工的现象屡见不鲜。2001 年的一项研究表明，超过四万名 7~14 岁的危地马拉儿童在边境从事 34 种包括各种危险行业的劳动。②

（二）移民危机对美国的影响

中美洲移民作为具有特定地域特征的外来群体，其多次以非法形式涌入美国的情况进一步撕裂了近年来对立严重的美国社会。首先，他们相当坚持自身的西班牙语、天主教及拉丁美洲文化，同美国主流文化——盎格鲁—撒克逊新教文化格格不入，其移入加剧了美国社会的身份认同危机。近年来，这些拉美裔移民的生育率远高于白人。在 2010~2019 年增长的 1950 万美国人口中，有 1000 万是拉美裔人口③。其次，中美洲移民对工资的低要求是一把"双刃剑"：它虽然满足了美国低端产业对廉价劳动力的要求，却变相挤走了中下层白人劳工的工作或压低了其所在就业市场的工资水平，这进而引发白人群体的不满，加剧了美国社会的种族冲突。除了对白人劳工产生就业压力，后发移民尤其是非法移民也会对先发移民造成类似威胁：非法移民受制于其身份，往往对工资要求更低。这一事实导致的政治选举结果是：在 2016 年的大选中，1/3 的上层拉美裔美国人投票给特朗普。④ 再次，这一移民危机对美国社会产生的撕裂效应导致两党及其选民关系

① Gonzalo Carrasco González. La migración centroamericana en su tránsito por México hacia los Estados Unidos［J］. Alegatos，2013（83）：169-194.

② Sandra E. Herrera Ruiz. Migración en Guatemala：un enfoque periodístico［R/OL］. Universidad de San Carlos de Guatemala，https：//digi. usac. edu. gt/bvirtual/informes/puieg/4AnalisisPeriodistico.pdf，2001.

③ 付随鑫. 美国人口结构变化对 2020 年大选和两党格局的影响［J］. 美国问题研究，2021（1）.

④ 强舸. "奥巴马选民" VS "特朗普选民"：关键性选举与美国政党选民联盟重组［J］. 复旦学报（社会科学版），2018（1）.

的恶化，使得涉及移民的政治议题往往成为攻击对方的种族议题，难以达成政治共识。同特朗普政府的移民政策相比，拜登政府的移民政策相对宽容，对改善非法移民处境起了一定的积极作用，但同时也对美国内政和外交带来了不同程度的负面影响。一方面，大量非法移民的涌入加剧了美墨边境的治理危机。参议院外交委员会的 8 名共和党人于 2022 年 6 月联名撰写报告，表示正是拜登政府的移民政策改变了特朗普时期对边境的有效治理，使非法移民达到了破纪录的天文数字水平。① 另一方面，非法移民入境后与美国本地居民竞争教育资源、就业资源，也引发了各种社会问题；因处理非法移民导致的税收增加，更激发了美国民众的不满。最后，拜登的地区治理政策并未得到中美洲国家领导人的有力回应，甚至引发外交冲突，对美国与中美洲的非法移民合作治理产生负面影响。拜登政府对中美洲的反腐措施仍具有单边主义色彩，如在美国法庭而非国际法庭审判洪都拉斯涉毒政客、单方面公布腐败官员名单等行为招致中美洲政坛的反感。反对人士指出，拜登的中美洲治理方针充满家长式的口吻，忽略造成移民的结构性因素。② 在 2022 年 6 月举行的第九届美洲峰会上，"北三角"三国领导人均缺席，只派外长参与以表达对美国干涉的不满。尽管此次峰会最后通过了《洛杉矶移民与保护宣言》（*Los Angeles Declaration on Migration and Protection*），但外界看到的却是美国与拉美合作的"空洞"与"分裂"。

五、结　语

上文对近年来中美洲移民危机的特征、成因和影响等问题进行了分析。近年来，受经济贫困、气候变化、暴力加剧、美国移民政策调整等因素的影响，该地区赴美非法移民问题日益突出。中美洲非法移民潮主要来自危地马拉、萨尔瓦多与洪都拉斯三国，美国是其主要目的地，并呈现出年轻化及女性比例增加的特点。另外，雇用贩运者协助越境以及乘坐"大篷车"结队出行是其主要迁移方式。中美洲移民危机的兴起不仅对其来源国，还对其主要目的地美国，带来了巨大的负面影响。治理中美洲移民危机的关键是解决该地区发展脆弱性问题。近年来，美国政府尝试从立法、边境管理、经济援助、外部合作等方面应对中美洲非

---

① James E Risch, et al. Biden's Border Crisis: Examining Policies That Encourage Illegal Migration [EB/OL]. USCFR, https://www.risch.senate.gov/public/_cache/files/d/f/df4e21bf-322e-455c-a61b-, 2022.

② Linda Brito, Alejandra Mejía, Roxana Bendezú. An Analysis of the Biden-Harris Administration for Central America [EB/OL]. MIGRANT ROOTS MEDIA, https://www.migrantrootsmedia.org/reports.

法移民，但收效甚微。美国总统拜登上台执政以来，一方面推动立法试图构建更"开放包容"的移民政策；另一方面主要通过打击腐败参与中美洲地区治理。但是拜登政府的移民政策忽视了中美洲的现实需求，存在干涉中美洲内政倾向，且因为过于激进无法达成两党共识，未能如愿实现中美洲非法移民的有效治理。展望未来，增加对中美洲国家的援助与支持、着眼中美洲国家发展诉求以及加强地区和国际合作是解决中美洲移民危机的重要途径。

参考文献

［1］付随鑫. 美国人口结构变化对 2020 年大选和两党格局的影响［J］. 美国问题研究，2021（1）.

［2］林恩·福斯特. 中美洲史［M］. 张森根、陈会丽译. 上海：东方出版中心，2016.

［3］彭赫. 小国脆弱性分析——以中美洲"北三角"国家为例［D］. 中国社会科学院大学（研究生院）硕士学位论文，2021.

［4］强舸. "奥巴马选民"VS"特朗普选民"：关键性选举与美国政党选民联盟重组［J］. 复旦学报（社会科学版），2018（1）.

［5］宋欣怡. 由内而外的实用主义——美国移民政策的政治逻辑［J］. 国际公关，2022（4）.

［6］王鹏. 中美洲国家治理与社会安全［J］. 拉丁美洲研究，2015（2）.

［7］周督竣、包刚升. 观念、利益与政党：美国移民政策变迁背后的三重张力［J］. 探索与争鸣，2023（4）.

［8］Alejandro I Canales Cerón, Martha Luz Rojas Wiesner. Obtenido de Panorama de la migración internacional en México y Centroamérica［EB/OL］. CEPAL, https://www.cepal.org/es/publicaciones/43697-panorama-la-migracion-internacional-mexico-centroamerica, 2018.

［9］Alejandro Mayorkas, Robert Silvers, Marc R Rosenblum. Yearbook of Immigration Statistics 2020［EB/OL］. DHS, https://www.dhs.gov/immigration-statistics/yearbook/2020.

［10］Alicia Bárcena, et al. Atlas of Migration in Northern Central America［EB/OL］. CEPAL, https://repositorio.cepal.org/bitstream/handle/11362/44288/1/S1801071_en.pdf, 2018.

［11］Atlas of Economic Complexity［EB/OL］. https://atlas.cid.harvard.edu/.

［12］Bipartisan Policy Center. Policy Proposals to Address the Central American Migration Challenge［EB/OL］. https://bipartisanpolicy.org/report/policy-proposals-to-address-the-central-american-migration-challenge/, 2019.

[13] Carmen Rodríguez. Forced to flee Central America's Northern Triangle a neglected humanitarian crisis [EB/OL]. MSF, https：//www. msf. org/sites/default/files/msf_forced-to-flee-central-americas-northern-triangle_e. pdf, 2017.

[14] Diana Damián Palencia, otros. Una cartografía de las mujeres en las migraciones. El corredor Huehuetenango-Comitán [EB/OL]. FOCA A. C., http：//cdhezac. org. mx/MaterialConsultaCDPD/Informes/InformeEspecialMigracionyDiscapacidad. pdf, 2015.

[15] Gonzalo Carrasco González. La migración centroamericana en su tránsito por México hacia los Estados Unidos [J]. Alegatos, 2013 (83)：169-194.

[16] Ivannia Ayales, et al. Climate Migration in the Dry Corridor of Central America Integrating a Gender Perspective [EB/OL]. InspirAction/Christian Aid, https：//www. christianaid. org. uk/sites/default/files/2022 - 07/2019 _ migration _ gender_climate_change_central_america. pdf, 2019.

[17] Jaques Avelino, et al. The Coffee Rust Crises in Colombia and Central America (2008-2013)：Impacts, Plausible Causes and Proposed Solutions [J]. Food Sec, 2015 (7)：303-321.

[18] Kate Brick, A E Challinor, Marc R Rosenblum. Mexican and Central American immigrants in the United States [EB/OL]. Migrant Policy, https：//www. migrationpolicy. org/pubs/MexCentAmimmigrants. pdf, 2011.

[19] Linda Brito, Alejandra Mejía, Roxana Bendezú. An Analysis of the Biden-Harris Administration for Central America [EB/OL]. MIGRANT ROOTS MEDIA, https：//www. migrantrootsmedia. org/reports.

[20] Manuel Orozco, Julia Yansura. Comprender la Migración Centroamericana：La crisis de migrantes menores de edad centroamericanos en contexto [EB/OL]. Inter-American Dialogue, https：//www. thedialogue. org/wp - content/uploads/2014/10/Comprender-la-Migracion-Centroamericana. pdf, 2014.

[21] Marco A Gandásegui. Las interrogantes sobre el golpe de Estado en Honduras. ¿QUIEN MANEJA LA POLÍTICA EXTERIOR DE EEUU? [J]. Tareas, 2010 (134)：61-73.

[22] Marina Alves, Willian Alves. The Biden Era and the US Immigration Policies to Central America and Mexico [J]. Petrel, 2020, 2 (4)：134-145.

[23] Michael Chertoff, Stewart A Baker, Michael D. Hoefer. Yearbook of Immigration Statistics：2004 [EB/OL]. DHS, https：//www. dhs. gov/immigration-

statistics/yearbook/2004，2006.

[24] Morales Gamboa, otras. Migraciones en centroamérica: estándares internacionales y capacidades estatales en materia de derechos humanos y laborales [EB/OL]. Facultad Latinoamericana de Ciencias Sociales-Sede Costa Rica, http: //biblioteca. clacso. edu. ar/ Costa_Rica/flacso-cr/20170704031413/pdf_181. pdf.

[25] Peter J Meyer. Central American Migration: Root Causes and U. S. Policy [EB/OL]. CRS, https: //crsreports. congress. gov/product/pdf/IF/IF11151/8, 2022.

[26] Ronn Pineo. Immigration Crisis: The United States Under President Donald J. Trump [J]. Journal of Developing Societies, 2020, 36 (1): 7-40.

[27] Sandra E, Herrera Ruiz. Migración en Guatemala: un enfoque periodístico [R/OL]. Universidad de San Carlos de Guatemala, https: //digi. usac. edu. gt/ bvirtual/informes/puieg/4AnalisisPeriodistico. pdf, 2001.

[28] Ted Leggett, et al. Transnational Organized Crime in Central America and the Caribbean: A Threat Assessment [EB/OL]. UNDOC, https: //www. unodc. org/ toc/en/reports/TOCTACentralAmerica-Caribbean. html, 2012.

[29] UNDOC. dp-intentional-homicide-victims [EB/OL]. https: //dataunodc. un. org/dp-intentional-homicide-victims.

[30] Vladimir López Recinos. Nuevos escenarios de la migración centroamericana: Éxodo compulsivo de hondureños en tránsito por México hacia Estados Unidos (1990-2020) [J]. Observatorio del desarrollo, 2021, 10 (28): 43-56.

拉美新社会运动转型中政党建设与执政困境
——以智利社会融合党为例

赵　僖　陈　星[*]

摘　要： 拉丁美洲左翼政党与社会运动的联系是密切且复杂的。在拉美新社会运动的背景下，不乏社会运动选择进入政治体制转型为新左翼政党的例子。其中，智利社会融合党取得了一定的成功。该党组织基础发源于 21 世纪前十年的学生运动，于 2021 年取得执政地位。从发展历程来看，该党经历了体系外独立运动、运动型政党的曲折建设以及体制化政党转型三个阶段；然而，该党在适应执政党角色过程中面临较大困难，这与政党根源存在密切联系：党领导层动员能力受多重限制，基层执政经验有限，不得不依赖于传统左翼政党联盟最大化选举效益并组建可行政府，最终导致改革力度受制约，加剧核心选民离心趋势；强调基层参与的党组织结构则使得该党对社会运动的诉求更加敏感，在社会安全议题互动中遭右翼政党牵制，引发民众信任危机。上述困境反映出此类政党持续的内在张力，即其社会运动根源针对制度化政治活动的对抗性与参与体制政治的矛盾，导致难以平衡体制内外、核心选民与中间选民诉求，这对此类左翼政党的组织建设提出更高层次的挑战。

关键词： 智利政党政治　新左翼政党　新社会运动

拉丁美洲左翼政党与新社会运动的关系在第三波民主化浪潮以来经历了重要的变化，产生了不同的双边协调模式。在全球新自由主义体系盛行的背景下，一批以社会异质性群体为主体、避开与传统政党合作路径、高举反新自由主义体系大旗的新左翼激进运动对国家政治体制产生不容忽视的冲击。其中，一些新社会

---

* 赵僖，上海外国语大学西方语系硕士研究生、布宜诺斯艾利斯大学社会科学系硕士研究生；陈星，广东外语外贸大学西班牙语系副教授，主要研究方向为拉丁美洲国情与区域研究、跨文化传播。

运动领导人利用动员契机，组建政党进入体制政治范畴，以求影响国家机构，推进相应变革。智利社会融合党（Convergencia Social）便是从 21 世纪前十年学生运动发源而来的新社会运动转型新左翼政党相对成功的一个典型案例。经过近十年的派系分化融合、人员结构调整与组织架构构建，社会融合党于 2018 年成型，于 2020 年 1 月正式注册为合法政党，其领导人加夫列尔·博里奇（Gabriel Boric）更是于 2021 年当选为该国总统，意味着该党取得了执政地位。与此同时，执政现实对社会融合党提出了新的挑战。目前来看，该党在从社会运动到执政党的转型与巩固过程中仍面临相当多的现实困境，迫使其采取一定的战略策略调整。本文认为，这在很大程度上与其政党起源相关。

本文以智利社会融合党为例，基于政党组织建设的角度对它从运动型政党向体制化政党转型的发展历程进行探讨，并从政党组织结构、议题所有权以及政党领导层动员能力三个角度分析政党起源对于该党在体制内活动产生的限制，力求揭示发源于新社会运动的新左翼政党与体制化政治活动存在的内在张力，挖掘发展中国家左翼政党的最新发展动态。

一、智利政党体制、新社会运动与运动型政党

要理解智利学生运动的体制外运动动态与新左翼政党诞生背景，有必要厘清智利政党体制历史特点及其同社会运动间的联系。20 世纪大部分时间以来，智利政治一直维持着较为稳定的民主宪政秩序。意识形态鲜明的政党政治制度性强大，左翼政党在政治体制内占有一定分量，较有效地连接了国家与无产阶级，充当后者的政治代表工具。尤其在 20 世纪 30 年代之后，智利社会党（Partido Socialista de Chile，以下简称社会党）和智利共产党（Partido Comunista de Chile，以下简称共产党）较为成功地组织了国内工会，双边联系密切程度在萨尔瓦多·阿连德（Salvador Allende）政府时期达到高峰。① 在 1973 年军事政变的冲击下，智利政党体制遭遇剧变，支持政变的右翼国家党（Partido Nacional）裂变为民族革新党（Renovación Nacional）和独立民主联盟（Unión Demócrata Independiente），包括基督教民主党（Democracia Cristiana）在内的中间和左派政党则遭到取缔，形成了充当政权控制工具、实现社会去政治化中介与组织社会动员反对政权的政

---

① Ruth Berins Collier, David Collier. Shaping the Political Arena: Critical Junctures, the Labor Movement, and Regime Dynamics in Latin America [M]. Notre Dame: University of Notre Dame Press, 2002: 557-560+563-565.

党分野。社会层面反对军事独裁政权的抗争激活了智利反对派政党与工人、教师与学生等组织的社会运动的协作。这一时期，后者的抗争活动服务于反对派政党联盟的战略，通过制度渠道恢复民主政权。① 然而，在民主化的背景下，政党和社会运动之间的联系越发疏散。在民主转型初期，出于对社会运动过分活跃引发军政权镇压的考虑，智利中左政党以确保民主稳定为由致力于社会的"去动员化"②，主导了经济再分配议程，抑制社会组织利益诉求的社会运动。③ 中左和中右联盟轮替执政的三十年间，社会团体被排斥在政治决策之外；相反，技术官僚、新自由主义市场逻辑以及"共识政治"（Política Consensuada）构成政党执政特点，最终导致民众对于传统政党以及现行政治体制信任度的大幅下降，表现在对诸如选举等政治参与活动的冷漠。因而有学者指出，后威权政府时代，智利政党体制的特点为"稳定却脱离基层社会"。④ 而从政党组织发展的角度看，亦有观点指出，智利中左政党出现了向卡特尔型政党模式转型的显著趋势⑤，即政党与国家机器间的界限模糊，政治领袖脱离地方组织而借助大众媒体进行政治动员。⑥

正是在传统左翼政党与公民社会逐渐脱节的背景下，学生运动进行了组织重建，积累社会动员经验。1997 年，在大规模学生示威运动的热潮下，智利大学学生联合会（Confederación de Estudiantes de Chile）得以重建。2000 年，中学生协调大会（Asamblea Coordinadora de Estudiantes Secundarios）作为中学生政治参与的平台诞生。在社会动员层面，上述学生组织都在 21 世纪的学生运动中表现出强大的动员能力。2001 年，首都圣地亚哥的大规模高中学生示威活动"书包运动"（Mochilazo）使学生认识到社会动员可以向政府施压，影响公共政策；2006 年，中学生群体再度组织大规模动员示威"企鹅革命"（Revolución Pingüina），获得大量大学生的静坐支持。该运动的诉求从完善学校基础设施上升到质疑军政府时期引入的《教育宪法组织法》（Ley Orgánica Constitucional de Enseñanza）的

① Sofía Donoso. El movimiento estudiantil chileno y su（re）articulación con la política institucional［C］// M A G Merino, et al.（eds.）. Política y movimientos sociales en Chile. Antecedentes y proyecciones del estallido social de Octubre de 2019. Santiago：Lom ediciones, 2021：31.

② 郭慧珍，谭融. 论政党在智利政治转型中的作用和特点［J］. 拉丁美洲研究，2017（6）：76.

③ Fabricio Carneiro, et al. Old Friends in New Times：Progressive Parties and Union Movements in the Southern Cone［J］. Latin American Perspectives, 2020, 47（4）：125.

④ Juan Pablo Luna, David Altman. Uprooted but Stable：Chilean Parties and the Concept of Party System Institutionalization［J］. Latin American Politics and Society, 2011, 53（2）：1-28.

⑤ Juan Pablo Miranda. El Frente Amplio chileno en punto cero：Inserción social y perfil de militancias dentro de la nueva izquierda chilena［J］. Revista Chilena de Derecho y Ciencia Política, 2022, 13（1）：198.

⑥ 岑树海. 政党类型学研究的三种基本范式转换——从群众型政党、全方位型政党到卡特尔型政党［J］. 北京行政学院学报，2014（2）：56.

合法性，体现了对营利性教育的新自由主义思维的批评，将教育改革嵌入时任政府的公共议程。2011 年历史性的学生抗议游行明确提出受教育是公民的权利，国家应当保障高质量的免费高等教育。该运动的诉求范围已然扩大到整体政治制度的改革，要求建立保障公民基本权利的参与性民主体制。在与政党的关系上，在"企鹅革命"前，相当一部分学生领导人仍属于中左联盟的青年团体，这意味着政府对学运具有较强的协调能力。然而，该起游行示威中，中左政府无力落实实质性改革，严重削弱了学生对其的信任。由此，智利共产党以及其他独立左翼学生团体逐渐扩大其在学生组织中的影响，彼时的学生运动相对传统政党已经保持了越发扩大的自主性。①

从社会运动角度来看，21 世纪以来的智利学生运动应被理解为"抗争政治"（Contentious Politics）的一种表现，体制外的社会行动者基于偶发的、公共的、集体的诉求与政府或当权者发生互动，此类诉求一旦得以满足，会挑战某些政治集团的既得利益。② 根据皮特·K. 艾辛格（Peter K. Eisinger）提出的经典框架——"政治机会结构"（Political Opportunity Structure）③，智利学生运动在处于开放和封闭中间状态的政治体制下，即智利后威权时代协商民主模型下兴起和发展，并利用体制内外力量的政治支持以及中左精英内部的分裂，对政治体制施加较大压力。同时，它也是拉美新社会运动发展周期的一环。新社会运动的"新"在于其意识形态主张是对新自由主义霸权的回击，反对自由市场逻辑对社会弱势群体的剥削，寻求广泛有效的政治参与机制；其主体超越了以阶级为划分的身份认同，无地农民、失业者、女权主义者、学生等群体发挥了重要作用；其运动空间往往处于体制外，强调组织自主性，与传统政党保持距离，通过游行示威等手段影响上层建筑。④ 虽然多数社会运动坚持与政治建制保持距离，甚至采取反政党立场，但也不乏选择参与选举的新社会运动，形成有别于社会运动的政治运动，将获得体制内权力也视作实现集体目标的方式⑤，如发源于古柯种植者权利保护运动的玻利维亚"争取社会主义运动"（Movimiento al Socialismo），又如本

① Marisa von Bülow, Germán Bidegain Ponte. It Takes Two to Tango: Students, Political Parties, and Protest in Chile［C］// Paul Almeida, Allen Cordero Ulate（eds.）. Handbook of Social Movements across Latin America. Dordrecht: Springer Netherlands, 2015: 188-189.

② Doug McAdam, Sidney Tarrow, Charles Tilly. Dynamics of Contention［M］. New York: Cambridge University Press, 2001: 5.

③ Peter K Eisinger. The Conditions of Protest Behavior in American Cities［J］. American Political Science Review, 1973（81）: 108-172.

④ 吴茜，王美英. 浅析拉美新社会运动的新特征与新路径［J］. 当代世界社会主义问题, 2017（3）: 124.

⑤ Antonio Tinoc. Movimientos Sociales, Movimientos Políticos y Partidos Político［J］. Revista Sinergie, 2008（4）: 248.

文讨论的智利学生运动。

　　虽然社会运动理论较为充分地解释了智利学运抗争政治的兴衰，但就为何选择转型为政党解释力不足，更无法说明政治运动复杂的内部转型发展动向，因而有必要求助于关注集体行动工具建设的"运动型政党"（Movement Party）理论。该术语由学者赫尔伯茨·基茨凯尔（Herbert Kitschelt）提出，起初被用于描述欧洲20世纪末新社会运动的产物——左翼自由政党和新右翼政党。其特点是体制外动员活跃、正式组织建设孱弱、卡里斯马式领导人和基层民主作用突出。① 事实上，社会运动、利益集团以及政党之间的边界可以是模糊的②，往往利益表达集团均会或多或少地参与竞争政党体制，通过游说等手段影响或参与立法和行政机关决策，但在某些背景下也会选择参与街头政治，通过体制外抗争对政治体制施压。因此，基茨凯尔指出，除了观察政治动员工具在不同领域参与的区别，还应考虑其组织建设的差异以完善类型认识。在组织建设的层面，一是组织在解决"集体行动"（Collective Action）难题上的投入程度。体制外的社会运动往往忽视组织结构的建设，而社会动员时空广泛性更大的利益集团和政党必然对动员工具的人员职业性和机构分工专业化提出更高的要求。二是组织在克服"社会选择"（Social Choice）难题上的投入程度。社会运动和利益集团简化了"社会选择"的问题，它们通过专注于相对简单的目标来降低组织建设的成本；相反，政党能够投入足够的精力进行组织内部的利益聚合，实现组织在议题竞争中的议题广泛性和立场一致性。换句话说，政党中的政治家围绕复杂的、本质上相互依赖的集体行动目标进行动员。③ 而运动型政党即社会运动在选举政治活动中的投射，无论在组织建设上还是利益综合上，都存在制度性的缺陷。因此，其运作形式有别于制度化政党，或是由卡里斯马式领导人对组织运作施加无可争议的控制，或是以高度基层民主的形式运作，这两种形式都难免推动组织往利基政党的方向发展。相反，若在上述两个功能层面加大了投入，我们就可以说此类党派出现了向体制性政党发展的趋向。如表1所示，基茨凯尔从参与领域以及组织建设差异两个层面对社会运动、利益集团与政党进行类型解构，阐释了社会运动向运动型政党再向体制性政党转型的要素变化条件。

　　① Herbert Kitschelt. Movement Parties ［C］// Richard S Katz, William Crotty（eds.）. Handbook of Party Politics. London：Sage Publications，2006：278-281.

　　② Kent Redding. Social Movements and American Political Institutions：People，Passions，and Power ［J］. Contemporary Sociology，1998，29（3）：540.

　　③ Herbert Kitschelt. Movement Parties ［C］// Richard S Katz, William Crotty（eds.）. Handbook of Party Politics. London：Sage Publications，2006：279.

表 1 基茨凯尔关于社会运动、利益集团和政党的类型解构

		集体行动的制度层面		
		体制外抗争行为	影响体制政治	选举政治
政治运动员工具的功能层面：在集体行动（CA）和社会选择（SC）上的投资程度	CA：低 SC：低	社会运动	改革运动	运动型政党；卡里斯马式领导人
	CA：高 SC：低	激进的利益集团	利益集团	特殊利益党团；庇护主义政党
	CA：低 SC：高	激进的知识分子俱乐部	游说集团	立法团体（干部型政党）
	CA：高 SC：高	革命组织	工会社团	体制性政党

资料来源：Herbert Kitschelt. Movement Parties ［C］// Richard S Katz, William Crotty（eds.）. Handbook of Party Politics. London：Sage Publications，2006：281.

在解释运动型政党形成原因时，基茨凯尔提出了四个分析的理论框架：一是社会学习理论。运动型政党的形成作为社会活动家抗争试错的结果，他们从社会运动诉求中整理出政治纲领参与选举，力求在更大程度上影响政治结果。二是信息不对称理论，即社会运动家能够获取体制外的私人信息，具备选举活动的信息优势。三是准入门槛理论，即现上层建筑对新政党进入政治体制所规定的门槛。四是政党竞争空间模型理论，即运动型政党挖掘并占据了现存政党忽视的新选民群体，后者具有较为敏感、突出的利益诉求。① 采用"运动型政党"理论有助于我们从过程与结构角度分析智利学生运动从社会运动转型为体制内角色的道路，理解政党起源与政党构建间的联系。

二、智利社会融合党发展进程中的阶段性特征

虽然正式注册时间较晚，但社会融合党的组织基础和人员架构扎根于 21 世纪初的智利学生组织和动员经历中，并在不同的阶段呈现各自特征。

（一）发轫于新社会运动动员中的政治运动

社会融合党的组织与人员基础来自 2008 年诞生于智利大学的"自治左派"（Izquierda Autónoma）运动，其意识形态来源却可以追溯到 20 世纪 90 年代智利大学社会科学系内部成立的"南方左派"（Movimiento SurDA）运动。受到葛兰西学派思想的影响，"南方左派"认为，对抗统治阶级的霸权，必须建立壮大无产阶级的政治自治团体。人民主权团体应当在霸权斗争中逐渐构建，建设实现社

---

① Ibid. pp. 281-282.

会公正、摒弃市场经济逻辑、保证民主参与的左翼方案。它对当时参与政治体制、接受新自由主义模式的智利传统左翼提出激烈批评，强调 21 世纪的左翼需要拾起深刻反思资本主义积累的激进主义，构建包容多样意识形态且凝聚广泛共识度的政治方案。① 作为"南方左派"的分支，"自治左派"一代学生领导人的意识形态深受其影响。2002 年，来自不同院系的智利大学学生开始在校内发动组织构建"自治主义者"（Autonomistas）运动，于 2008 年正式成立"自治左派"，接过接近消失的"南方左派"的大旗，开始在学生组织选举中崭露头角。此外，除了首都圣地亚哥，"自治左派"还在伊基克、瓦尔迪维亚、瓦尔帕莱索、蓬塔阿雷纳斯等地的大学中逐渐产生影响力②，形成从北到南的独立左翼学生力量。2011 年末，代表"自治左派"的博里奇在智利大学学生会选举中战胜来自共产党青年团的卡米拉·巴列霍（Camila Vallejo），巩固了他在该政治运动中的领导地位，同时也在智利大学联合学生会内拥有了更多话语权。

　　"自治左派"在这一期间较符合新社会运动的特征。一是在意识形态话语上，博里奇领导智利大学学生会时的话语延续了"南方左派"的反建制色彩，对建制左翼党派提出尖锐批评，拒绝与它们达成政治上的联盟③，并将教育体系的弊病诊断为新自由主义模式和精英协商的政治体制的后果。二是活动范围局限于社会动员角度。"南方左派"及其继承者"自治左派"的影响范围以大学学生组织为主，与政治体制存在明显割裂，主要采取号召罢工、游行示威、占领公共建筑等方式向政府施压、表达诉求。三是凝聚各团体参与动员的协调能力突出。从整体的学生运动来看，2011 年的学生运动成功凝聚了社会共识，吸引了包括智利工人联合中心（Central Unitaria de Trabajadores de Chile）在内的各行工会参与支持罢工，重新确立了以团结为核心的无产阶级集体价值观④；从学生运动内部来看，"自治左派"充当了与中左联盟政党更为亲近的温和派与反对一切政治协商的激进派的桥梁⑤，为学生运动的持续动员做出了一定贡献。

　　（二）发展与分裂交织的运动型政党建设

　　2013 年，三名"自治左派"的学生代表决定以独立候选人的身份参加议会

　　① Rodrigo Ruiz. Construir la política de las mayorías［EB/OL］. Archivo Chile CEME, marzo de 2003［31 de marzo de 2023］. https：//www. archivochile. com/Archivo_Mir/surda/mirsurda0002. pdf.

　　② Esteban González. Boric y los herederos de la Surda［EB/OL］. LA TERCERA, 12 de diciembre de 2011［1 de abril de 2023］. https：//web. archive. org/web/20140101123734. http：//diario. latercera. com/2011/12/17/01/contenido/reportajes/25-94241-9-boric-y-los-herederos-de-la-surda. shtml.

　　③ Manuel Larrabure, Carlos Torchia. The 2011 Chilean Student Movement and the Struggle for a New Left［J］. Latin American Perspectives, 2015, 42（5）：263.

　　④ Ibid. pp. 262-263.

　　⑤ Octavio Avendaño. Fracturas y representación política en el movimiento estudiantil. Chile 2011［J］. Ultima década, 2014（22）：54-55.

选举，这意味着"自治左派"开始通过体制内路径谋求政治影响力。与此同时，这一战略也引起内部分歧，导致该政治运动内滋生派别主义，最终引发以时任众议院议员博里奇为首的一派出走，另组名为"自治运动"（Movimiento Autonomista）的政治运动，进一步为社会融合党的创立奠定了基础。2017 年，"自治运动"与其他左派政治运动组成"广泛阵线"（Frente Amplio）联盟，标志着学生运动在坚持其价值目标的基础上以相对制度化的方式参与政治体制，在接受竞争性政党制度的前提下，将体制外抗争游行和体制内政治协商相结合，积极利用议员身份对政治议程施加影响，限制中右政府的新自由主义改革。正因为如此，虽然"自治运动"在这一期间仍未正式注册为政党，但作为"广泛阵线"联盟的一部分，确实呈现了运动型政党既积极参与选举政治从体制内求变，又忽视组织建设而强调基层民主与体制外动员的特征。

一方面，"自治运动"努力寻求从单一议题的抗议型组织向拥有明确左翼纲领的政治组织转型，出现了一定的体制化转型趋向，而这也是"自治左派"内部激烈派系斗争的直接冲突点。2016 年，该组织内部就是否积极参与议会和地方政府选举、加快转型为政党进行激烈辩论。① 党内建制派认为应当将议题设置集中于教育领域，维持当前组织结构，避免"自由民主政体的竞争政党制度弱化该组织推动变革的激进性"②；相反地，以博里奇为首的反对派则认为应当利用当前传统政党失民心而社会动员势头高涨的革新氛围，构建议题辐射范围更广、更具号召力和参与度的政治平台，最大化选举成绩以及对政治权力机构的影响以实现变革。最终，从"自治左派"分裂而出的"自治运动"确实在选举政治中取得更为亮眼成绩：属于该政治组织的大学生运动领袖豪尔赫·夏普（Jorge Sharp）在 2016 年的市政选举中高票当选该国第二大重要城市瓦尔帕莱索的市长；在 2017 年的议会选举中，三名"自治运动"的候选人赢得众议院席位；相比之下，"自治左派"在当年的议会选举中仅获得一名众议院席位。在政治参与上，该组织的积极分子与"反对养老金私有化运动"（No + AFP）和要求保障民众住房权的"我们就是如此"（Ukamau）等左翼社会运动联系密切③，参与运动

---

① Juan Pablo Miranda. El Frente Amplio chileno en punto cero：Inserción social y perfil de militancias dentro de la nueva izquierda chilena［J］. Revista Chilena de Derecho y Ciencia Política，2022，13（1）：199.

② Francisco Parra. La crisis que tiene a Izquierda Autónoma dividida en dos［EB/OL］. El Desconcierto，25 de mayo de 2016［1 de abril de 2023］. https：//www.eldesconcierto.cl/nacional/2016/05/25/la-crisis-que-tiene-a-izquierda-autonoma-dividida-en-dos.html.

③ Sofía Donoso. El movimiento estudiantil chileno y su（re）articulación con la política institucional［C］// M. A. G. Merino，et al.（eds.）. Política y movimientos sociales en Chile. Antecedentes y proyecciones del estallido social de Octubre de 2019. Santiago：Lom ediciones，2021：37.

动员，甚至不乏此类社会运动的创始人①；与此同时，在立法机关中，"自治运动"的代表议员积极参加涉及环保、教育、性少数群体、劳工权益及公共健康保障等有助于塑造新左翼政治组织形象的法案提案，逐渐扩大了政治主张的广泛性和内在一致性。

另一方面，"自治运动"结构较为松散，成员边界模糊，强调组织内部的基层民主运作模式。2016 年，"自治运动"在从"自治左派"分裂初期，博里奇和夏普等领导人发挥了较突出的领导作用。但是，在涉及该运动的纲领、路线等奠基性内容时，政治领导人强调发挥基层民主作用，于同年 11 月召开为期近三个月且向全社会开放的公开大会，民众通过网络报名并就近参与，建言献策，最终由全国大会（Asamblea Nacional）讨论表决。② 此外，"数字化民主"（e-democracy），即通过线上平台进行表意投票，最终形成决策③，同样也是"自治运动"的参与机制之一。例如，该组织曾采用该机制形成在 2017 年"广泛阵线"内部候选人初选中支持独立候选人比阿特丽斯·桑切斯（Beatriz Sánchez）的决策。

"自治运动"选择进入政治体制，首先，与其社会运动的学习经验有关。智利公共政策围绕着行政机关和立法机关开展，后者被两大联盟垄断，形成高度体制化却极其封闭的决策体制。④ 这意味着体制外的抗争运动对政治决策结果的影响有限。其次，议员与营利性教育机构利益牵涉往往会阻碍政府对学生运动回应的改革提案，捍卫公私混合教育体制的中右政府更是无法与诉求免费教育的学生运动达成共识，学生运动对国家的新自由主义秩序无法造成实质性的影响。⑤ 再次，2015 年议会选举制度改革也为新政党进入政治体制降低了制度门槛。此次改革废除了《1980 年宪法》规定的议会双席位选举制，改为比例代表制和配额制，重新划分选区并增设议会席位⑥，削弱了两大传统联盟对议会的垄断地位，为 2017 年新兴左翼联盟在议会选举中崛起降低了制度门槛。最后，该左翼团体

①　Juan Pablo Miranda. El Frente Amplio chileno en punto cero: Inserción social y perfil de militancias dentro de la nueva izquierda chilena [J]. Revista Chilena de Derecho y Ciencia Política, 2022, 13 (1): 190-191.

②　El Desconcierto. Movimiento Autonomista lanzó su congreso abierto para conformar una nueva fuerza política en todo Chile [EB/OL]. El Desconcierto, 21 de noviembre de 2016 [1 de abril de 2023]. https: //www. eldesconcierto. cl/nacional/2016/11/21/movimiento-autonomista-lanza-su-congreso-abierto-construyendo-alternativa. html.

③　Daniela Chironi, Raffaella Fittipaldi. Social Movements and New Forms of Political Organization: Podemos as a Hybrid Party [J]. Partecipazione e Conflitto, 2017, 10 (1): 290-291.

④　Cristóbal Aninat, et al. Juego Político Cooperativo, Instituciones, Procesos Políticos, y Características de las Políticas Públicas en Chile [C] // Carlos Scartascini, et al. (eds). El Juego Político en América Latina ¿Cómo se deciden las Políticas Públicas? Colombia: BID Mayol Ediciones, 2011: 161-206.

⑤　Francesco Penaglia, Silvania Mejías. El conflicto estudiantil chileno y sus efectos políticos [J]. Polis, 2020, 15 (2): 31-32.

⑥　崔守军. 智利政治格局嬗变与大选后政策走向 [J]. 当代世界, 2022 (1): 57.

与学生团体的紧密联系也有助于解释它进入竞争性政党体制的决定。21 世纪伊始的多起学生动员运动为左派青年营造了良好的政治社会化空间，促进了共享身份的诞生与认同。① "自治运动" 充分利用其发源背景，敏锐地抓住了青年群体对建制派精英的厌倦情绪及其政治偏好，其进步色彩浓厚的政治提案契合学生诉求，这一群体的选票是其进入政治体制的资本。

（三）运动型政党的体制化发展趋势

2018 年 1 月，"自治运动" 开始与其他左翼政治运动正式商讨融合建党事宜，于同年 11 月与其他三个左翼运动融合为社会融合党。2020 年 3 月，社会融合党正式在智利国家选举服务局注册合法化。该党将自身定义为一个具有 "女权主义、社会主义、解放性质的政党，旨在建设有尊严的生活，构建人民和公共财产间的新关系"。② 截至 2023 年 4 月，单从党员数量来看，社会融合党已是国内第四大党。总体来看，该党已经体现出明显的体制化趋向，主要体现在以下三个方面：

一是该党已然与现有体制融合。随着政治体制参与的深入，社会融合党改变了对传统政党和政府的态度。除了积极参与立法活动，社会融合党还与共产党积极合作，参与法定初选，争取参与政府。2021 年总统大选中博里奇进入决胜轮后，该党与其他左翼同盟通过调整竞选提案，扩大票基，争取到了中左政党的支持。此外，赢得选举后的社会融合党也表现出较大的开放包容性和联盟能力，促进 "广泛阵线"、共产党和中左政党联盟的联合政府成型，并在 2023 年 5 月的制宪会议议员选举中积极推动所有左翼势力的选举联盟，现任党主席迭戈·伊瓦涅斯（Diego Ibáñez）甚至提出邀请社会党同组长期政治联盟的倡议。③

二是该党完善了组织建设。社会融合党成型后通过了规定党组织结构的宪章，形成纵向上中央和地方两级并行，横向上决策、执行和监控机构平行的组织架构，为党内决策和事务处理确立了专门机制。在领导层分工、领导人更替及其任职周期方面也形成了自己的规章制度，有利于推动党员职业化。

三是该党的选举议题和施政纲领实现广泛化。社会融合党延续了 "自治运动" 时期扩大议题的趋向，逐渐形成了统一协调的竞选纲领，从政治体制改革、

① Víctor Muñoz-Tamayo, Carlos Durán-Migliardi. Los jóvenes, la política y los movimientos estudiantiles en el Chile reciente. Ciclos sociopolíticos entre 1967 y 2017 [J]. Izquierdas, 2019 (45): 154.

② Convergencia Social. ESTATUTOS DEL PARTIDO CONVERGENCIA SOCIAL [EB/OL]. Convergencia Social, 29 de marzo de 2023 [5 de abril de 2023]. https：//convergenciasocial.cl/estatutos/.

③ Juan Manuel Ojeda, Helen Mora y Paula Catena. La propuesta de Ibáñez de nueva coalición que desató la molestia del oficialismo [EB/OL]. LA TERCERA, 31 de enero de 2023 [1 de abril de 2023]. https：//www.latercera.com/politica/noticia/la-propuesta-de-ibanez-de-nueva-coalicion-que-desato-la-molestia-del-oficialismo/FMYIRWPLZNCXZGUEIMGIRQEERU/.

经济发展模式转型和社会权利保障三大轴线提出自己连贯的政策主张，为博里奇的总统选举提供了议题支持，抛下了以往单一议题的抗议型政治团体形象。

与此同时，社会融合党向体制化政党的转型并不意味着它完全实现了向传统政党政治的转型。相反，在这一过程中，我们依旧能在该党身上发现运动型政党身份留下的印迹，这主要反映在 2019 年社会暴动（Estallido Social）时期该党参与体制内活动和满足社会运动需求的内在矛盾。① 2019 年大规模的社会暴动的诉求与新左翼团体存在很大共鸣，为社会融合党推动其政治议程营造了有利的社会氛围。同时，许多左翼领导人亦参与了这场大规模的社会运动，发言支持社会运动诉求。然而，作为体制内的政治角色这一事实又意味着该党必须参与政治协商以化解危机。2019 年 11 月 15 日，智利国会达成了重新制定宪法的和平协议。但是，包括社会融合党在内的多个左翼政治组织认为该协议不足以解决当前问题，其封闭的协商形式排斥了众多社会团体，社会融合党领袖博里奇以个人名义签署了该协定更是直接触发该党内部危机，直接导致党内领导人辞职以及"自由左翼"（Izquierda Libertaria）派系成员全员退党，很大程度上削弱了该党组织实力。总而言之，激进的社会运动和政治体制之间的紧张关系激化了智利社会的矛盾，社会融合党融入社会动员并在政治体制内代表其诉求的意图最终必然导致该政治组织的内部分裂危机。

三、政党起源对其执政的影响

社会融合党通过近十年的时间从体制外的新社会运动转型为体制内的执政党，但在执政元年却遭遇相当多的困难，博里奇政府的支持率一路走低。一方面，政府主推的税收与养老金体制结构性改革阻碍重重，改革力度迫于政治形势一再降低，与竞选承诺已相去甚远；另一方面，政府应对国内日益严峻的公共安全问题时显得力不从心，强调联系社会运动的社会融合党难以平衡体制内外、核心选民与中间选民诉求，其运动型政党的部分特征仍挥之不去，导致治理绩效和议题合法性成为反对党攻击的把柄。本部分将从政党组织结构、议题所有权以及政党领导层动员能力三个角度分析社会融合党新社会运动的政党起源对其转型执政党带来的钳制。

①　Sofía Donoso. El movimiento estudiantil chileno y su（re）articulación con la política institucional［C］// M A G Merino, et al.（eds.）. Política y movimientos sociales en Chile. Antecedentes y proyecciones del estallido social de Octubre de 2019. Santiago：Lom ediciones, 2021：39-40.

（一）组织机制强调基层参与，社会运动敏感诉求影响执政绩效

社会融合党在组织建设上强调基层参与和群众提案，但吸纳社会运动敏感诉求影响执政绩效。值得注意的是，有别于欧洲绿党"自下而上"的决策模式，该党的最高决策机构是中央委员会（Comité Central），其作为党的最高决策机构，对党的战略方针作出指示，上层决议对于地区党组织具有无可争议的约束性。即便如此，该党在日常运作中仍能体现出加强大众参与并吸纳基层意见的政治取向。首先，社会融合党设置了"政治阵线"（Frente político）、"社区"（Comunal）以及"国际社区"（Territorio Internacional）三类基层参与空间，分别对应利益集团、地区和海外党员的社会动员，地区决策机构地区委员会（Comité Regional）和执行机构执行委员会（Directiva Regional）的委员则从"政治阵线"和"社区"成员中选举产生。这些单位构成社会融合党对外保持同社会组织与社会运动的联系、协调集体行动，对内传递基层意见诉求的中介机构。其次，中央委员会的委员由全国党员通过基层参与空间直选选出，国家级别的"政治阵线""国际社区"以及全国 16 个大区各有一名委员席，保证了最高决策机构的地域与集团代表性。再次，地区委员会有权向中央委员会提名公职候选人待后者表决；同样地，中央委员会提名的公职候选人也需要经过地区委员会表决通过。最后，该党不定期召开战略性大会，全体党员通过基层参与单位就党的政治路线提案表态，交付中央委员会讨论。不难看出，社会融合党继承了其在社会运动时期对参与性民主的推崇，将基层动员与参与作为政党运作的根基。

基于此，社会融合党从组织结构上就与社会运动保持了较为紧密的联系，决策机构对于社会运动的诉求比较敏感。仍存在运动型政党印记的社会融合党重视体制外抗争，尝试与 2019 年社会暴动期间的抗争团体形成连接，在体制内为其政治诉求发声。其中，对智利宪警镇压民众抗争、逮捕游行人员以及侵犯人权的尖锐批评是该党与民间运动团体"政治犯家属团体"（Agrupación de Familiares de Presos Políticos）间的重要共识，党员参与要求赦免动乱期间被捕的抗议者的游行示威，并将该诉求吸纳入政党议题主张以及其总统候选人博里奇的竞选纲领中。在立法机关内，社会融合党党团于 2020 年 10 月向众议院提交赦免社会动乱期间被捕人员的提案，但遭到参议院的搁置。因此，总统博里奇借助总统特权，于 2022 年 12 月赦免 12 名被捕抗议者，兑现了竞选诺言，满足了基层激进分子的诉求。但是，这一举措却与中间选民的预期背向而行。近年来，智利社会治安遭遇了前所未有的危机。犯罪集团活动猖獗以及马普切族民族自治运动抗争形式激进加剧了民众的不安全感认知，提供安全和秩序这一现代政府的关键职能在公众议程中越发突出。因此，赦免被捕者此举与当前民众的诉求存在错位，有损政府在公共安全治理方面的合法性。

可以看出，作为执政党的社会融合党吸收了基层人权团体的敏感诉求，推动政府履行竞选诺言，却在公共安全问题日益严峻的社会背景以及要求国家加强安全管理的社会氛围下打击了民众对政府执政能力的信心。

（二）政党不具备安全治理议题所有权，议题竞争受右翼牵制

社会融合党根植于反对新自由主义发展模式和后威权时代政治体制的左翼社会动员，在公共安全治理这一议题上不具备所有权。议题所有权指的是政党使得民众针对某一议题自动对其产生信任和认同的能力与优势。它一方面取决于政党的起源，塑造了政党认同以及与特定选民之间的联系，另一方面又受制于政党对特定议题的关注度和治理能力以及由此积累的声望与优势。[1] 从这两个层次来看，社会融合党在应对国内社会安全危机上不具备治理声望与议题互动优势，受到反对党和选民的质疑。

从政党社会基础的角度来看，社会融合党是反对新自由主义霸权的学生运动进一步体制化的产物，在发展历程中积极吸纳少数群体诉求，其关注议题从教育延伸到社会正义和福利制度、环境保护、性别平等以及人权保护等，塑造了其体制外动员团体的政治代言人形象，在涉及学生群体和中下层民众利益的议题上具有一定所有权。然而，参与抗争政治必然意味着与体制产生激烈冲突，街头政治难免引发社会秩序混乱，因而发源于新社会运动的社会融合党从政党历史性源起上便不强调维护公共秩序这一议题，甚至会被视为"秩序的破坏者"，其社会基础正是强调通过体制外动员施压实现体制内的变革，以维护符合其新左翼形象的议题所有权。相反，法律与秩序、打击社会犯罪等议题往往归属中右翼政党。[2] 右翼政党的社会基础扎根于地主、教会和军人寡头集团以及农贸业出口精英团体，与跨国资本联系紧密，在 19~20 世纪智利政治体制发展历程中扮演着制度秩序的维护者角色。[3] 随后，在新自由主义霸权时代，右翼政党转型为新自由主义模式的主导者，也是军事政变的同盟，哪怕在民主转型时期也将自己塑造为军政府制度遗产的坚定守护者。随着中右联盟这一立场的逐渐软化，国家制度秩序以及社会安全治理议题的所有权被激进右翼政党占据。将社会抗争污名化为左翼势力在背后支持的恐怖主义行径的话语策略有利于智利激进右翼政党抢占打击犯罪与维护秩序的议题所有权，塑造威权主义形象，在同左翼政党的议题竞争中占

①　王聪聪. 西方政党政治中的议题所有权理论：研究进路与理论反思 [J]. 欧洲研究，2020 (5)：56.

②　Nicolás Mimica, Patricio Navia. Party Affiliation and Individual Incentives: Committee Assignments in the Chamber of Deputies in Chile, 1990–2018 [J]. Revista de ciencia política, 2022, 42 (3)：595–596.

③　Claudio Riveros Ferrada. El proceso populista: momento, fenómeno, régimen: el caso que no fue: Chile (1932–1973) [M]. Estados Unidos: Editorial A Contracorriente, 2018：92–94.

据绝对优势。①

与此同时，社会融合党对公共安全治理的议题所有权又受其对待该问题的能力和经验影响。彼得罗奇克将它解释为"取决于政党对待这些问题的关切提案和创新能力，促使选民相信该政党致力于解决该问题"。② 社会融合党将对公共秩序相关议题的关注重点置于人权保护这一核心议题，强调维护社会安全与保护人权的平衡，主张改革国家暴力机关，对于示威活动中军警可能出现的侵犯人权行为较为敏感。在议会活动中，2018～2022 年作为中右政府反对党的社会融合党就多项政府主推的安全相关法案投下反对票，其中包括《关键基础设施保护法》（*Ley de protección de Infraestructura Crítica Nacional*）、《反路障法》（*Ley Antibarricadas*）以及多项旨在提高刑罚并扩大可定罪违法行为的刑法修改法案。此外，该党一直对前政府在南部大区推行的"紧急状态"军事化管理措施持反对意见。哪怕在执政期间，该党对于政府为应对社会安全危机采取的一系列紧急措施亦持怀疑态度。社会融合党在选举竞争、立法和政府活动中对公共安全的政治化倾向显然不利于它赢取民众对其的信赖感，这进一步增加了其议题互动的劣势。

总而言之，宏观经济环境和社会变迁引起了议题重要性的变化，经济下行、犯罪频发的社会环境导致安全与秩序成为智利民众最关注的议题，再加上右翼政党扮演了重要议题推手的角色，其通过战略性强调安全议题、操纵社会秩序议题政治化，主动塑造该议题显著性，最终主导了政党政治的议程。基于此背景，社会融合党作为执政党难以回避社会现实，亟须回应民众关切，却不具备主动权，被动跟随右翼议程，反过来加强了右翼主导议题的合法性，在不具备议题所有权的情况下更是丧失了议题主导权，无力推进自身优势议题。这不但引发了温和选民的不满，而且存在丧失忠诚选民的风险。

（三）政党领导层动员能力受限，对传统左翼执政依赖性较强

社会融合党领导层普遍年轻，在青年群体中号召力较强。议会党团、政党积极分子和政党领导层的不少成员都有参与学生组织以及学生运动的经历。同时，社会融合党重视在学生团体中的组织建设，在各个层次的学生组织中具有比较重要的影响力，领导人物对于青年群体具有较强的选举号召力。在全国范围内，社会融合党共建了 13 个中学和大学的"学生阵线"（Frente Estudiantil）基层参与单位；在首都圣地亚哥和第二大城市瓦尔帕莱索的几大高等院校中，社会融合党及其前身的成员在近十年来多次成为其学生会的领导人，抢占了"学生阵线"

① Thomas Kestler. Radical, Nativist, Authoritarian—Or All of These? Assessing Recent Cases of Right-Wing Populism in Latin America [J]. Journal of Politics in Latin America, 2022, 14 (3): 301.

② John R Petrocik. Issue Ownership in Presidential Elections, with a 1980 Case Study [J]. American Journal of Political Science, 1996, 40 (3): 826.

的领导高地。

尽管如此，这一新左翼势力的领导人号召力仍存在一定局限性，这与其基层经验直接相关。一是缺乏地方政府执政经验。在拉美左翼政府的先例中，包括巴西劳工党、智利社会党和乌拉圭广泛阵线在内的传统左翼政党都具有在州、市一级地方政府的执政经验，这为其竞争全国领导权奠定了坚实的实践基础。① 但是，无论是作为政党联盟的"广泛阵线"还是社会融合党本身，由于成立时间短、转型与建设过程曲折、基层根基较为薄弱，因此在地方政府选举中参与度低，选举结果惨淡。智利在行政体系分化下共设置 346 个地级市。然而，在 2016 年市政选举中，"自治运动"推举 3 名市长候选人，仅夏普 1 人当选；在 2021 年市政选举中，社会融合党推举 14 名市长候选人，仅 2 人当选。可见，该党领导人的基层选举动员能力和执政经验跟传统政党相比，仍存在不容忽视的差距。

二是具有明显的地域性。该党虽然拥有众多正式注册党员，但其中超过 55%的注册党员都分布在首都圣地亚哥大区，超过 10%的党员分布在瓦尔帕莱索大区，其他大区注册党员人数大多不足 1000 人。② 事实上，这一分布模式与该党的学生组织建设地域分布模式相符：其"学生阵线"基础单位和学生领导人多数分布在圣地亚哥和瓦尔帕莱索大区，与之相比，其他地区的学生运动乃至其他基层社会组织的号召力与领导力有所欠缺。

三是具有明显的社会集团差异性。相较于在学生运动中的渗透能力，该党与其他公民团体的体制联系性明显趋弱，传统的工会组织和邻里组织的领导权仍牢牢把握在传统左翼政党的手中。③ 例如，自 1988 年全国第一大劳工组织——智利工人联合中心重组以来，其主席席位只在基督教民主党、社会党和共产党两大老牌左翼政党之间轮换，新兴左翼力量无缘与其建立体制性联系。

因此，基于新社会运动的历史，它们通常有独特的与民众组织连接的形式和较为激进的意识形态。然而，政党动员的地域局限性和基层联系差异性又对它参与竞争性政党体制形成掣肘。在这一背景下，与其他进步主义政党合作，建立选举联盟以增强政党动员民众的广泛性并获得更大的代表性是最大化选举效益的必然选择；而与中左联盟建立联盟政府更是弥补执政经验欠缺、扩大政府合法性范围、组建可行政府的务实之举。在 2021 年第一轮总统选举过后，博里奇迅速与

① 方旭飞. 试析 20 世纪末以来拉美左翼执政对民主政治发展的影响 [J]. 拉丁美洲研究，2018（5）：58.

② Servicio Electoral de Chile. Total de afiliados a partidos políticos [EB/OL]. SERVEL, 31 de marzo de 2023 [10 de abril de 2023]. https：//www.servel.cl/centro－de－datos/estadisticas－de－datos－abiertos－4zg/estadisticas－de－partidos－politicos/total－de－afiliados－a－partidos－politicos/.

③ Juan Pablo Miranda. El Frente Amplio chileno en punto cero：Inserción social y perfil de militancias dentro de la nueva izquierda chilena [J]. Revista Chilena de Derecho y Ciencia Política, 2022, 13 (1)：194.

中左联盟领导人展开对话，最终赢得从基督教民主党到社会党的中左翼政党的广泛支持；在赢得执政党地位后，新兴左翼执政联盟"尊严制宪"（Apruebo Dignidad）选择与中左政党联盟"民主社会主义联盟"（Socialismo Democrático）组建联盟政府。①

但是，与中左政党的联盟意味着执政党需要将任命政府公职作为重要的政治利益分配工具。与此同时，政党联盟理论也指出，政党试图通过参与联盟，力求最大限度影响政府决策的政策导向。② 而吸纳中间力量的泛左翼政府难免会基于务实主义采取更加折中的政治路线，削弱原竞选纲领中的改革力度。在 2022 年 3 月 11 日就任时，博里奇政府内阁以及总统府政治委员会（Comité Político）③ 的构成更加倾向于其新左翼原生阵营，中左联盟仅占得总统府政治委员会中财政部长一职；但经历 2022 年 9 月 6 日以及 2023 年 3 月 10 日两次内阁调整后，中左联盟已经掌握了内政部、财政部以及总统府秘书部三大核心部门领导权，整体内阁职位也有所增加（见图 1）。

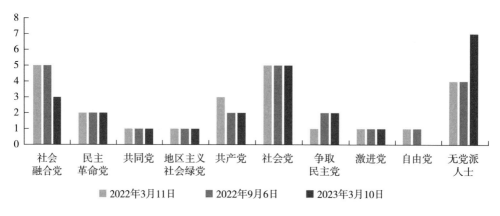

图 1　博里奇政府内阁各政党所获内阁席位

资料来源：Gobierno de Chile. Instituciones［EB/OL］. Gobierno de Chile,［11 de marzo de 2022；6 de septiembre de 2022；10 de marzo de 2023］. https：//www. gob. cl/instituciones/#ministries.

---

① "尊严制宪"由新兴左翼联盟"广泛阵线"和左翼联盟"尊严智利"组成，前者由社会融合党、民主革命党（Revolución Democrática）和共同党（Comunes）等左翼政党及社会运动组成，后者则由共产党、地区主义社会绿党（Federación Regionalista Verde Social）组成。"民主社会主义联盟"由社会党、争取民主党（Partido por la Democracia）、智利激进党（Partido Radical de Chile）和智利自由党（Partido Liberal de Chile）组成。

② 弓联兵，秦清. 欧洲民粹主义政党联盟化的动因与策略［J］. 当代世界社会主义问题，2020（4）：111.

③ 总统府政治委员会是智利行政机关决策的核心机构，由内政部、政府秘书部、总统府秘书部、财政部、劳动和社会保障部、女性和性别平等部 6 个关键部门构成。

社会融合党让渡了在政府中的决策空间，中左联盟的温和路线也主导了政府的执政方针。税制改革是博里奇政府改革支柱，主张社会公平、消除贫富分化的新左翼一直以"超级富豪税"（Impuestos a los súper ricos）作为其竞选招牌，但该项税收却没有在政府正式提交的税制改革中得到反映；养老金制度改革则是博里奇政府的另一招牌改革。2022 年 11 月，政府正式提出终结由私人养老金管理公司主导的完全积累型养老金制度的改革，并提出新增由企业缴纳 6% 额外缴费率这一核心提案，其中七成将记入雇员个人账户名下，三成记为共同基金分配给各个参保者。① 然而，政府联盟内意识形态更加自由化的争取民主党却对该提案抱有一定疑虑，并表态愿意同反对党协商放弃改革中的争议提案，这将削弱养老金制度改革的力度；相反，新左翼联盟对智利签署《全面与进步跨太平洋伙伴关系协定》（CPTPP）一直持反对态度，认为"该协议框架下解决投资者与国家争端的主要机制，即国际投资仲裁机制，将会把国家置于不利地位，赋予跨国企业阻碍国家推进社会发展和环境保护政策的仲裁工具"。② 但是，在中左联盟的支持下，国会最终在四年的激烈辩论后通过了该协定，决策话语权由中左势力把握的行政机关也没有对它行使否决权。不难看出，新左翼政党领导人的执政经验有限为传统左翼抢占决策话语权提供了机会空间，对政府执政方针施加了进一步趋中的向心引力；反之却对新左翼政党的核心选民群体具有离心作用力，加大了社会融合党维持其票基的压力与困难。

综上所述，社会融合党面临的转型困难体现在组织、议题以及领袖动员三个层面，均与其学生运动的起源直接联系。换句话说，从运动型政党转型为体制政党的过程中，组织建设存在缺陷、议题所有权受限以及与体制外社会团体的紧密联系这些运动型政党的痕迹仍对该党在竞争政党体制内的活动产生深远影响，导致其作为执政党难以平衡中间选民和核心选民的诉求，最终引发两个群体对政府产生信任危机（见图 2）。

① Andras Uthoff. Reforma previsional：el sentido del 6% para un contrato social［EB/OL］. CIPER, 21 de noviembre de 2022［10 de abril de 2023］. https：//www.ciperchile.cl/2022/11/21/propuesta - de - reforma - previsional-el-sentido-del-6-por-ciento/.

② EL DÍNAMO. Convergencia Social, partido del presidente Boric, ratificó su rechazo al TPP-11［EB/OL］. EL DÍNAMO, 28 de septiembre de 2023［10 de abril de 2023］. https：//www.eldinamo.cl/politica/2022/09/28/convergencia-social-partido-del-presidente-boric-ratifico-su-rechazo-al-tpp-11/.

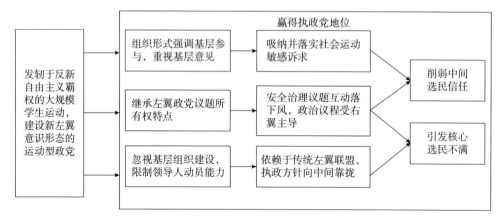

图 2　政党起源对社会融合党执政形成掣肘的因果机制

资料来源：笔者自制。

四、结 论

从社会运动宏观周期的角度看，智利社会融合党发源于 20 世纪末 21 世纪初拉丁美洲反对新自由主义发展模式霸权的新社会运动浪潮。具体而言，21 世纪前十年的学生抗议运动是该党发展的组织基础，它在智利政党与公民团体逐渐脱节的背景下，经历一定时间的集体行动与社会学习，抓住了左翼社会运动对应的体制内利益表达机构缺位的机会，同时得益于政治体制结构开放性扩大，最终选择从社会运动转型为竞争政党体制的参与者。从发展历程来看，社会融合党经历了新社会运动、运动型政党建设以及体制化政党转型三个阶段。

与此同时，其运动型政党身份的挣扎也贯穿了该党的转型历程，对如何参与选举政治的分歧最终导致组织内部派系的分裂，使得政党转型历程更加漫长与曲折。尤其在向执政党的转型中，组织与议题建设特点却成为其执政掣肘。在社会安全危机的背景下，在该议题竞争中天然的弱势导致议题主导权被右翼力量抢占，让步于基层社会组织敏感诉求的社会融合党更是直接引发中间选民对政府的信任危机；而基层建设的弱势强化了该党对中左联盟的动员与执政依赖性，逐渐往中间靠拢的执政方针则加大了核心选民的离心风险。尽管博里奇政府仅执政一年，但暴露出的结构性困难是与其运动型政党的身份根源密切相关的，凸显出其社会运动根源针对制度化政治活动的对抗性与参与体制政治构成矛盾，难以平衡体制内外、核心选民与中间选民的诉求。这对区域内新社会主义运动政治参与策略的选择提出了新的挑战。如果停留在体制外的抗争或是作为利益集团进行游说行动，将高度依赖体制内政党的意愿与能力实现其政治诉求；一旦选择转型为政党参与选举政治，此类政党不免需应对组织建设的难题，面临维持运动型政党特点还是向体制化政党发展的两难抉择。长远来看，此类左翼政党要提高执政效益、推进有利于包容性发展的制度性改革，必须克服运动型政党在组织建设上的弱点，以期扩大在民众间的支持基础，从而更好地应对右翼保守势力的攻击，最终造福拉美人民、实现良性发展。因此，如何进一步加强党的建设，提升组织面对多变社会政治现实的适应性以及执政能力，是新左翼政党需要面对的长期挑战，也是值得今后学术界深入探讨的关注点。

基于文化洋葱模型的电影文化折扣分析
——以巴西中国电影展为例

王秀芝　杨晓燕[*]

摘　要：电影作为文化传播的媒介，是各国吸引国际游客的重要工具。随着中国和巴西经贸往来的深入，巴西希望吸引更多中国消费者关注并认同其文化。然而，从 2017 年第一届巴西电影展到 2021 年第四届巴西电影展的效果来看，一方面，巴西电影的中国观众人数急剧下降；另一方面，中国观众对巴西电影的总体评分也呈下降趋势，两者表明巴西电影在中国的影响力在下降，产生了文化折扣。本文借助文化洋葱模型，分析得出巴西电影在中国产生文化折扣的原因如下：一是巴西新电影在中国的入口少；二是巴西电影的故事及叙述手法创新不足；三是电影中时空界的错位；四是电影角色群单薄；五是主角的价值观难以获得认同。基于此，本文针对中国电影走向国际市场提出文化增值的对策和建议。

关键词：巴西电影　洋葱模型　文化折扣

一、引　言

电影在文化交流中扮演着重要角色。优秀的电影作品可以为文化增值，不仅能提升国家经济水平，更能提升国家形象（多诺霍和李思坦，2015）[①]。电影的屏幕空间是艺术加工的空间，可以为国家或者地方增加魅力，成为"电影旅游"

---

[*] 王秀芝（通讯作者），广东外语外贸大学商学院副教授；杨晓燕，广东外语外贸大学南国商学院教授。

[①] 考特尼·布赖农·多诺霍，李思坦. 巴西国产大片的崛起——文化作为资源的案例研究 [J]. 当代电影，2015，236（11）：112-119.

的目的地。电影本身也是地方品牌的广告，如《罗马假日》赋予了罗马浪漫休闲度假的品牌形象，《上帝之城》则突出了里约热内卢（以下简称里约）一种混乱、危险的城市形象①。对于注重旅游安全的中国人来说，电影中"危险的里约"可能导致巴西国家形象大打折扣。

2016～2019 年，中国每年出国游的人次在 1.3 亿～1.55 亿，而中国到巴西旅游的人数却很少，2016 年仅有 5 万人，2017～2019 年每年约 6.5 万人。为了吸引更多的中国游客前往巴西旅游，在 2019 年的第八届世界旅游经济论坛上，巴西旅游部部长马塞洛·阿尔瓦罗·安东尼奥（Marcelo ÁLvaro AntôNio）设定了一个目标，即"要让来巴西的中国游客达到 60 万人次/年"②。然而，受国际环境的影响，2020～2022 年到巴西旅游的中国人数量更少③。

为了让中国人更好地了解巴西，巴西外交部于 2017 年开始在中国进行巴西电影展，希望通过"电影总体性的表演"（雷蒙·威廉斯，2018)④，即通过电影中的场景、人物和故事的整合，进行文化传播，有效促进中国人民对巴西文化的了解。巴西坎皮纳斯州立大学孔子学院的高红岩（2015）认为，大多数的巴西国产电影都在寻求一种对话，无论是"区域与国家之间的对话"，还是"巴西和其他国家的对话，或者国家特权部门与贫穷群体的对话"。如果想要使目前巴西电影出现的微小进步持续下去，就需要开启另一个对话，即"电影制作者与大众之间的对话"⑤。而观众对电影的评分与解读就是和电影制作者之间对话的重要方式（陈曦和刘书亮，2021)⑥。

事实上，从四届巴西电影展的电影在豆瓣上的评分及参与评价的人数来看，其评分和评价人数一直在下降。2017 年展出的电影在豆瓣上的加权平均分为8.9，有 431718 人参与评价。到 2021 年，参展电影的加权平均分为 7.3，只有3867 人参与评价。数据直观地显示，巴西展出的电影在中国出现了文化折扣。本文旨在通过中国观众对巴西电影的评论，找出导致巴西电影在中国产生文化折扣的主要原因，以增强两国电影文化交流的价值。

---

① 张经武. "增魅"传播：电影对于城市的广告效应 [J]. 新闻界，2016（10）：11-15. DOI：10.15897/j. cnki. cn51-1046/g2. 2016. 10. 003.

② 凤凰旅游网. 巴西将简化签证手续　希望每年吸引 60 万中国游客到访 [EB/OL]. https：//i. ifeng. com/c/7qxXDyRj4gy，2019-10-21.

③ EMBRATUR. BrasilBrand [EB/OL]. The Brazilian Agency for the International Promotion of Tourism，a. k. a. the Brazilian Tourist Board. https：//www. visitbrasil. com/en/brasilbrand/，2023-05-27.

④ 雷蒙·威廉姆斯，刘思宇. 电影序言 [J]. 北京电影学院学报，2018，139（1）：123-127.

⑤ 高红岩. 特立独行的巴西电影产业 [J]. 当代电影，2015，236（11）：100-104.

⑥ 陈曦，刘书亮. 西方视域下中国电影的类型优势、文化折扣与文化溢价——基于 IMDb 与豆瓣网数据的实证研究 [J]. 当代电影，2021，308（11）：147-153.

二、文献回顾和理论视角

（一）文化折扣

文化折扣（cultural discount）指在国际市场中，由于文化背景的差异，使得文化产品无法被其他地区的观众认同或理解，从而导致其价值减损（Hoskins 和Mirus，1988）[①]。Hoskins 和 Mirus（1988）在研究美国电视节目在国际市场上占主导地位的原因时发现，如果异国观众缺乏对影片的文化背景的了解，如价值观、信仰、制度、语言和非语言的解读规则，那么影片的文化价值就会降低。实证研究也表明，不同类型的电影存在不同程度的文化折扣。相比非喜剧电影，喜剧电影的文化折扣更高，因为对喜剧的理解需要更多的文化知识。而冒险类电影的折扣较低，因为冒险电影与文化的相关性较弱[②]。孙婧博和昝廷全（2019）指出，不同类型电影的文化折扣不同的根本原因在于知识差异[③]，但是没有具体分析是何种知识差异。本文将借助文化洋葱模型和故事洋葱模型进行深入分析。

（二）文化洋葱模型和故事洋葱模型

文化洋葱模型是 Hofstede（2001）提出的，其将文化知识从表层到深层分为符号（Symbols）、英雄人物（Heroes）、仪式（Rituals）和价值观（Values）（见图1）[④]。符号指的是可见的器物文化，例如建筑、语言文字、服饰等。英雄人物是民族或国家所推崇的人物，展现出该民族或国家的文化个性。仪式是社会的行为规范和社会秩序。价值观是社会对于人、物以及环境的内在信念。价值观对仪式、所推崇的英雄人物及器物符号具有决定性的影响，同时符号、英雄人物、仪式也会对价值观产生反作用。

① Hoskins C, Mirus R. Reasons for the U. S. Dominance of the International Trade in Television Programme [J]. Media Culture & Society, 1988（10）：499-515.

② Lee F. L. F. Cultural Discount and Cross-culture Predictability：Examining U. S. Movies' Boxoffice in Hong Kong [J]. Journal of Media Economics, 2006, 19（4）：259-278.

③ 孙婧博，昝廷全. 文化折扣与文化增值的本质及其数学模型 [J]. 现代传播（中国传媒大学学报），2019, 41（4）：127-129.

④ Hofstede G. Culture's Consequence：Comparing Values, Behaviors, Institutions and Organizations across Nations [M]. California：Sage, 2001：9-10.

图1　文化洋葱模型

资料来源：Hofstede（2001）。

在文化洋葱模型的基础上，陈彧（2021）提出了故事洋葱模型。该模型将观众作为遨游者，由表层到里层、由感知到沉浸体验，分为入口、故事流、时空界、角色群和故事核五大元素（见图2）①。入口指的是观众体验故事的渠道，既可以是各种媒介界面、日常生活，也可以是周边产品。观众接触到的故事入口越多，就越有机会感知到故事。故事流指的是每个角色在细节真实的时空场域中，自主生长、交织，或为主流，或为支流，共同编织出叙事的意义之网。时空界是指故事发生的时间和空间，同时也影响人物和情节的发展。角色群由不同角色组成，虽然各个角色各不相同，但每个角色都有自己独特的旅程，可以发展成不同的故事系列，例如漫威系列就是跨媒介叙事的典型代表②。故事核实际上指的是隐藏着核心世界观的原型故事。核心世界观是故事世界运行的一系列价值法则或"预设结构"，包括价值观、时空场域、叙事逻辑和运行准则等。原型是刻画在人心中的模板，一旦呈现出某些熟悉的细节或符号，就会激发这些原型。原型故事则是具有普遍性的故事模型，可以有效地激发观众展开一番探索之旅，重新发现自己，在故事人物的冲突中找到自己的人性（麦基，2014）③。

———————————

①　陈彧. 故事世界的洋葱模型与"中国故事世界"的建构路径 [J]. 当代传播，2021，217（2）：72-75.

②　刘亭. IP升级："漫威电影宇宙"制片模式对中国漫改电影合拍策略的启示 [J]. 当代电影，2019，280（7）：133-137.

③　罗伯特·麦基. 故事：材质·结构·风格和银幕剧作的原理 [M]. 周铁东译. 天津：天津人民出版社，2014.

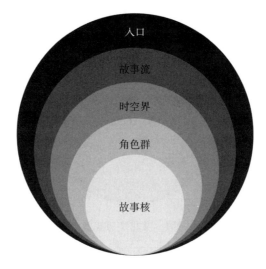

图 2　故事洋葱模型

资料来源：陈彧（2021）。

　　本文综合运用文化洋葱模型和故事洋葱模型的要素，分析中国观众对巴西电影认同和不认同的地方。

三、研究方法

　　本文将巴西外交部在中国举办的四届影展作为研究对象，首先在百度网页上搜索有关巴西影展的新闻及电影名称，然后在豆瓣（douban）网站①上找到这些电影的相关信息，并整理成表 1。从 2017 年第一届巴西电影展到 2021 年第四届巴西电影展，共展出 34 部巴西电影，其中包括 5 部喜剧片、4 部传记片、4 部音乐片、3 部犯罪/惊悚片、2 部纪录片，其余 16 部为剧情片。

---

　　① 豆瓣是中国知名的用户评论（User-Generated Content，UGC）网站，核心用户群是具有良好教育背景的都市青年，包括白领及大学生。2021 年的易观千帆数据显示，豆瓣用户的男女性别比为 4：6，一线和新一线占比超五成；年龄方面，24 岁以下的人群占比 33.28%，年龄在 24~30 岁的人群占比 23.41%，31~35 岁的人群占比 23.88%（科技数码指南. 那么，现在是谁在用豆瓣？［EB/OL］. https：//www.sohu.com/a/510021530_724207，2021-12-19）。

表1　样本影片信息

样本	年份	电影名（年份）	类型	豆瓣评分（评价人数）	好评（%）：一般及以下（%）	评分简单均值评分加权均值（总人数）
1	2017	中央车站（1998）	剧情	8.7（105895）	90：10	8.2 8.9 （431718）
2		上帝之城（2002）	犯罪	9.0（298912）	92：8	
3		男孩与世界（2013）	动画/剧情	8.8（17009）	89：11	
4		狼在门外（2013）	悬疑/惊悚/犯罪	无评分		
5		尼斯：疯狂的心（2015）	传记/历史	8.1（6452）	79：21	
6		狗言狗语（2016）	剧情	无评分		
7		雷米特杯失窃记（2016）	喜剧/历史	7.0（98）	40：60	
8		第二个妈妈（2015）	剧情	7.8（3352）	75：25	
9	2018	精英部队1（2007）	动作/惊悚/犯罪	8.0（51434）	78：22	7.4 8.4 （135628）
10		精英部队2（2010）	动作/惊悚/犯罪	8.7（83516）	88：12	
11		我的印度朋友（2015）	剧情	无评分		
12		水中真相（2017）	剧情	6.2（305）	20：80	
13		我生命中的电影（2017）	剧情	6.6（143）	39：61	
14		安德烈（2017）	剧情	无评分		
15		残酷的生活（2018）	喜剧	无评分		
16		在我遗忘之前（2018）	喜剧	7.6（230）	62：38	
17	2019	问题家族（2016）	爱情	7.5（82）	68：32	7.2 7.7 （10117）
18		死亡之名（2017）	传记/犯罪	无评分		
19		父亲的影子（2018）	剧情	无评分		
20		生锈（2018）	剧情	5.9（201）	18：82	
21		西蒙纳尔（2018）	音乐/传记	无评分		
22		所有关于爱的歌（2018）	爱情	7.5（116）	57：43	
23		痴梦芭蕾（2019）	剧情	7.3（275）	60：40	
24		看不见的女人（2019）	剧情	7.8（9443）	75：25	

续表

样本	年份	电影名（年份）	类型	豆瓣评分（评价人数）	好评（%）：一般及以下（%）	评分简单均值评分加权均值（总人数）
25		指挥家若昂（2017）	音乐/传记	7.8（161）	74：26	
26		亚马逊的节奏（2018）	纪录片/音乐	7.7（429）	65：35	
27		透过欧内斯托的眼睛（2019）	剧情	8.7（985）	91：9	
28		三个夏天（2019）	喜剧	7.0（279）	49：51	
29		第四泳道（2019）	剧情	6.1（125）	20：80	7.0
30	2021	架子上的玛丽亚（2019）	喜剧/爱情	6.4（179）	29：71	7.3
31		票仓（2020）	剧情	6.2（139）	22：78	（3867）
32		塞尔瓦多阁下和废除乐队（2020）	纪录片/音乐	6.8（273）	44：56	
33		所有死者（2020）	剧情	6.8（901）	43：57	
34		粉红色的云（2021）	剧情/科幻	6.3（396）	31：69	

资料来源：笔者根据豆瓣网站信息整理，数据截至 2023 年 6 月 11 日。

从表 1 可以看出，2017 年展出的电影在豆瓣评分的简单平均分为 8.2，加权平均分为 8.9，共有 431718 人参与评价。2018 年展出的电影，简单平均分为 7.4，加权平均分为 8.4，共有 135628 人参与评价。2019 年展出的电影，简单平均分为 7.2，加权平均分为 7.7，共有 10117 人参与评价。而 2021 年参展的电影，简单平均分为 7.0，加权平均分为 7.3，共有 3867 人参与评价。数据显示，巴西电影展的电影在中国的评分逐年下降，参与评分的人数也逐年减少，与第一届展出的电影相比，产生了较大的折扣。

在 2017 年展出的 8 部电影中，除了《狼在门外》和《狗言狗语》没有评分信息外，其他 6 部电影中，只有《雷米特杯失窃记》的好评（五星和四星）比例为 40%，其他影片的好评率都远远高于一般及差评率。其中，《中央车站》和《上帝之城》的好评比例都不低于 90%，尤其是《上帝之城》的评分人数超过 29 万人，评分高达 9.0 分。

在 2018 年展出的 8 部电影中，有 3 部没有评分。《水中真相》和《我生命中的电影》好评率低于一般及差评率。而《精英部队 1》和《精英部队 2》的评分都不低于 8.0，并且好评率也比较高，观影人数都在 5 万以上。

2019 年展出的 8 部电影中，备受瞩目的是《看不见的女人》，有 9443 人参与评价，好评率 75%。而 2021 年展出的 10 部电影中，最受好评的是《透过欧内斯托的眼睛》，共有 985 人评分，评分为 8.7，好评率达到了 91%，但是其他影片则评价人数较少。

本文收集了 2021 年巴西展出的评分低于或等于 7.0 的 7 部电影的评论（三星及以下）。其中，《三个夏天》有 54 条，《第四泳道》有 50 条，《架子上的玛丽亚》有 62 条，《票仓》有 42 条，《塞尔瓦多阁下和废除乐队》有 74 条，《所有死者》有 176 条，《粉红色的云》有 112 条。笔者通过对所有影评的仔细阅读，并采用微词云进行主题分析，从故事洋葱模型的入口、故事流、时空界、角色群和原型故事等方面考察了观众对电影表达的价值观、仪式、英雄人物和符号的认同度，并提炼出了巴西电影在中国产生文化折扣的原因。

四、研究发现

（一）巴西新电影在中国的入口较少

电影的文化影响力需要通过观看才能实现。表 1 的数据显示，2017 年和 2018 年获得高评分的电影都是较早期的作品，如 1998 年的《中央车站》、2002 年的《上帝之城》、2007 年的《精英部队 1》和 2010 年的《精英部队 2》。这四部电影在影展之前已经通过其他渠道引进中国进行放映。然而，新影片在展映渠道方面相对较少，许多豆瓣评论者是在影展上观看的。尽管也有网民希望观看，但是他们却找不到观影渠道。巴西电影展的地点和时间都非常有限。2017 年，巴西大使馆与中国电影资料馆合作推出了第一届巴西电影展，持续 5 天①；2018 年的巴西电影展除了在北京的中国电影资料馆举办，还扩展到广州的百丽宫影城—猎德 igc 店和上海的百美汇影城—嘉里中心店，持续时间分别为 5 天和 12 天②。2019 年的巴西电影展在北京、澳门、深圳、广州、重庆和上海 6 个城市进行，时间为 5~8 天③。而 2021 年的巴西电影展在上海、深圳、广州、昆明、杭

---

① 葡语课堂.巴西电影展与您相约在中国电影资料馆［EB/OL］.https：//www.sohu.com/a/207437227_479643，2017-11-29.

② 电影山海经.福利：凛冬已至，送你去看这个驱寒影展［EB/OL］.https：//www.sohu.com/a/281235405_312457，2018-12-12.

③ 巴西驻上海总领馆.2019 巴西电影节来了！［EB/OL］.https：//mp.weixin.qq.com/s? __biz = MzI4MTM4MDQ3Mg = = &mid = 2247485680&idx = 1&sn = 2643b08703c6d7153f9d69304426cc74&chksm = ebab5be7dcdcd2f10496f3b0ccb6ead45763f502b95c01c3f1ec1062eaab6211d56e4a619db5&scene=27，2019-11-20.

州、宁波和成都 7 个城市展映，时间为 8～19 天①，并有几千名影迷参加。总体而言，巴西电影在豆瓣上的评分较高，但是观影人数较少，尤其是巴西的新影片，很多人无法观看的原因是巴西电影在中国的播放渠道较少。

总体来看，巴西电影展在中国的放映地点在增加，从第一届在北京中国电影资料馆举办，增加到 2021 年的 7 个城市约十几家影院，时间也从 5 天增加到 2021 年的最多 19 天，但是 2021 年的观影人数也只有几千人。从表 1 可以看出，在 34 部电影中，有 18 部的评论人数在千人以下，还有 8 部电影因观影人数太少而没有评分。

（二）故事及叙述手法创新不足

经典故事情节超越文化也超越时间，可以轻松将观众拉入到故事之中，和主人公产生共情，从而随着主人公展开喜怒哀乐的情感之旅（麦基，2014）。作者采用微词云进行主题分析后发现，故事情节设计是影响观影体验的一个重要因素。电影不同，观众对故事属性的评论也不同，如对《第四泳道》的故事评价，主要有"看不懂""真的看不懂""无法明白""实在看不懂""差点睡着""故事的矛盾冲突处理不好"等。其中一位观众的评论非常有代表性：

刚看电影的时候，我以为迷茫的是作为主角的青春期少女，看完之后，迷茫的是我。人给我看麻了，这个剧情我实在不懂，我第一次见到把事件留白的，别人都是提出问题讲好事件，解决问题给你一个想象空间。我实在想不通她为什么要杀她朋友……（Iguaçu Falls 看过《第四泳道》★★★ 2021-10-29 22：08：20）

这位观众对电影《第四泳道》的评论，表明故事情节设计不足以引起观众的共鸣和理解。观众对主角游泳少女阿曼达谋杀队友的行为感到困惑，认为这样的处理不合理。观众还提到这个剧情留白与其他电影不同，希望问题被提出并得到解决，从而给予想象空间。然而，在这部电影中，观众无法理解阿曼达为何要杀害她的朋友。

观众对于电影《塞尔瓦多阁下和废除乐队》的故事评价也不好。他们认为故事情节太散、走马观花，没有挖掘出主角塞尔瓦多的独特之处，也没有塑造出丰满的人物形象。观众还指出，电影在素材安排、节奏和剪辑上存在混乱和粗糙的问题，甚至出现了明显的跳剪。此外，观众还对奇怪的机位构图和平庸浮泛的人物故事表达了不满。

---

① 巴西驻上海总领馆. 第四届巴西电影展将于 2021 年 9 月 10 日首先在上海开幕 ［EB/OL］. https：//mp. weixin. qq. com/s?＿＿biz＝MzI4MTM4MDQ3Mg＝＝&mid＝2247489779&idx＝1&sn＝f7dac8c1b1dfdc2a4d425bbfc6dfe511&chksm＝ebab4be4dcdcc2f26e715c6fcc012fecfc156d0dd76dc395b00b72c00af3e58de54220525084&scene＝27，2021-09-03.

对于其他几部电影的故事叙述，观众们也有一些不满意的地方。有人认为故事缺乏新意或打磨，例如对于《所有死者》的评价主要是"沉闷"，对于《架子上的玛丽亚》则认为"老套""不新鲜"。观众们也提到了编剧与节奏把控的欠缺、人物扁平叙事、镜头语言也不够统一等问题。

总的来说，观众们对于这些电影的故事及其叙述手法都持有一定的批评意见。他们希望看到更有趣、独特且打磨精细的故事，以及更好的素材安排、节奏把控和剪辑技巧。

（三）时空界错位

时空界是电影故事发生的时间和空间，作为背景，它限定了故事的可能性。而故事背景不仅包括物质域和时间域，还包括社会域（麦基，2014）。中国观众对巴西电影的时空背景感到困惑，从而影响了观影体验。时代和社会空间不匹配，就会失去观众的信任感。如观众质疑《架子上的玛丽亚》的宗教背景和时代背景不匹配。

荒诞不是离谱，追求自由与个性不是发疯发神经。这片子……恕我不能接受。……此外，这设定的什么年代呀？即使是个小镇子对宗教如此迷恋？（西瓜大侠女 看过《架子上的玛丽亚》★★2022-02-19 20：23：15）

另外，《所有死者》的社会空间和历史事件之间的匹配性也引发中国观众的差评。

不喜欢，把历史置换到现代，但拍得很沉闷，因为一直内景，前面一直没有发现有置换时间的情况。（小豚 看过《所有死者》★★ 2020-11-23 23：14：23）

不够轻盈，也不够灵气。让"过时"的女人走在新时代的街道上几乎显得笨拙了。（Alain 看过《所有死者》★★ 2022-01-16 23：38：53）

即使《粉红色的云》展现的是疫情下的隔离生活，观众依然感觉故事和环境不匹配。

导演就如同女主角一般，在剥离了社会现实性的基础上，去描写道德、描写价值；如此，电影中对自由、对生活的讨论的意义又会有多大呢？（月箱 chidori 看过《粉红色的云》★★2021-09-13 21：04：54）

从以上评论可以看出，中国观众认为部分巴西电影的时空界和故事不匹配，这种时空界和故事的错位导致文化折扣的增加。麦基（2014）提出："背景对故事的反讽表现在：世界越大，作者的知识便越被稀释，其创作选择也就越少，故事便越发充满陈词滥调。世界越小，作者的知识便越完善，其创作选择也就越多。结果是一个完全新颖的故事，以及对陈词滥调作战的胜利。"

（四）角色群单薄

陈彧（2021）认为角色群是形成"IP 宇宙"的重要特征。IP 宇宙源于"漫威电影宇宙"（Marvel Cinematic Universe），漫威电影宇宙是基于漫威的漫画角色而独立制作的一系列电影。这些电影和漫画通过共同的元素、设定和角色以跨文本的方式建立起一个超级英雄世界①。从公司的角度来看，它是打造一个英雄网络，每个英雄都有自己的原型和故事系列，这些英雄共同构成一个超级英雄网络，从而建构了一个丰富多彩的电影世界。

从地方品牌塑造来看，地方的不同人物角色构成"IP 宇宙"。在巴西影展的34 部电影中，里约是展现较多的城市。里约的电影角色形象包括精英部队、黑帮毒贩、退休教师朵拉和寻找父亲的小男孩、精神病医生尼斯以及看不见的女人等，这些角色对于形塑里约城市形象具有重要影响。这些电影中有 3 部以暴力枪战、高速剪辑、晃镜、多画面等手法展现，给观众带来震撼。

暴力枪战、高速剪辑、晃镜、多画面以及各种无序感。看来很震撼的一部电影，故事讲述的方式颇具传奇色彩。巴西荣升心目中民风彪悍第一圣地。（LORENZO 洛伦佐 看过《上帝之城》 ★★★★ 2011-04-22 04：09：34）

但其他新巴西电影的角色类型之间的关联比较缺乏，并且电影中的故事地点分散甚至不详，无法构成强大的叙事网络，建构多元的意义系统。但巴西的电影大多有相应的小说或传记，可以进行系列电影开发，打造更强大的"IP 宇宙"，通过不同类型地方居民构成不同类型的地方英雄群像。

（五）原型故事中的价值观难以获得认同：英雄为谁而启程？

英雄原型故事是指一个普通人在接受召唤后，经历一系列的挣扎和冒险的旅程，最终获得重生并回到普通生活中的故事（坎贝尔，2000）②。根据坎贝尔的理论，每个人都是潜在的英雄。

在第四届巴西电影展展出的 10 部电影中，有 7 部评分在 7.0 或以下。从故事原型来看，这 7 个故事原型都是个人在独特时空界的自我探险。例如，《三个夏天》中的管家在主人出事后积极自救，《第四个泳道》的少女为了获得第四个泳道不惜谋杀队友，《架子上的玛丽亚》则是一个挣脱父权和神权，离开小镇寻找真我的故事。《票仓》男主为了改变社会开始为朋友竞选，并在此过程中发现自己的价值。《塞尔瓦多阁下和废除乐队》中的塞尔瓦多为了追求对爵士乐的热情，搬到纽约建立了废除乐队。《所有死者》和《粉红色的云》则讲述了男人和女人在隔离生活中的不同体验。

这些故事都展现了个人英雄探索之旅，他们追随内心的渴望，希望找到真我。豆瓣评论显示，文化折扣来源于不同的价值观，而价值观是人们对于什么是

---

① 刘亭. IP 升级："漫威电影宇宙"制片模式对中国漫改电影合拍策略的启示［J］. 当代电影，2019，280（7）：133-137.

② 约瑟夫·坎贝尔. 千面英雄［M］. 张承谟译. 上海：上海文艺出版社，2000：250-260.

"值得的"行动和目标的选择的看法①。

在我看来就是一个糟糕的拼图,拼出来并不是一幅吸引人的画面,而且支离破碎的讲解让人很分神。貌似一辈子不出名,有惊人天赋却勤勤恳恳的男主,其实是自我代入有色人种被迫害的压抑的感情匠人,最稳定的身份,就是在纽约的高端餐厅弹了41年的琴。到晚年却要孤注一掷7万美元在卡耐基演奏,并想要音轨发专辑,在选择海报时摒弃了乐队群像,只要自己剪影的封面,并解释:"我要发出自己的声音。"种种细节暴露出他并不是能表里如一的人,深深渴望名利却不能直面。如此拧巴如何会有人格魅力呢?……(浅草四月 看过《塞尔瓦多阁下和废除乐队》2021-11-05 22∶25∶20)

观众"浅草四月"的评论显示,主角可以为自己启程,也可以为群体启程,但表里如一更重要。中国传统文化中的英雄更多是为大家牺牲小我的人(杨中芳,2005),即自我超越的人,而巴西电影展的电影中多是寻求自我提升的人,看重自我的梦想追寻,但是两国人民都看重个体自我发展融入社会发展的需要。

五、结论与讨论

(一)结论

本文选择巴西外交部在中国展览的34部电影进行分析,以文化洋葱模型为视角,运用豆瓣评论探讨巴西电影在中国产生文化折扣的原因。结论是,巴西新电影在中国的入口更少、电影故事及其叙事形式创新不足、时空界错位、角色群开发不足、部分主角价值观得不到理解等,这些不足影响了中国观众对影片的共情和认同,导致了文化折扣。

(二)讨论

从理论上看,本文对文化折扣理论做出了延伸。前人的研究认为文化产品的知识含量越少,文化相关度越低,越容易"走出去"(孙婧博和昝廷全,2019)。然而,知识是一个非常广泛的概念。本文根据文化洋葱模型和故事洋葱模型,将文化知识分为价值观、规则、英雄人物和符号四个层面,通过具体讨论电影中的英雄原型及其价值观,利用符号表达、时空界限及故事的叙事方法等要素,细致研究巴西新电影产生文化折扣的原因。研究发现,文化之间的相关性不仅仅取决于表面的相似,更重要的是核心价值观的共通以及符号表达中的本土文化特色。

---

①　杨中芳.中国人真是"集体主义"的吗?——试论文化、价值与个体的关系 [J].中国社会心理学评论,2005 (1):55-93.

只有在这种情况下，文化产品才能在跨文化贸易中获得文化增值，减少文化折扣。因此，只有在不同层次的文化知识中寻求共同点和差异性，文化产品才能有效减少文化折扣。

从方法上看，本文采用豆瓣评论作为素材，从消费者的立场提供了关于巴西电影的新知识。而过去的学者主要从文化生产者的角度提供了关于巴西电影的知识，如巴西电影的发展历程和现实主义特点（高红岩，2015）。中国观众的评论显示了关于巴西电影真实性的知识，即高评分的作品更真实，而低评分的作品则更不真实；或者反过来也成立，真实感评分更高，不真实感评分更低。巴西的一些高评分电影，例如《上帝之城》和《精英部队》，运用了独特的巴西文化符号，如黑帮、贩毒、枪战、贫民窟、贪腐官员、不作为的警察等，以及大量的日常生活细节，使观众不知不觉地沉浸在真实感中。这种真实感提供了更高的观影体验，因为只有真实才能引发共情，使一个人能够理解另一个人的独特经历并做出反应（吴飞，2019）①。这种口碑和票房的增长为电影产业带来了增值。然而，2021 年新发布的七部电影让观众感受不到真实感，难以全身心地沉浸在屏幕中。缺乏真实感导致电影的文化折扣增加。

从国际旅游形象塑造上看，本文认为电影的文化折扣和国家形象的折扣不相同。电影屏幕向我们展示了丰富的巴西影像和信息。但是，屏幕只是一个选景框，这个框既可以扩大观众的视野也可以局限观众的视野。因为框就是对世界的选择和切割，经由框进入我们视野的东西已经经历了编码，既不是真实的，也不是社会本身，只是导演想象的表达（阿尔特曼和戴锦华，1989）②。巴西真实的现实是毒贩、黑社会的占比很小，巴西的贫民窟主要集中在圣彼得堡和里约等大城市，约占这些大城市人口的 20%，在贫民区中 90% 以上的人都是正常工作的普通人。巴西联邦政府从 1993 年开始对贫民窟进行全国性改造，接纳贫民区是城市有机组成部分，并强制贫民窟居民参加基本医疗保险；于 2003 年成立专门的城市住房管理部门，设置相应的地方部门——城市部，形成了从联邦到地方完整的贫民窟治理体系③。目前，巴西政府已经对贫民区进行协同式改造，在贫民区建设了公共设施，如学校、自来水、垃圾回收、运动场所等④。真实感高的巴西暴力美学电影没有产生文化折扣，赢得了高票房，却可能产生巴西国家形象

① 吴飞. 共情传播的理论基础与实践路径探索 [J]. 新闻与传播研究，2019，26（5）：59-76+127.

② 查尔斯·F. 阿尔特曼，戴锦华. 精神分析与电影：想象的表述 [J]. 当代电影，1989（1）：18-27.

③ 王海峰. "贫民窟" 治理：巴西的行政实践与经验借鉴 [J]. 兰州大学学报（社会科学版），2018，46（3）：40-48. DOI：10.13885/j. issn. 1000-2804.2018.03.005.

④ 陈天，王佳煜，石川淼. 巴西贫民窟协作式规划对我国城中村治理的启示——以贝洛奥里藏特市为例 [J/OL]. 国际城市规划：1-19 [2023-05-27]. http://gfffg7f12bbd3c09549a1sk55u95knpbqf6bk5. ggbz. librra. gdufs. edu. cn/10.19830/j. upi. 2021.500.

折扣。

（三）启示

对于电影产品而言，导演是文化守门员，决定了观众看什么、不看什么。巴西部分电影的暴力美学让中国观众感觉巴西不安全，而"安全"则是中国游客出国旅游的首要考虑因素①。因此，有关巴西国家形象塑造的文化产品可以围绕巴西安全的形象展开，寻找相关故事，进行角色群开发，并定位于当下的时空背景，故事的主角或配角都可以，采用各种媒介形式吸引受众的关注。

国家形象塑造是一个系统工程，需要各部门协同共建。巴西旅游部开发的"Brasilbrand"官网旨在推广巴西的多样性和多元文化，以各种形式、生态系统、节奏和颜色表达巴西注重可持续发展和环境保护的理念。这可以与在中国推广巴西电影的主题进行系统联动。

中国电影走向全球，也需要利用中国文化资源建构品牌形象。用原型故事挖掘出一种普遍性的人生体验，然后以独一无二、具有文化特异性的表现手法对它进行装饰（麦基，2014），本着"在大世界里讲述小故事，在大事件里呈现小人物，在大时空里品味小细节，宏大叙事与微末表达结合，历史视野与平民视角结合"（陈彧，2021），以增加文化价值。在豆瓣上评分较高的巴西电影通过独特的故事讲述手法，利用巴西的文化符号展示当代社会的迷茫与信仰，通过精心设计的细节引导观众与现实生活联系，从而引起人们的共情，触发人们对人性的思考。

---

① 中国旅游研究院（文化和旅游部数据中心）. 中国出境旅游发展年度报告 2022－2023 ［EB/OL］. https：//www. gongshengyun. cn/yunying/article-128361-1. html，2023-03-04.

中国与阿根廷影视交流的
回顾与展望

梁韵贤　　刘　柳*

摘　要：随着"一带一路"建设的推进，中阿双边政治、经济、文化交流与合作迅猛发展，广播影视领域内的交流与合作也日益频繁，产业发展步履不停。双方交流与合作的层次和影响力不断提升，内涵越发深刻，为中阿文化交流与合作开创了新的局面。本文以电影、电视、纪录片三种大众传媒为研究对象，梳理从 20 世纪 50 年代中阿影视交流与合作至今的形式与特点，在此基础上总结经验，分析其发展趋势，并对面临的问题提出对策与建议。

关键词：中阿合作　影视交流　电影　电视剧

一、引　言

影视交流是国家关系与民心相通的重要桥梁，中国与阿根廷两国之间的影视交流在"一带一路"建设与中阿外交关系友好的背景下，近年来取得了显著的发展。

本文以中国与阿根廷两国的影视合作为研究对象，原因如下：一是两国友好的外交关系。自从 1972 年建交以来，两国合作交流密切友好，并且在各个领域不断深化。2022 年是中国与阿根廷建交 50 周年，更是中阿友好合作年，两国在这一年开展了一系列大型人文活动，其中就包括不少电影、电视剧的展览和播

---

*　梁韵贤，广东外语外贸大学西方语言文化学院西班牙语系硕士研究生；刘柳，广东外语外贸大学西方语言文化学院西班牙语系副教授，硕士生导师。

出。二是两国影视行业的发展值得互相交流借鉴。中国作为世界上最大的影视市场之一，拥有庞大的观众群体与日益增强的视听制作能力。阿根廷在拉美影视行业占据重要地位，在电影、电视剧制作方面展现出独特的文化底蕴，如"第三电影"对反殖民、反剥削歧视的表达。三是中国影视作品的播出在阿根廷取得了成功。这些中国文化"走出去"的优秀例子，既获得了官方层面的认可，也在当地有了一定的受众群体。

基于以上原因，影视媒介交流在中阿合作中成为重要的一环。本文将回顾两国影视交流的历程，总结中阿两国影视交流的优势，并为双方开拓新合作，做到切实有效的沟通交流提出建议。

二、中阿影视交流的历程

（一）电影产业交流稳中向好

1. 阿根廷电影在中国

早在 20 世纪五六十年代，中国与阿根廷就有了友好的民间商贸往来，1972年两国建交以后，双方在各个领域的合作日益加强，交流逐渐加深，也促进了不少电影走出国门，进入对方国家观众的视野。电影的进出口在早期的中阿交流中发挥了重要作用，这些电影的发行背后体现的是两国政治外交关系，也与重大外交事件和对外宣传的需要相吻合。总的来说，中阿影视交流初期，中国引进的阿根廷电影主要是展现该国独特的文化风貌和社会现实的作品，到了 21 世纪，影视交流的焦点开始集中在电视剧、纪录片等领域。

通过对 20 世纪 50 年代至 2022 年中国引进阿根廷电影的有关资料进行梳理，我们统计出 15 部代表性的电影作品（见表 1）。

表 1　中国引进的阿根廷电影

片名	上映年份	译制年份	制片国家	译制单位
《血的河流》 (*Las aguas bajan turbias*)	1952	1957	阿根廷	长春电影制片厂译制部门
《收割》 原名不详	1950~1959	1961	阿根廷	

续表

片名	上映年份	译制年份	制片国家	译制单位
《大墙后面》 (*Detrás de un largo muro*)	1958	1960	阿根廷	上海电影译制厂
《大生意》 (*El Negoción*)	1959	1963	阿根廷	
《中锋在黎明前死去》 (*El Centro forward murió al amanecer*)	1961	1963	阿根廷	
《幻想的日子》 (*Días de ilusión*)	1980	1987	阿根廷	
《蓝色行动队》 (*Comandos Azules*)	1980	1988	阿根廷	
《情海冤魂》 (*Camila*)	1984	1989	阿根廷、西班牙	
《超级特工队》 (*Los superagentes no se rompen*)	1979	1993	阿根廷	
《旅行》 (*El Viaje*)	1992	不详	阿根廷、 法国、德国等	中央电视台译制部
《隧道尽头》 (*Al final del túnel*)	2016	2019	阿根廷、西班牙	中国电影股份有限 公司译制中心 (院线上映)
《极盗行动》 (*El robo del siglo*)	2021	2021	阿根廷、美国	
《谜一样的双眼》 (*El secreto de sus ojos*)	2009	2022	阿根廷、西班牙	中央电视台译制部 CCTV6 播放
《杰出公民》 (*The Distinguished Citizen*)	2016	2022	阿根廷、西班牙	
《亡命大画家》 (*Mi obra maestra*)	2018	2022	阿根廷、西班牙	

同时期横向比较长春电影制片厂以及上海电影译制厂的译制片数量，20 世纪中国引入并译制阿根廷电影的数量与其他国家如朝鲜（112 部）、墨西哥（35 部）相比并不算多。① 其背后可能的原因主要有五点：一是阿根廷西班牙语的发音比较特别，与半岛西班牙语存在差异，在词汇的使用上也有很大不同，因此翻译的难度相对较大；二是阿根廷国内政局动荡，文艺作品创作乏力，能输出的电影作品较少；三是中阿影视进出口的审查制度尚未完善，传播路径未被完全打通；四是两国地理距离遥远，在交通不便以及信息技术不发达的年代，影视传播也面临很大的困难；五是文化差异大，虽然从国家层面上两国建立了外交关系，但从两国民众的角度来看，对对方国家仍较为陌生，因此对该国文化的关注度不高。

值得一提的是，在这些引进的电影中，2021 年在中国上映的《极盗行动》是第一部获得国家电影局审批并登陆中国电影院银幕的阿根廷商业电影，在当时掀起了一波观影热潮，官方、媒体等各界争相报道，可以说是具有里程碑意义的一部影片。这部电影由阿根廷导演艾列尔·维诺格拉德执导，是当年阿根廷本土的票房冠军。它在中国的上映既归功于作品本身的艺术价值，也有赖于阿根廷电影产业的高质量发展以及多年来中阿人文交流所奠定的坚实的民意基础。

2. 中国电影在阿根廷

20 世纪，中国电影仍然处于起步阶段，电影出口数量少，对象国也主要是地理相近的东南亚国家或国情相近的社会主义国家。1972 年，中国与阿根廷建立外交关系，建交以来，双方文化交流活动越来越多。1987 年，阿根廷电影代表团访华。1988 年，中国电影代表团回访阿根廷，放映了四部中国电影，分别是《日出》《鸳鸯楼》《红高粱》《为什么生我》《黄土地》。2002 年，中国启动院线制改革，电影产业快速发展，双方也有了更密切的交流与沟通。进入 21 世纪，阿根廷官方渠道购买引进的中国电影数量并不多，但成绩亮眼。如 2016 年《山河故人》在阿根廷公映，获得了当地主流媒体和民众的一致好评，与更常见、更受欢迎的中国武打片、古装片不同，这部电影展示了中国社会转型洪流中小人物的命运和情感，唤起了大众的共鸣，以此拉近了两国人民的距离。但总的来说，中国电影出口到阿根廷仍有很大的局限性，存在着文化差异、缺乏海外发行渠道和市场推广手段等诸多问题，因此短期内很难成为海外观众的娱乐消费热点。

（二）电视剧传播机制不断升级

随着国家综合实力的增强，中国融入全球化的程度也日益加深，我国的文化

---

① 数据统计自长春电影制片厂译制片名单（1949~2008）（共 795 部）与上海电影译制厂译制电影（故事片）目录（1950~2009）（共 1050 部）。

政策逐渐从"引进来"转向"走出去",同时,翻译机制和传播机制不断完善,中阿双方在影视方面有了更好的交流平台与路径。与电影不同,电视剧的制作、发行、宣传成本相对更低,且放映媒介主要是电视和互联网,受众更广,所以中国电视剧在阿根廷的受众范围正在不断扩大。

2007 年 1 月,中国电视长城(拉美)平台的中文国际频道和 CCTV 西班牙语频道等节目覆盖阿根廷全境。2010 年 11 月,中央电视台和阿根廷有关公司签署合作协议,向拉美部分国家推广西班牙语频道节目。① 这使得阿根廷本地民众可以直接收看来自中国的电视节目,两国视听产业上的交流有了新的窗口,对双方都具有重大意义。

2014 年 7 月,习近平主席先后对拉美四国进行国事访问,其中在出访阿根廷时,将《北京青年》《老有所依》等优秀国产电视剧作为国礼,赠送给当地人民,掀起了中阿影视交流的新一轮热潮。

2016 年,在文化和旅游部与国家广播电视总局的指导下,中国文化译研网在中外影视译制合作高级研修班的活动上,牵线阿根廷英特格拉文化产业公司和中国国际电视总公司,将中国古装电视剧《琅琊榜》商业发行至阿根廷。经过两年的西班牙语译制和落地推广等工作,阿根廷的观众可以在电视机前收看带有西班牙语配音和字幕的中国古装剧作品。《琅琊榜》在当地播出后,获得良好反响,拉近了当地民众与中华文化的距离。中国电视剧的这次出海,是国内影视机构和阿根廷的主流电视媒体合作的一次成功实践,其经验值得借鉴和参考。

2018 年,杭州在 G20 峰会举办城市——阿根廷首都布宜诺斯艾利斯举办了一场"韵味杭州"城市形象推广活动。在开幕仪式上,杭州佳平影业有限公司与阿根廷英特格拉文化传媒集团签署了电视剧《鸡毛飞上天》以及纪录片《钱塘江》于阿根廷等地区播映的合作协议。后者将它们翻译成西班牙语,并通过阿根廷 A24 频道、阿根廷美洲电视台等多个平台播放。②

此前,外国观众想要通过非官方渠道收看中国电影或电视剧,主要借助 YouTube、Viki、Hulu 等视频网站。在这些大型国际平台上发布的电视剧,可以实现跨国界的推广和播放,吸引更多的全球观众。不足之处是:虽然海外观众有强烈的观看需求,但这些平台上的剧目一般不会有西语配音,而字幕制作方面依赖粉丝自发组成翻译小组,有时甚至只能是平台自带的机器翻译。

随着中国电视剧在拉丁美洲的受众变广,除了官方电视频道之间的合作,近年来越来越多的国产影视平台开启"出海"项目并发布国际版,如腾讯视频推

---

① 中国外交部. 中国同阿根廷的关系 [EB/OL]. https://www.fmprc.gov.cn/web/gjhdq_676201/gj_676203/nmz_680924/1206_680926/sbgx_680930/.

② 《鸡毛飞上天》飞入南美 讲述中国故事 [EB/OL]. https://ent.tom.com/201811/4464911719.html.

出 WeTV、芒果 TV 推出 MANGO TV、优酷推出海外版 YOUKU、爱奇艺视频推出 IQIYI 等，在拉美取得非常高的下载量。此类影视平台的国际版的字幕制作流程是：在国内招募有一定水平的译员，按照平台制定的翻译规范进行翻译，之后提交母语专业人员审校，返回修改错误，反复审校才形成最后的字幕。相较于 YouTube 等平台，规范化翻译的字幕更能准确传达语境，使观众在较短的时间内充分理解人物性格和文化背景。可以说，国际版影视平台为中国和阿根廷的文化交流提供了极大的便利。

由此可见，传播的主要阵地从国外大型视频网站到国内视频网站发布的国际版本的转移，体现的是中国电视剧从"借船"出海到"造船"出海的转变。中国电视剧对外传播的途径更加多元，可以提高中国电视剧在海外的品牌知名度，从而扩大中华文化在海外的影响力。

（三）合拍纪录片携手共进

与电影和电视剧不同的是，纪录片是以真实历史、文化和社会面貌作为创作素材的电视艺术形式。它的这一特点，使其成为国家之间交流的重要桥梁和窗口。中国走在实现伟大复兴的道路上，走在与共建"一带一路"国家和地区合作的道路上，讲好中国故事，塑造良好的国家形象，打破刻板印象非常重要。纪录片便是体现真实的中国的重要手段。中国纪录片的制作水平日益与国际接轨，制作品质和观看体验也在不断进步，制作模式也从单一国际传播发展为中外合拍的新模式（见表 2）。

表 2　中阿合拍纪录片

播出年份	名称	制作单位	题材
2017	《跨越》	中央广播电视总台与阿根廷美洲传媒集团	现实人文
2018	《魅力中国》《魅力阿根廷》	中央广播电视总台和阿根廷国家广播电视台	自然人文
2022	《跨越》（新）	中央广播电视总台与阿根廷英特格拉文化传媒集团	现实人文
2022	《互鉴：以人民为中心》	中央广播电视总台与阿根廷国家通讯社	现实人文

2017 年是中国与阿根廷建交 45 周年，在此背景下，中国中央广播电视总台联手阿根廷美洲传媒集团共同制作了现实题材人文纪录片《跨越》，共十集，于 2018 年播出。这部纪录片全面展现了中阿两国的友好合作交流，向当地观众介绍了中华优秀传统文化的时代魅力和进入新时代的中国所发生的深刻变化，对中阿两国建交以来在各领域交流合作中取得的丰硕成果进行了全面回顾和深入解读；同时，聚焦共建"一带一路"，彰显了两国打造合作之路的决心。播出期间，中央广播电视总台所属 CGTN 与因特格拉文化产业有限公司签署了继续共同

制作系列纪录片《跨越》的合作协议及战略合作备忘录。同年，由中央广播电视总台和阿根廷国家广播电视台联合拍摄的系列自然人文纪录片《魅力中国》《魅力阿根廷》也在阿根廷国家广播电视台公共频道的黄金时段播出；中央广播电视总台制作的专题片《习近平喜欢的典故——平语近人》（西语版）系列，分别在阿根廷美洲传媒集团旗下的电视频道和阿根廷国家广播电视台播出和推介。阿根廷 A24 频道集中播出 6 集《习近平喜欢的典故——平语近人》精编版，并在其 YouTube 账号推出了系列短视频。①

2022 年是中阿建交 50 周年，作为 2022 中阿友好合作年的项目之一，由中央广播电视总台 CGTN 与阿根廷英特格拉文化传媒集团联合拍摄的纪录片《跨越》以及由中央广播电视总台 CGTN 与阿根廷国家通讯社联合制作的专题节目《互鉴：以人民为中心》在两国多家主流媒体正式发布，全面展现中阿两国的友好合作交流，向拉美地区观众介绍中华优秀传统文化的时代魅力和进入新时代的中国所发生的深刻变化，围绕习近平中国特色社会主义思想，选取伊比利亚美洲地区内的相关论述与实践进行互学互鉴，也让中国观众了解到阿根廷的多样性与独特魅力。②

由此可见，合作拍摄纪录片已成为中阿两国文化交流的新型模式，这种模式由官方主导，已逐渐成为建构与传播两国国家形象的重要载体，为两国观众提供了更多了解和欣赏中阿文化的机会。

（四）大型展览活动搭建沟通桥梁

除了引进作品和联合制作，电影节等大型文化活动也是推动影视文化交流的重要手段。以下梳理了 21 世纪以来中阿两国间大型影视交流活动的情况：

2004 年，"中国电影周"在阿根廷首都布宜诺斯艾利斯举办，放映了《十面埋伏》《天地英雄》《天上草原》《蓝色爱情》《我的 1919》《台湾往事》等多部影片，受到了阿根廷观众的欢迎。此电影周活动由国家广播电影电视总局（2013年撤销）、阿根廷全国电影与音频艺术委员会和中国驻阿根廷大使馆联合举办，阿根廷各界友好人士、旅阿华侨华人代表 200 多人出席。③ 此次活动上，中阿双方同意在电影交流、互办电影展及合拍电影等方面进一步加强合作，签署了电影合作意向书，并决定次年在中国举办阿根廷电影周。2006 年，第十届阿根廷中

---

① 中央广播电视总台三部大型专题片在阿根廷同步播出［EB/OL］. http：//news. cnr. cn/native/gd/20181201/t20181201_524436855_1. shtml.

② 总台 CGTN 与阿根廷英特格拉文化传媒集团合拍纪录片《跨越》今日首发［EB/OL］. https：//news. cctv. com/2022/02/19/VIDE4SiZGdbBhNPREpAUz4G0220219. shtml.

③ 中国电影周在阿根廷首都布宜诺斯艾利斯开幕［EB/OL］. http：//news. sohu. com/20041019/n222567284. shtml.

国文化周在阿根廷土库曼省省会城市圣·米盖尔开幕，并在其他城市巡展。① 期间包括了中国电影以及纪录片的展映，向当地学者及群众又开启了新的文化交流窗口。2012 年，中国驻阿根廷大使馆与阿根廷国家电影及视听艺术推广局联合举办的"中国电影周"活动同样在布宜诺斯艾利斯举行。② 2013 年，为庆祝中华人民共和国成立 64 周年，阿根廷参议院和中国驻阿大使馆联合举办"中国电影周"。③ 此次活动也是中阿两国庆祝建交 40 周年系列活动的组成部分。2016 年，在阿根廷当地举办中国文化周，其中就包括中国电影赏析活动，为阿方群众放映了带有西语字幕的《绣春刀》《搜索》两部优秀中国电影。④ 2019 年北京优秀影视剧海外展播季在阿根廷展映《京剧猫》《超级工程——北京地铁》《瓷路》《破冰行动》等 20 多部中国优秀影视作品。⑤ 2020 年，中国电影博物馆国际电影展映系列"阿根廷影展"开启，展出作品既有女性主义电影《宝琳娜的选择》等，又有经典探戈故事片。⑥

2022 年是中国与阿根廷建交 50 周年，也是中阿友好合作年，影视人文交流活动数量众多。第十二届北京国际电影节将阿根廷确立为主宾国，且已被纳入 2022 中阿友好合作年框架，通过线上与线下相结合的方式为观众带来《灵魂观测器》《极盗行动》《扎马》《谜一样的双眼》《摩托日记》五部阿根廷影片，中国观众近距离地感受到了阿根廷电影的独特魅力。⑦

2022 年 9 月，首届阿根廷"中国影视作品展播季"在阿根廷全国视听节目多媒体平台（CONTAR）正式上线。这是中国优秀影视作品在阿根廷主流新媒体平台首次集中亮相展播。影视展播由中国中央广播电视总台拉美总站与总台影视翻译制作中心携手阿根廷国家公共内容公司联合举办。展播内容为 9 部中国优秀纪录片、电视节目及动画片等，如《航拍中国——新疆篇》《我的新疆日记》

① 第十届中国文化周在阿根廷开幕 将在阿各地巡展 ［EB/OL］. https：//www. chinaqw. com/zhwh/ zwjl/200609/23/46051. shtml.

② 张艺谋、冯小刚电影将亮相阿根廷"中国电影周" ［EB/OL］. https：//www. chinanews. com/gj/ 2012/03-06/3720837. shtml.

③ 阿根廷参议院举办中国电影周 ［EB/OL］. http：//world. people. com. cn/n/2013/1003/c1002-23099224. html.

④ 中国影片《绣春刀》阿根廷首映获赞誉 ［EB/OL］. http：//www. chinaqw. com/zhwh/2016/09-14/ 103572. shtml.

⑤ "视听中国·阿根廷·北京之夜"中阿影视交流活动在布宜诺斯艾利斯举行 ［EB/OL］. http：// gdj. beijing. gov. cn/hyjj/hwjl1/201912/t20191226_1520474. html.

⑥ 中国影博惠民展映阿根廷佳片 ［EB/OL］. https：//www. beijing. gov. cn/renwen/whrl/rdtj/202012/ t20201224_2184174. html.

⑦ 北京国际电影节阿根廷电影周开幕 助力中阿文化交流 ［EB/OL］. http：//m. news. cn/bj/2022- 08/16/c_1128919139. htm.

《你好，新西藏》《功夫学徒》《愚公移山》《中国熊猫》等。①

2022 年 10 月，由中国电影资料馆、中华人民共和国驻阿根廷大使馆、阿根廷电影资料馆基金会、卢贡内斯剧院联合主办的"邂逅中国电影——经典与现代"阿根廷中国电影节在布宜诺斯艾利斯圣马丁剧院开幕。展出电影涉及社会变迁、战争群像、人文情感、玄幻故事等诸多领域，通过不同地域和民族，跨越几十年历史维度，让阿根廷观众更加立体地感受到中国的经典与现代。其中包括《我和我的祖国》等 6 部近年来出品的高口碑新作，展现了中国共产党领导下，特别是党的十八大以来中国的新气象新生活。此外，还有于 1922 年拍摄的《劳工之爱情》等 6 部中国经典影片，向阿根廷观众全面展示了中国内涵丰富的人文历史。②

三、现阶段中阿影视交流的特点

（一）交流多样，渠道丰富

通过影视作品交流互鉴，中阿两国能够更好地理解彼此的文化、价值观和生活方式，增进互信，加深对彼此的认知和友好感，推动双边关系向更高层次发展。目前，中阿影视交流具有多样化的形式和丰富的交流渠道，除了传统的电影放映和电视播放，还包括网络平台、社交媒体、影视展览、文化交流活动等多种形式，打破了时间和空间的限制。在已有的基础上，如何触达更广泛的观众群体，传递更深层次的交流，值得深入思考。

2020 年，在信息技术的支持下，中阿两国的交流活动没有停滞，举办了线上影视论坛、融媒体展播优秀作品等活动。特别是 2022 年，中阿建交 50 周年暨中阿友好合作年，影视交流活动的数量更是前所未有的多，从官方电影节到各个城市的院线展播，作品被广泛讨论，吸引了大量观众。

实际上，两国之间的影视交流不仅仅局限于商业层面，还延伸到了学术交流。如中国传媒大学出版社出版的《中外影视互译与合作丛书》，对多个国家的影视译制与交流进行系统的调研；北京大学博雅讲坛的《从电影中看到阿根廷》，在一部部电影中探讨阿根廷的历史与人文风光；电影学术研讨会、电影节、

---

① Se Inaugura el primer Festival de Obras Cinematográficas Chinas en Argentina［EB/OL］. https：//espanol. cgtn. com/news/2022－09－30/1575643246473781249/index. html.

② 阿根廷举办中国电影节庆祝中阿建交 50 周年［EB/OL］. http：//m. news. cn/2022－10/13/c_1129063546. htm.

影视文化交流活动等都为两国电影从业人员和观众提供了更多的交流机会。

（二）交流政策与合作框架逐渐完善

在多次高层会议论坛的推进之下，两国达成了许多的影视合作协议与备忘录，这些协议和备忘录涵盖了影视制作、文化交流等多个方面，为双方开展合作提供了依据和支持，为双方影视交流搭建了良好的合作机制、提供了指导和框架，但仍可以继续细分落实，如产业合作、版权事项等，既做到讲好国家故事，也可以促进影视作品的跨国传播与分销，实现互利共赢的局面。

两国的影视行业协会和影视公司之间也存在着广泛的合作。这些机构通过举办交流活动、组织影片展映、开展专业培训等方式，促进两国影视从业者的交流和合作。双方的合作在推动影视交流、资源共享、项目落地和经验传承方面发挥着重要作用。

中国与阿根廷之间的影视交流还上升到了跨国合拍项目，双方共享制片资源、技术和市场渠道，共同开发具有双方特色和国际市场潜力的影视作品。这种合作形式能够促进两国影视产业的互利共赢，提升影片的品质和影响力，从而提升国际影响力。

（三）文化互鉴，美美与共

中国和阿根廷都拥有丰富的文化传统和多元的民族特色，这使得两国影视作品在风格、题材和审美上呈现出多样性。通过影视交流、合作制作影片、跨国演员的参与和影视人才的互访，两国影视行业的专业知识和创作理念得到了相互的交流与借鉴，使得影视作品在表现方式和叙事上有创新点，两国观众可以欣赏到不同文化背景下的作品，看到不一样的社会变迁与风土人情，增进对彼此文化的了解和认知。我们能看到的是两国在交流过程中做到了平等对话和相互学习，做到了美美与共、携手前行。

四、中阿影视交流的问题与建议

中国自 20 世纪 50 年代开始建设与阿根廷的国际传播体系，经过几十年的发展，已经建立起涵盖传统媒体和新媒体的相对完整、立体的传播网络。且自"一带一路"倡议提出以来，中阿间的经贸往来、文化交流更加趋于频繁多样，各项中阿影视交流活动都在如火如荼地展开。习近平总书记在 2019 年亚洲文明对话大会上就指出"中国愿同有关国家一道，实施亚洲影视交流合作计划，帮助人们加深对彼此文化的理解和欣赏，为展示和传播文明之美打造交流互鉴平台"。影视剧作品作为可以体现文明之美的一个载体，在文化交流中的重要性不言而喻，因此中阿影视交流与合作应加紧改革创新来破解现实中遇到的难题，释放双方合作的潜能。为此，我们从三个层面分析存在的问题并在此基础上提出应对策略。

（一）语言层面

回顾中阿影视交流，翻译制作是无法忽视的问题。如《琅琊榜》翻译成西班牙语，作为一部古装剧，角色之间对话免不了使用文言文、诗词等，其衣食住行所用名词也更加文雅，如何正确翻译，做到传达一字一句背后的文化内涵给译员带来了挑战。再如中国引进并翻译的阿根廷电影《极盗行动》，这是一部以真实案例为背景，讲述银行劫案的喜剧犯罪片，电影节奏紧凑、语速快，对白时间短，对话之间还会使用很多俚语、俗语，要在有限的字幕时间、空间内传达沟通内容、传达笑点，也十分不容易。为此，提出两点可行建议：

1. 加强人员培养与技术支持

为了提高中阿影视作品的翻译质量和稳定性，重要的一步是鼓励培养更多专业的影视翻译人才，如在西班牙语院校中开设影视翻译课程甚至专业。国家应提供相关培训和教育资源，除了基本的语言能力的提升，还应该注重对文化背景的理解以及字幕翻译技巧的培养，做到有效传达。同时，建立专业的翻译团队，而不是随意招募人员，确保在影视作品翻译过程中能够保持一致的翻译风格和质量。

《琅琊榜》西语版的中外影视译制研修班的经验便十分值得学习和推广。世界各国的专家来华研修、分享经验、对话合作、互相推荐优秀作品，搭建起中外影视译制人才沟通交流的平台，开启中外影视译制的国际化专业交流与合作机制，帮助优秀的影视作品通过高水平译制，跨越语言障碍进入千家万户。随着技术的不断发展，机器翻译和人工智能技术可以成为提高翻译效率和准确性的有力工具。通过人工智能技术，可以进行初步的自动翻译，减少译员的时间和工作量。然而，机器翻译仍然存在一定的局限性，因此需要专业翻译人员进行后期润色和校对，确保翻译结果的质量和准确性。值得一提的是，除了字幕翻译，一些剧目出海也在尝试通过语音资料分析，进行人工智能配音，虽然实际传播效果尚未有数据，但这种方式可以大幅度提高效率，节约制作成本，或许会成为未来影视作品对外传播的主要译制手段。

中阿两国可以通过举办翻译研讨会、培训课程和文化交流活动等方式，建立更紧密的合作交流机制，比如专业人员可以分享彼此的翻译经验或遇到的挑战，记录剧目播出后观众的反馈，由此促进互动和学习，提高整体的翻译水平。

2. 建立专业名词语料库

中阿双方可以收集中华优秀传统文化相关的词语建立语料库，如影视剧中常见的宫廷文化、武术、诗词、绘画、传统医药等。词语的选择应基于其代表性、影响力和广泛应用程度，以确保语料库的全面性和实用性。针对每个词语提供简明的释义和背景知识，这样，观众不仅能够理解词语的表面含义，还能够深入了解其背后的文化内涵。通过建立这样的语料库，剧目或电影制作团队可以有一个统一的参考资源，以确保对中国优秀传统文化词语的准确理解和正确表达。观众在观看作品时，也能更好地领略到中国文化的独特魅力，增进对中阿影视交流的体验和互动。

需要注意的是，语料库应该是一个持续更新和维护的资源。随着时间的推移，新的词语和文化概念不断涌现，因此需要不断补充和更新语料库的内容。同时，语料库应定期进行维护，确保其中的信息准确、清晰，并与时俱进。值得推广和借鉴的例子如正在构建的中国电影翻译数据库[①]，其涵盖了国内外电影的翻译制作信息，甚至有译者、配音演员等人员的信息，高效利用了信息数字化时代的优势。

（二）内容层面

从本文统计的数据来看，中阿影视交流多以符合主旋律或彰显国家特色的题材为主，直观反映的是两国外交关系友好，而要达到良好的播出效果，即做到真正吸引观众还需要更多的努力。如《琅琊榜》虽为第一部在阿根廷官方主流电视台播出并有翻译配音的中国电视剧，但播出时段为深夜，基础观看民众有限。作为古装电视剧，要做到激发具有不同文化背景的阿根廷民众的兴趣更是不易。再者，两国合拍的《跨越》等纪录片在各个平台上线，其播出数据也有值得研究的地方。如在 YouTube 平台上，作为国家色彩浓厚的纪录片，虽然因两国合拍的新模式在第一集吸引了不少收看人数与积极的评论，但这两项数据在后面的集数都呈现出下降的趋势，受关注的程度越来越低（杨伊凡、单其悦，2021）。鉴于此，两国影视交流合作的题材应该更多考虑长足的发展，做到有效地讲好国家故事，建议如下：

1. 题材多样化，实现可持续发展

中阿影视交流不能局限于单一的题材或价值观的输出，需要让更多展现中国多彩民族习俗、传统文化、现代生活等的影视作品在阿落地播出，以满足不同观众的需求和兴趣。除了传统的历史剧和古装剧，双方可以合作开发现代社会问题、科幻奇幻、悬疑推理、都市喜剧等不同类型的影视作品。这样既可以展现中阿两国文化的多样性和丰富性，同时也能吸引更广泛的观众群体。

在多样化题材之下，中阿影视交流应该尊重和包容不同的价值观，合作制作

---

① 中国电影翻译数据库［EB/OL］. https：//film. yingshinet. com/#/filmTranslation.

影视作品时需要考虑到观众对于价值观的认同和接受度。双方可以进行深入的沟通和协商,以寻找共同的文化价值观基础,同时也可以尝试在作品中展示和探讨不同的价值观,促进理解。

为了实现可持续发展,中阿影视合作需要避免刻板化和套路化的情节和形式。这需要注重创新和品质,挖掘新的故事和表现方式,避免重复和陈旧的剧情套路。同时,注重制作质量和专业水准,提升影视作品的艺术性和观赏性,以吸引观众的注意力和认可度。双方还可以进一步加深在数字化领域的合作,探索共建影视产业园,打造中阿影视合作的新增长点。在合作项目中,注重推动人才培养和产业发展,建立长期稳定的合作机制等。通过持续的努力和投入,中阿影视合作可以实现良性循环,不断提升作品质量和国际影响力,实现可持续发展。

2. 注重新生代的力量

在传播官方主旋律题材、古装历史题材的影视作品之外,双方还应该鼓励青年创作者参与影视交流,激发他们的创作活力,鼓励他们尝试新的创意和故事形式。这有助于推动影视行业的发展和创新,带来新的审美体验和艺术表达方式。年青一代常常具有更加开放和创新的思维方式,在题材上,能够提供新鲜的视角和创意,为影视行业注入活力;在制作上,对新技术的运用和社交媒体的熟练使用使得他们能够更快、更好地传播自己的作品,从而为两国的影视产业注入新的活力和内涵,促进产业的互利合作与发展。

(三)传播层面

在信息技术发达的时代,中阿影视交流仍主要集中于主流电视台、电影院线等渠道的播放合作,而在流媒体如视频网站、短视频平台等渠道的合作比较少,并没能很好地进入更多民众尤其是年轻人的视野,这一点值得我们反思。

首先,应充分利用已有的平台,如互播频道和国际版视频软件,将影视作品带到更广泛的群体面前。如腾讯视频既有独立的 WeTV,又在 YouTube 平台设立海外播放频道,通过与这些平台的深度合作,扩大作品的传播范围,提高影视作品的曝光度和知名度。这不仅有助于加强中阿影视产业之间的合作,也有利于两国文化的传播和交流。

其次,积极探索更多更高层次的国际平台,以展示影视作品的实力和特色,包括参与国际影展、合作制作国际大片、开展跨国合拍等。通过在国际舞台上的展示,可以吸引更多国际观众的关注,促进中阿影视产业的高质量发展。

最后,双方不能仅仅局限于展映活动方面的简单交流,而应拓展合作与交流的广度和深度。除了大型论坛、电影节,还可以通过院校合作研讨会、交流访问、人才培养等形式,促进中阿影视界人员之间的交流与互动,既能增进双方的相互理解和信任,也可以为未来更广泛的合作奠定基础。

结　语

中阿是全面战略合作伙伴，也是共建"一带一路"的重要伙伴。近年来，中阿电影电视领域的合作不断加强，为深化中阿友谊互信发挥了重要作用。影视作品是跨越语言和文化障碍的媒介，具有广泛的影响力，中阿两国都拥有丰富的文化和历史，通过分享故事、价值观和生活方式，可以促进文化多样性的交流和对彼此的尊重，增进两国人民之间的了解和友谊。今后两国可以在翻译、题材、传播等方面继续优化升级，做到切实有效的交流互鉴。总之，中阿影视合作具有巨大的潜力和机遇。通过进一步加强合作，两国可以共同创造更多优秀的影视作品，促进文化交流和友谊的发展，为中阿关系注入新的活力和动力。

参考文献

［1］窦金启. 镜像中国：新时期中国影视"走出去"盘整与研究［D］. 山西师范大学，2019.

［2］胡智锋，杨宾. 中拉影视文化交流的历程与思考［J］. 对外传播，2018（11）：3.

［3］杨伊凡，单其悦. 讲好中国故事的阿根廷经验探析——以阿根廷电视台《魅力中国》节目为例［J］. 传媒论坛，2021，4（24）：2. DOI：10. 3969/j. issn. 2096-5079. 2021. 24. 023.

［4］Zhang, Leticia Tian, Daniel Cassany. Fansubbing del español al chino：organización, roles y normas en la escritura colaborativa［J］. BiD, 2016（37）：1-12.

［5］Zhang, Xiaoling, Corey Schultz. China's International Communication and Relationship Building［M］. Taylor & Francis, 2022.

［6］人民网. 阿根廷参议院举办中国电影周［EB/OL］. http：//world. people. com. cn/n/2013/1003/c1002-23099224. html.

［7］横店集团. 阿根廷国家电影音像艺术局专访横店［EB/OL］. https：//www. hengdian. com/zh-cn/news/media-669.

［8］新华网. 阿根廷举办中国电影节　庆祝中阿建交 50 周年［EB/OL］. http：//m. news. cn/2022-10/13/c_1129063546. htm.

［9］新华网. 北京国际电影节阿根廷电影周开幕　助力中阿文化交流［EB/OL］. http：//m. news. cn/bj/2022-08/16/c_1128919139. htm.

［10］百度文库. 长春电影译制厂译制片目录（696 部）［EB/OL］. https：// wenku. baidu. com/view/efc9d9db1ae8b8f67c1cfad6195f312b3169ebd1. html？_wkts_= 1688114556021&bdQuery=％E9％95％BF％E6％98％A5％E7％94％B5％E5％BD％ B1％E8％AF％91％E5％88％B6％E5％8E％82％E8％AF％91％E5％88％B6％E7％ 89％87％E7％9B％AE％E5％BD％95％28696％E9％83％A8％29.

［11］TOM 网.《鸡毛飞上天》飞入南美　讲述中国故事［EB/OL］. https：// ent. tom. com/201811/4464911719. html.

［12］国家广播电视总局. 聂辰席会见阿根廷联邦公共传媒管理总局国务秘书赫尔南·隆巴尔迪一行［EB/OL］. http：//www. nrta. gov. cn/art/2019/5/20/art_ 112_45479. html.

［13］豆瓣. 上海电影译制厂译制电影（故事片）目录 1950-2009（共 1050 部）［EB/OL］. https：//www. douban. com/note/494335088/？_i=8109592nNN4eZ4.

［14］北京市广播电视局.“视听中国·阿根廷·北京之夜”中阿影视交流活动在布宜诺斯艾利斯举行［EB/OL］. http：//gdj. beijing. gov. cn/hyjj/hwjl1/201912/ t20191226_1520474. html.

［15］央视新闻. 迎接建交 50 周年！中央广播电视总台与阿根廷主流媒体举办“中阿全景”论坛［EB/OL］. https：//content-static. cctvnews. cctv. com/snow-book/index. html？item_id=9398373202637155870&toc_style_id=feeds_default.

［16］中国新闻网. 张艺谋、冯小刚电影将亮相阿根廷“中国电影周”［EB/ OL］. https：//www. chinanews. com/gj/2012/03-06/3720837. shtml.

［17］新华网. 中国阿根廷人文交流高端论坛举行　黄坤明宣读习近平主席贺信并致辞［EB/OL］. http：//www. news. cn/politics/leaders/2022-09/28/c_ 1129040092. htm.

［18］搜狐网. 中国电影周在阿根廷首都布宜诺斯艾利斯开幕［EB/OL］. http：//news. sohu. com/20041019/n222567284. shtml.

［19］中国外交部. 中国同阿根廷的关系［EB/OL］. https：//www. fmprc. gov. cn/web/gjhdq_676201/gj_676203/nmz_680924/1206_680926/sbgx_680930/.

［20］北京市广播电视局. 中国影博惠民展映阿根廷佳片［EB/OL］. https：// www. beijing. gov. cn/renwen/whrl/rdtj/202012/t20201224_2184174. html.

［21］中国侨网. 中国影片《绣春刀》阿根廷首映获赞誉［EB/OL］. http：// www. chinaqw. com/zhwh/2016/09-14/103572. shtml.

［22］央广网. 中央广播电视总台三部大型专题片在阿根廷同步播出［EB/OL］.

http：//news. cnr. cn/native/gd/20181201/t20181201_524436855_1. shtml.

［23］国家广播电视总局. 总局成功举办亚洲文明对话大会"亚洲文明全球影响力"平行分论坛［EB/OL］. http：//www. nrta. gov. cn/art/2019/5/15/art_112_45159. html.

［24］央视网. 总台 CGTN 与阿根廷英特格拉文化传媒集团合拍纪录片《跨越》今日首发［EB/OL］. https：//news. cctv. com/2022/02/19/VIDE4SiZGdbBhNPREpAU z4G0220219. shtml.

［25］CGTN-Español. Se Inaugura el primer Festival de Obras Cinematográficas Chinas en Argentina［EB/OL］. https：//espanol. cgtn. com/news/2022 - 09 - 30/ 1575643246473781249/index. html.

迟来的道歉
——墨西哥总统就"托雷翁惨案"
道歉的动机分析

陈　宁　陈　艺[*]

摘　要：道歉是指承认不适当或有危害的言行，承担过错并且请求受害者的谅解，通常在私人层面进行。但近年来，道歉这一方式越来越多被政府采用，尤其是国家与国家之间的道歉，对两国民众及国际社会均产生深远影响，是政治和外交行为。2021 年 5 月 17 日，墨西哥总统洛佩斯就 20 世纪初发生在墨西哥托雷翁市针对华人的种族屠杀"托雷翁惨案"向中国以及墨西哥华人社群道歉。这一行为得到中方的肯定，但迟到百余年的总统道歉也迅速引发了人们对于其动机的热议。目前，学术界仍未就此事进行专门探讨，本文拟分析墨西哥总统就"托雷翁惨案"道歉的动机以及其产生的政治和外交意义。

关键词：中—墨外交关系　排华运动　托雷翁惨案　种族屠杀　道歉

一、引　言

在私人层面，道歉是修复道歉者与道歉对象关系的一种方式。但是自 20 世纪 70 年代特别是 90 年代以来，政府道歉成为纠正历史性国家非正义、寻求和解与宽恕、建立互信的重要途径。政府道歉在处理国际关系、应对治理失败方面发

---

*　陈宁，广东外语外贸大学西方语言文化学院西班牙语教授，主要研究方向为美洲西语国家文学与文化；陈艺，西班牙格拉纳达大学在读博士，主要研究方向为西语美洲国家区域与国情。

挥着重要作用，被纳入政治学范畴加以研究探讨。① 甚至有政治问题专家指出，道歉是西方现代政治中不可缺少的行为。为以往犯下的错误道歉和赔偿，不仅有利于受害人和广大社会公众，也有利于主动道歉者，因为这一行为不仅能补救他们或有关方面造成的形象损害，也能为道歉者树立真诚和勇于改过的新形象。②

2021 年 5 月 17 日，墨西哥总统洛佩斯（Andrés Manuel López Obrador）就 20 世纪初发生的针对华人的种族屠杀"托雷翁惨案"（Masacre de Torreón）向中国以及墨西哥华人社群道歉。托雷翁惨案于 1915 年 5 月 15 日发生在托雷翁市，导致当地的 303 名华人在种族仇杀中死亡，大量华人财产被洗劫或毁灭；这一事件还引发了更广泛和持久的排华运动，至 1934 年前后才逐渐消退。

迟来的道歉让这一惨案再次得到关注。中墨在 1972 年正式建交后，墨西哥合众国与中华人民共和国一直保持着良好的政治、文化和经贸往来，但是往届政府并没有就发生在百余年前的屠杀做出正式的道歉。那么，洛佩斯执政时期为什么选择在 2021 年进行道歉？本文拟分析其道歉的动机以及产生的政治和外交意义。

二、歧视与排斥中国移民——"托雷翁惨案" 的历史背景

墨西哥的华人移民史可追溯到 1535 年前后。彼时，西班牙殖民政府为加强亚洲、欧洲与西属美洲殖民地三者之间的贸易往来，在菲律宾的马尼拉与墨西哥的阿卡普尔科之间开辟海上航线，即有名的"马尼拉大帆船"（Galeón de Manila）航线，每年两班定期往返。由于马尼拉大帆船所携带的货物主要是中国的丝绸、茶叶、瓷器等，故又被称为"中国船"（La Nao de China）。在贸易和海运过程中，有中国海员在墨西哥定居，成为当地最早的中国移民。总体而言，在西班牙殖民时期，定居在墨西哥的华人数量不多。③

19 世纪初期，西属美洲爆发了旨在脱离西班牙殖民统治、建立资产阶级共和国的独立运动。政治动荡使得"马尼拉大帆船"航线在 1815 年前后中断，从中国向墨西哥的人口流动也一度停止。与之相反，墨西哥的北方邻居美国、南美

---

①　汝绪华. 当代国际政治中的政府道歉 [J]. 国际展望, 2016, 8（4）: 133-151.

②　徐贲. 道歉: 现代政治不可或缺的部分 [J]. 炎黄春秋, 2016（2）: 31-35.

③　董经胜, 高岱. 拉丁美洲的殖民化与全球化 [M]. 南昌: 江西人民出版社, 2010: 6.

洲的秘鲁、加勒比地区的古巴开始参与苦力（Culí）贸易，大量华工作为劳动力被源源不断地输送至此，所以，尽管墨西哥并未直接参与苦力贸易，但有零散华人通过上述国家进入墨西哥。

1868 年，古巴爆发独立战争，定居在此地的华人纷纷逃往周边国家，与古巴隔海相望的墨西哥成为他们主要的逃亡目的地。1871 年 10 月 12 日，墨西哥的《联邦公报》（*Diario Oficial de la Federación*）就是否引入来自古巴的华人移民进行公开探讨，由此在国内引发了一场持续数年的激烈争论。

墨西哥人对于华人移民的态度可分为支持与反对两派。支持引入中国移民的一位关键人物是马蒂亚斯·罗梅罗（Matías Romero），他既是索科努斯克（Soconusco）的咖啡种植园园主，同时也在政府担任高官，1863～1867 年担任墨西哥驻美国大使，1868～1872 年担任墨西哥财政部部长。驻美期间，罗梅罗对当地华人移民有所了解，此后他高度评价华人的勤劳，1875～1876 年前后数次发表文章提出中国人有悠久的移民史，无论在哪儿都能带来良好的移民效果。但罗梅罗支持引入中国移民的原因不是源于对这个族群的好感，而是出于自身的利益需求。

1876 年，波菲利奥·迪亚斯（Porfirio Díaz）通过政变上台成为总统，实行高压独裁统治，将国内市场对外开放，大量欧美资本涌入，墨西哥的工业和基础设施得到跨越式发展，但同时劳动力严重短缺。为解决这一困境，墨西哥政府决心大量引入移民。执政者和主流社会理想中的移民是信奉天主教的欧洲白人，但后者更愿意去美国定居。例如，墨西哥发展部部长帕拉西奥（Vicente Riva Palacio）在提交给国会的《1876—1877 报告》中指出，欧洲移民更希望在人口聚集的中心城市安家，而墨西哥政府则希望吸引移民去开拓边远地区，因此两者的意愿完全背道而驰。①

墨西哥国内急需大量劳动力的各行各业不断向迪亚斯政府施压，最终，政府迫于现实的考虑，采纳了罗梅罗引入中国移民的建议。1881 年，帕拉西奥在写给外交部部长马里斯卡尔（Ignacio Mariscal）的书信中肯定了中国移民在太平洋铁路修建中表现出的卓越工作能力，希望与中国政府（当时的清政府）尽快互派领事人员以建立两国联系，以及增加中国和墨西哥之间的海上运输交通线路。

1899 年，中国和墨西哥正式签订《中墨和好通商行船条约》（*Tratados de Amistad, Comercio y Navegación*）（以下简称《通商条约》），历史上首次建立了外交关系。《通商条约》签订以前，中国人大多以"苦力贸易"的方式到达美

---

① 刘叶华. 他乡故乡——拉美华人社会百年演变研究（1847～1970）［M］. 北京：中国人民大学出版社，2015.

洲，其中大部分出生于贫苦家庭，在美洲主要从事苦力工作，受雇于筑路、矿产公司和农场等行业。①《通商条约》签订后，除了苦力以外，又有自由的中国移民到达美洲。相较于前者，他们通过官方渠道进入墨西哥，有更多工作技能和机会。

这一时期的中国移民主要集中在墨西哥北部，如科阿韦拉州（Coahuila）、下加利福尼亚州（Baja California）、索诺拉州、新莱昂州（Nuevo León）、奇瓦瓦州（Chihuahua），因为这里与美国相邻，经济更加发达。此外，美国排华运动中遭受驱逐的中国移民当中许多人聚居在这一地区，希望能够再次潜入美国。中国人重视血缘和家族关系，会在亲戚、熟识或者同乡之间相互帮扶，因此一个人在某地定居后，往往会有更多的亲朋好友随之而来，形成中国移民集居区。

在完成早期的资本积累后，墨西哥华人的经济角色开始发生变化，逐渐转向商业和服务性行业，开始涉足零售业等贸易，迅速取得商业上的成功。凭借着吃苦耐劳的特质，华人为墨西哥的经济发展做出了卓越贡献。下加利福尼亚州北部最有实力的十大企业家之一是殷奎（Yun Kui，音译），他拥有六家商店销售杂货、干货与五金，还生产帆布鞋。在索诺拉州，华侨起码拥有 37 家制鞋厂中的10 家。企业家冯渠（Fon Kui，音译）与胡安·栾坦（Juan Lung Tain，音译）在索诺拉州十多个市都开设有商行，每人资产达 10 万美元，索诺拉州零售业和信贷业几乎完全被中国移民掌控。②

中国移民在托雷翁的影响力更是不容低估。托雷翁市位于科阿韦拉州，墨西哥中央铁路（Ferrocarril Central Mexicano）和墨西哥国际铁路（Ferrocarril Internacional Mexicano）在此地交会，因此是重要的交通枢纽城市。同时，托雷翁又邻近纳萨斯河，土地肥沃，附近有不少棉花种植园。优越的地理位置吸引了大批中国移民在此定居。20 世纪初，在该城将近 14000 的人口中有近 600 名中国移民，占总人口的 3.5%。③ 他们在经济上所取得的成就甚至吸引了康有为，"戊戌变法"失败后，他曾专程前往托雷翁投资房地产。在海外保皇党的支持下，当地华人在托雷翁创建了著名的华墨银行（Compañía Bancaria México-China），并出资修建了一条有轨电车路线。④

① 刘叶华. 他乡故乡——拉美华人社会百年演变研究（1847~1970）[M]. 北京：中国人民大学出版社，2015：10.

② 林被甸，董经胜. 墨西哥的现代化进程和居墨华人的命运 [C] //文明的和谐与共同繁荣——对人类文明方式的思考. 北京：北京论坛，2006.

③ Hu-DeHart E. Indispensable enemy or convenient scapegoat? A critical examination of sinophobia in Latin America and the Caribbean, 1870s to 1930s [J]. Journal of Chinese Overseas, 2009, 5（1）：55-90.

④ Leo M Jacques. The Chinese Massacre in Torreon（Coahuila）in 1911 [J]. Arizona and the West, 1974, 16（3）：233-246.

华人对墨西哥的经济发展做出贡献，但其政治和社会身份却没有得到相应的提高。早期的中国苦力工作环境恶劣、工作时间长、工资微薄。① 据史料记载，墨西哥有三座"枉死城"——梅里达（Mérida）、圣菲利佩（San Felipe）与赫苏斯卡兰萨（Jesús Carraza），无数华人或死于疾病，或死于矿井坍塌。②经济的发展和中国移民的繁荣并没有改变墨西哥主流社会的偏见，19 世纪末期《通商条约》的签订也只是为了解决墨西哥国内劳动力短缺问题，纯粹将中国人作为劳工而忽视其作为现代国家公民应该享有的各种权利。随着华人在墨西哥数量的增加以及在个别行业中的优势显现，针对他们的仇视和排斥加剧，反华氛围日益浓厚，袭击事件接二连三发生。在外来移民中，华人成为遭受攻击最多的族群，如在马萨特兰（Mazatlán）、墨西哥城、诺加莱斯（Nogales）、蒙特雷（Monterrey）均发生过专门针对华人的恶性事件。

三、托雷翁惨案与后续的排华运动

在墨西哥国内反华情绪愈演愈烈的情况下，一场即将持续 23 年的排华运动以种族大屠杀这种惨烈的方式拉开序幕。1910 年墨西哥革命爆发后，武装冲突迅速席卷了整个国家，联邦军与革命军战争不断，国内局势动荡。1911 年 4 月底，托雷翁成为联邦军最后的据点。一个名叫弗洛雷斯（Jesús Flores）的当地石匠既是革命军领袖马德罗（Francisco Madero）的支持者，也是狂热的排华分子。5 月 5 日，他在托雷翁相邻市镇杜兰戈·戈麦斯·帕拉西奥（Durango Gomez Palacio）发表演讲，指责中国人是危险的竞争者，他们抢走了墨西哥妇女在洗衣店的工作，与她们结婚；还把在托雷翁获得的财富寄回中国。③ 无疑，此番攻击性言论使得墨西哥的反华情绪更加高涨，紧张和不满弥漫在托雷翁。13 日，马德罗率领的墨西哥革命军队包围了托雷翁城，和人数只有 800 人的联邦守军展开激战。战斗持续到 14 日晚上，联邦军寡不敌众，于 15 日凌晨趁着夜色撤出托雷翁；6 点钟，革命军攻进城，开始了臭名远扬的种族屠杀。惨案发生时该城居民中有 600~700 名中国移民，其中 303 人殒命，中国移民经营的商铺遭到轮番的打

---

① 董经胜，高岱. 拉丁美洲的殖民化与全球化［M］. 南昌：江西人民出版社，2010：63.
② 高伟浓. 拉丁美洲华侨华人移民史、社团与文化活动远眺［M］. 广州：暨南大学出版社，2012.
③ Leo M. Jacques. op. cit.：237.

砸抢烧，华墨银行首当其冲，经济损失超过 100 万美元①。

大屠杀发生后，清政府即刻派遣张荫棠为特约公使和全权大臣与墨西哥交涉，同时聘请美国律师来调查该惨案的前因后果。在证明华人的无辜惨死后，清政府要求墨西哥政府一次性赔偿 3000 万比索或者每名死者赔偿 10 万比索，最终，墨西哥政府承诺赔偿 310 万比索。但是，双方国内形势均很快发生剧烈变化。在中国，辛亥革命结束了清王朝，进入北洋军阀时代；在墨西哥，则是武装革命导致政局动荡。该笔赔款最终不了了之。墨西哥军事法庭象征性地拘捕了 35 名涉嫌参与屠杀的士兵，并未做出任何实质性补偿。

中方的抗议并未对墨西哥的排华情绪起到震慑作用。托雷翁惨案以后，针对华人的歧视与排斥活动继续，根据特点可细分为以下几个阶段：①1910～1917 年为无组织的暴力排华阶段，主要原因是在墨西哥革命期间，民众的爱国情绪高涨，而革命军不断进行煽动，通过突出华人的异质性来强化墨西哥人的国家认同，以此团结全体墨西哥人。这一期间发生的排华事件以恶意袭击华人、打砸抢烧华人商铺为主，具有极端性与偶发性。②1918～1928 年为有组织的非暴力排华阶段，墨西哥革命结束后，政局逐渐恢复平静，卡兰萨（Venustiano Carranza）总统在墨西哥外交部的施压下，废除了一些排华人士的职位以及法令。② 因此，这一阶段的暴力有所收敛，更多是通过经济压制和污蔑诋毁等方式排斥华人。墨西哥人指责中国人进行恶性竞争、占据大量工作岗位，挤占了本国人的就业机会。部分墨西哥商人成立"商业和贸易委员会"（Junta Comercial y de Hombres de Negocios），其纲领之一便是使用各种法律手段消灭华商。此外，为煽动排华情绪，报刊媒体也刊登丑化中国人的漫画和连载文章。1924 年，卡列斯（Plutarco Elías Calles）的执政使得当地中国人的生存环境更加恶化。他是坚定的反华分子，一直提议禁止中国移民。在担任总统后，他暗中建立排华组织，并在 1927 年单方面宣布废除《通商条约》。在 1928 年卸任后，卡列斯仍然作为幕后掌权者继续操控往后的三届政府，因此华人的境遇并没有好转。③1929 年以后是官民合作的全方位排华阶段，原因在于美国的经济大萧条导致许多在美国工作的墨西哥人失业，他们被迫回到自己的祖国谋生，因此经济上与华人华商的矛盾更加激化。多个以排华为目的的组织先后成立，利用新闻报刊攻击华人。对于这些行为，墨西哥政府的态度从默许转变为公开支持，并相应出台了一系列限制中国人入境、从事经济活动、与本国人通婚等方面的法律法规。这场政府和普通墨西哥

① Charles C Cumberland. The Sonora Chinese and the Mexican Revolution ［J］. The Hispanic American Historical Review, 1960, 40 (2): 191-211.

② Gómez J J I. El movimiento antichino en México (1871-1934): Problemas del racismo y del nacionalismo durante la Revolución Mexicana ［M］. INAH, 1991.

民众共同参与的排华运动波及的范围之广、影响的程度之深前所未见。④随着卡德纳斯（Lázaro Cárdenas）在 1934 年上台执政，卡列斯失去了控制权，这一政局的变化也间接改变了墨西哥政府针对华人的态度，明显的排斥和歧视逐渐减弱。然而，墨西哥的华人已经锐减，从 1927 年的 24000 余人减少到 1930 年的 10000 多人，人口流失近一半；到 20 世纪 40 年代，仅剩 4856 人①。

四、"迟来的道歉"：动机和影响

2021 年 5 月 17 日，时任墨西哥总统的洛佩斯亲自主持了在科阿韦拉州托雷翁市举行的"托雷翁惨案"致歉仪式（Ceremonia de Petición de Perdón por Agravios a la Comunidad China de Torreón），墨方出席人员包括当年事件发生地科阿韦拉和杜兰戈两州的现任州长等一众官员；中方则由驻墨西哥大使祝青桥代表出席。另外，参加该仪式的还有智利、乌拉圭、意大利、巴西、巴拿马、秘鲁等国家的大使，墨西哥华人华侨代表以及媒体代表。②

在仪式上，前墨西哥驻中华人民共和国大使塞尔吉奥·莱伊·洛佩斯（Sergio Ley López）发言指出，墨西哥和中华人民共和国在过去 50 年的历史与关系已经使两国在许多方面和解，但仍有必要回顾过去，从 1911 年 5 月 15 日发生的事件中吸取教训，使此类事件永远不再发生。之后，他邀请全体起立，正式代表墨西哥政府向墨西哥华人社区致歉。③

在此之前，墨西哥政府曾在 2000 年就托雷翁惨案向当地的华人社区支付数笔赔偿款。2015 年，托雷翁在"记忆与容忍博物馆"（Museo de Memoria y Tolerancia）举办展览，展出了包括照片、文档、视频等相关文献，以纪念当年的 303 名遇难者。④ 尽管迟到百余年，但这一行为仍具有重要的意义：它不仅意味着对过去错误的承认，更昭示着对未来的承诺。

① 于娜. 20 世纪初墨西哥排华运动研究 [D]. 北京大学硕士学位论文, 2011.

② 墨西哥政府网站: https: //www. gob. mx/presidencia/articulos/version - estenografica - peticion - de - perdon-por-agravios-a-la-comunidad-china-en-mexico? idiom＝es.

③ 原文: La historia de las relaciones entre México y la República Popular China en los últimos 50 años ya nos han reconciliado en muchos sentidos, pero es preciso voltear la mirada y aprender las lecciones de lo ocurrido el 15 mayo de 1911, a fin de que nunca más vuelva a repetirse … Hoy, en nombre del Estado mexicano le pedimos perdón a la comunidad china en México por los agravios cometidos en su contra a lo largo de nuestra historia.

④ 墨西哥开始正视百年前屠杀华人惨案 [EB/OL]. 英国广播公司, https: //www. bbc. com/zhongwen/ simp/world/2015/05/150512_mexico_chinese_massacre, 2015-05-12.

洛佩斯的道歉动机可归因于以下几点：首先，它与洛佩斯的政治理念有关。洛佩斯 1953 年 11 月 13 日出生于墨西哥塔巴斯科州（Tabasco）的一个平民家庭，在墨西哥国立自治大学学习政治学和公共管理，从学生时代开始便投身于社会和政治运动，1976 年加入革命制度党（Partido Revolucionario Institucional），1988 年退出后，1989 年加入民主革命党（Partido de la Revolución Democrática）。1996 年，洛佩斯为捍卫原住民权利，堵塞墨西哥国家石油公司油井并与警察发生冲突，因而得到全国关注。同年至 1999 年，他担任民主革命党主席，在其带领下，该党迅速发展，成为墨西哥众议院一只重要的力量。2000 年，洛佩斯被选为墨西哥城市长。根据 2003 年的民调结果，洛佩斯执政支持率一度达到 86%。① 2014 年洛佩斯创立国家复兴运动党（Movimiento Regeneración Nacional）并担任主席，该党的宗旨为改造墨西哥、振兴经济、为人民谋福祉、减少贫富悬殊、终结社会暴力、为墨西哥的自由平等奋斗，赋予墨西哥新生。2018 年，洛佩斯以 53.19% 的选票当选总统，远超第二名竞选人约 30%。洛佩斯的当选也意味着左翼几十年来首次执政，他的胜利与他注重贴近基层民意不无关系。2018 年 8 月 7 日，他在华雷斯城开启全国和平与和解对话，旨在促进社会和平，解决墨西哥境内的暴力问题。

　　在洛佩斯执政后，其政府道歉次数截至目前共计 15 次，其中 4 次由洛佩斯本人作为代表参加，为墨西哥历史上侵犯人权的行为道歉。此次向华人道歉行为符合洛佩斯一贯尽力调节社会矛盾、缓和不同群体冲突的政治路线。

　　其次，这次道歉是墨西哥政府对当地华人后代多年来诉求的回应。20 世纪初期，由于排华运动的不断升级，大量华人自愿或者被迫离开墨西哥，其中许多人已经和墨西哥妇女结婚生子，他们不得不拖家带口走上流亡之路，一部分进入美国或相邻国家，另一部分则返回到中国原籍。此时，中国正值抗日战争，在动荡的局势中，这些归国华侨的生存状况异常艰辛。因此，在墨西哥排华运动结束后，他们一直请求墨西哥有关方面允许其重返墨西哥，却持续遭到墨方的拒绝与忽略。直到 1958 年马特奥斯（López Mateos）总统执政，他们的申请才得到许可。1957～1958 年，约有 3000 名华侨持"难民证"从中国香港前往墨西哥，1960 年墨西哥政府先后派出 3 架飞机和几艘轮船前往中国香港和澳门，接回具有墨西哥出生身份的华裔回墨西哥定居。②

　　① 刘学东．墨西哥新政府面临的挑战与中墨合作前景分析 [J]．拉丁美洲研究，2018，40（4）：53-67．
　　② 华侨华人百科全书编委会．华侨华人百科全书·历史卷 [M]．北京：中国华侨出版社，2002：63．

墨西哥华裔后代并未忘记其父辈们曾经遭受的厄运。2012 年 11 月 25 日，他们在墨西哥首都纪念重返墨西哥五十三周年；① 在 2013 年 11 月组织了一系列学术会议，讲述与回顾早期中国人的艰难移民历程，在脸书等社交媒体上分享照片、信件、移民文件等记述父辈历史的文献资料。2012 年，拥有 1/4 华人血统的奥索里奥·钟（Miguel Ángel Osorio Chong）出任涅托政府（Enrique Nieto）的内政部部长。2013 年，他提议涅托政府向华人公开道歉，② 得到研究墨西哥华裔问题的学者斯基亚沃内·卡马乔（Julia Schiavone Camacho）的赞同，后者认为鉴于华人在墨西哥的历史、华人族群人口的不断增加以及中国对墨西哥经济日益增长的重要性，涅托政府治愈历史创伤的时机已经成熟。③ 墨西哥族群众多，仅原住民族群便有 62 个，还有各国移民及后代，国内族群关系错综复杂。就历史错误道歉，在很大程度上是政府缓和国内族群矛盾、解决族群问题的努力。

再次，公开道歉可能源于墨西哥政府对美国移民政策的挑战。美墨之间拥有长达 3144 千米的国境线，墨西哥是美国非法移民的最大来源国。在为美国提供廉价的劳动力的同时，巨大的移民浪潮也影响着美国的人口、经济、政治、文化等诸多方面。美墨西边境的非法移民问题成为历届总统必须处理的棘手议题。在美国方面，特朗普执政后采取了极端的限制措施，将其竞选时允诺的"边境墙"计划付诸实践。在墨西哥方面，洛佩斯执政后，首先要面对的也是移民问题。他赢得大选后的第二天便与特朗普通电话讨论贸易和移民等问题。在随后胜选发表的电视讲话中，他表示希望与美国保持相互尊重，保护墨西哥移民在美国的利益。2019 年 5 月 30 日，特朗普宣布美国将从 6 月 10 日起对所有墨西哥输美商品加征 5% 关税，以迫使墨西哥应对经美墨边境入境美国的非法移民问题。墨西哥则回应，若美方加征关税措施生效，墨方将以"强硬方式"回击。

当下的墨西哥人在美国受到的排斥与当年的华人在墨西哥的遭遇本质上并没有差别，只是现在的美国不是通过暴力屠杀，而是以更隐性的方式实施"排墨运动"，例如上文提到的使用关税手段向墨西哥政府施压。这样看来，洛佩斯政府就"托雷翁惨案"向华人移民的道歉不仅是承认过去犯下的过错，同时也可以

---

① 华裔墨西哥人庆祝重返墨西哥［EB/OL］. 美国之音，https：//www.voachinese.com/a/1552594.html，2012-11-25.

② Basurto Mónica Georgina Cinco. 从歧视冷漠的政策到墨西哥政府向墨西哥华人致歉［C］//Peters Enrique Dussel. 墨西哥与中国外交关系的 50 年：过去、现在和未来. 墨参议院-墨国立自治大学中国研究中心，2022：137.

③ Basurto Mónica Georgina Cinco. Memoria Y Perdón Entre Los Descendientes De Chinos En México［EB/OL］. https：//www.youtube.com/watch？v=gQorCoHs6N8&t=972s&ab_channel=CENTRODEESTUDIOSCHINA-M%C3%89XICOFEUNAM，2020-06-05.

理解成对美国的移民政策在道义上进行挑战。

最后，道歉行为还可以理解为墨西哥政府对中—墨外交关系的积极表态。2020年的全球公共卫生事件对墨西哥的影响是全方面的，不仅仅局限于健康，墨西哥旅游、能源、侨汇、制造业、教育等领域均陷入困难之中，2020年墨西哥GDP增长率为-8.5%。反观中国，中国经济在世界各国中率先复苏，2021年GDP同比增长2.3%，成为全球唯一实现正增长的主要经济体。在全球医疗物资紧缺之际，中国克服自身困难，及时通过"空中桥梁"向墨西哥提供急需物资，帮助墨西哥克服医疗物资短缺问题，为当地医护人员带来健康保障。[1]中国的复工复产还带动了中墨的贸易和投资，据中国海关总署统计，2020年中墨贸易总额达到608.5亿美元，同比增长0.2%。据墨西哥经济部统计，截至2021年9月，中国累计对墨直接投资达到16.75亿美元，涉及矿业、制造业、农业等多个领域，[2]有力地促进了墨西哥经济发展。

自从中国与墨西哥在1972年正式建立外交关系后，两国关系不断巩固。2003年双方正式建立"战略伙伴关系"，2013年两国再次将中墨关系提升为全面战略伙伴关系。墨西哥在2020~2021年担任拉丁美洲和加勒比国家共同体轮值主席，其十四点工作计划中重要一点就是将中国作为拉共同体区域外伙伴并开展更多交流，习近平主席作为唯一受邀域外国家领导人为拉共体峰会视频致辞。洛佩斯执政后，不断拉近中墨关系，这不仅是对于特朗普"美国优先"外交政策的反抗，同时是对习近平主席提出的人类命运共同体理念的肯定。从这一点来看，"托雷翁惨案"的道歉便是中墨关系向前发展的必然结果。

五、结　语

道歉是西方现代政治中一国政府处理国际关系、应对治理的重要方式。道歉行为承认过去的错误，致力于和解，一定程度上能缓解自身的社会矛盾或者促进外交关系。墨西哥总统就"托雷翁惨案"的道歉，其影响对于墨西哥国内而言，有助于解决族群冲突、促进和睦相处，是对历史的勇敢正视，是对华人移民及后代做出的巨大贡献的公正评价与应有尊重。对国际社会而言，则有助于塑造墨西

① 牛海彬. 面向21世纪的中墨全面战略伙伴关系［C］//Peters Enrique Dussel. 墨西哥与中国外交关系的50年：过去、现在和未来. 墨参议院-墨国立自治大学中国研究中心，2022：233.
② 曹廷. 中墨关系：友好五十载，携手再出发［EB/OL］. 中国网，http://www.china.com.cn/opinion2020/2022-02/17/content_78053970.shtml，2020-02-17.

哥的国家形象，提高国际声誉，增强国家软实力，同时对其他国家产生示范作用，推动更多国家勇于正视历史、追求和平与发展。

2022 年正值中墨建交 50 周年，对于历史的反思为中墨未来的进一步合作奠定基础。墨西哥总统就"托雷翁惨案"的道歉对于在国际社会中建立公平公正、包容互惠的国家和地区间关系产生了积极影响，应该予以肯定和重视。

参考文献

［1］ Basurto Mónica Georgina Cinco. 从歧视冷漠的政策到墨西哥政府向墨西哥华人致歉［C］//Peters Enrique Dussel. 墨西哥与中国外交关系的 50 年：过去、现在和未来 . 2022.

［2］ Basurto Mónica Georgina Cinco. Memoria Y Perdón Entre Los Descendientes De Chinos En México［EB/OL］. https：//www. youtube. com/watch？v = gQorCoHs6N8&t = 972s&ab_channel = CENTRODEESTUDIOSCHINA－M％C3％89XICOFEUNAM，2020－06－05.

［3］ Charles C Cumberland. The Sonora Chinese and the Mexican Revolution［J］. The Hispanic American Historical Review，1960，40（2）：191－211.

［4］ Gomez J J I. El movimiento antichino en México（1871－1934）：Problemas del racismo y del nacionalismo durante la Revolución Mexicana［M］. INAH，1991.

［5］ Hu－DeHart E. Indispensable enemy or convenient scapegoat？A critical examination of sinophobia in Latin America and the Caribbean，1870s to 1930s［J］. Journal of Chinese Overseas，2009，5（1）：55－90.

［6］ Leo M Jacques. The Chinese Massacre in Torreon（Coahuila）in 1911［J］. Arizona and the West，1974，16（3）：233－246.

［7］ 曹廷. 中墨关系：友好五十载，携手再出发［EB/OL］. 中国网，http：//www. china. com. cn/opinion2020/2022－02/17/content_78053970. shtml，2022－02－17.

［8］ 董经胜. 华工问题与中墨建交始末［J］. 拉丁美洲研究，2005（6）：60－64.

［9］ 董经胜，高岱. 拉丁美洲的殖民化与全球化［M］. 南昌：江西人民出版社，2010.

［10］ 高伟浓. 拉丁美洲华侨华人移民史、社团与文化活动远眺［M］. 广州：暨南大学出版社，2012.

［11］ 华侨华人百科全书编委会. 华侨华人百科全书·历史卷［M］. 北京：中国华侨出版社，2002.

［12］ 华裔墨西哥人庆祝重返墨西哥［EB/OL］. 美国之音，https：//www. voachinese. com/a/1552594. html，2012－11－25.

［13］林被甸，董经胜. 墨西哥的现代化进程和居墨华人的命运［C］//文明的和谐与共同繁荣——对人类文明方式的思考. 北京：北京论坛，2006.

［14］刘学东. 墨西哥新政府面临的挑战与中墨合作前景分析［J］. 拉丁美洲研究，2018，40（4）：53-67.

［15］刘叶华. 他乡故乡——拉美华人社会百年演变研究（1847～1970）［M］. 北京：中国人民大学出版社，2015.

［16］墨西哥政府网站，https：//www. gob. mx/presidencia/articulos/version-estenografica-peticion-de-perdon-por-agravios-a-la-comunidad-china-en-mexico？idiom=es.

［17］墨西哥开始正视百年前屠杀华人惨案［EB/OL］. 英国广播公司，https：//www. bbc. com/zhongwen/simp/world/2015/05/150512_mexico_chinese_massacre，2015-05-12.

［18］墨西哥总统就历史上伤害华人的"托雷翁事件"致歉［EB/OL］. 新华社，https：//www. xinhuanet. com/world/2021-05/18/c_1127461484. htm，2021-05-18.

［19］Anexo. Disculpas públicas durante la administración de López Obrador［EB/OL］. https：//es. wikipedia. org/wiki/Anexo：Disculpas_p%C3%BAblicas_durante_la_administraci%C3%B3n_de_L%C3%B3pez_Obrador.

［20］牛海彬. 面向21世纪的中墨全面战略伙伴关系［C］//Peters Enrique Dussel. 墨西哥与中国外交关系的50年：过去、现在和未来. 墨参议院-墨国立自治大学中国研究中心，2022.

［21］汝绪华. 当代国际政治中的政府道歉［J］. 国际展望，2016，8（4）：133-151.

［22］徐贲. 道歉：现代政治不可或缺的部分［J］. 炎黄春秋，2016（2）：31-35.

［23］于娜. 20世纪初墨西哥排华运动研究［D］. 北京大学硕士学位论文，2011.

第三部分

中拉合作发展实践与案例研究

拉美国家 ESG 政策与实践研究

黄　磊　宋辉豪　丁　浩*

摘　要：当前，世界发展日新月异，环境、社会和治理（ESG）因素被越来越频繁地提及，在全球范围内，不同国家和地区之间的 ESG 实践水平和重心存在着显著的差异，其中，欧美地区 ESG 实践处于领先水平，而拉美地区则仍处在起步阶段。本文旨在通过对不同国家和地区的 ESG 实践进行分析，找出 ESG 发展的共性之处，并以此为拉美国家的 ESG 发展提供参照。总的来说，ESG 的发展离不开政府、企业和利益相关者的多方参与。政府可以通过制定相关政策和法规，为企业 ESG 实践的实施提供清晰的方向，企业的领导层能确保 ESG 实践与公司的整体战略相一致，员工参与则能确保这些实践在日常操作中得以执行。此外，本文简要展望了中国和拉美国家在 ESG 领域潜在的合作机会。

关键词：拉美地区国家　ESG　政策　中拉合作

一、导　言

随着经济全球化的不断加深，ESG 因素的重要性日益突出，逐步被视为评估企业绩效的核心指标，成为企业核心竞争力的重要组成部分。在经历了一系列环境灾难、社会不公和公司治理危机之后，ESG 理念在全球范围内得到了普遍关注和重视。例如，随着全球气候变暖的问题日益严重，环境责任已经成为企业社会

---

* 黄磊，广东外语外贸大学商学院教授，博士，福布莱特学者，硕士生导师，研究方向为经济学、国际商务、企业社会责任和可持续发展管理；宋辉豪，广东外语外贸大学商学院研究生，现就职于广州市荔湾区政府部门；丁浩，广东外语外贸大学商学院教授，博士，硕士生导师，研究方向为国际投资、财务管理。

责任的重要组成部分。同时，社会问题如贫困、就业歧视、社区发展等也被越来越多的公司纳入考量之中。治理方面，公司的合规性、透明度和责任性在评估公司绩效时也起着重要作用。

ESG 理念尽管已在全球范围内得到推广，但在不同地理和文化背景下的实践情况却各不相同，因为如同传统意义的企业社会责任（CSR）管理一样，ESG 理念的实施也受制于企业所处的具体环境条件。比如，北欧国家如瑞典和挪威在 ESG 实践方面走在世界前列，这些国家不仅对环境问题具有高度的敏感性，而且在社会福利和公司治理方面也制定出严格的标准。而对一些发展中国家来说，由于经济发展水平、政策制定和执行能力以及人们的认知水平等因素的制约，ESG 的内涵可能需要与时俱进，并适应于当地的具体条件，ESG 实践也可能会因此而面临更多的挑战。

拉美国家作为发展中国家的重要组成部分，其 ESG 政策和实践在经济全球化背景下显得尤为重要。例如，巴西作为全球最大的雨林国家，其对环境的管理直接影响着全球的碳排放和生物多样性。同时，拉美国家在社会公正和公司治理方面也面临着诸多挑战，如如何处理贫富差距、如何提高公司的透明度和责任性等。因此，本文将对拉美地区国家在 ESG 领域的政策和实践进行研究，以期深化我们对 ESG 理念的理解，有助于我们从中获取其对全球 ESG 实践的启示，探索更有效的 ESG 实践方式，以及探索中国和拉美国家之间如何在各类合作领域更有成效地应用和实施 ESG 理念。本文首先对 ESG 的理念和发展背景进行阐述，接下来对典型的国际 ESG 实践经验进行总结，为后面拉美国家此间的做法提供参照。此后，笔者开始对拉美国家在 ESG 领域的政策和实践展开探索，总结出其特色，在此基础上，简要展望中国和拉美国家在 ESG 领域潜在的合作机会。本文最后对研究发现和结论进行了总结和展望。

二、ESG 理念和发展背景

ESG 理念的起源和定义可以追溯到 20 世纪 70 年代的社会责任投资（SRI）概念。SRI 强调企业在追求经济利益的同时，应承担社会责任，关注其经营活动对环境和社会的影响①。到了 21 世纪初，随着全球化和信息化的推进，以及社会公众对企业社会责任的要求日益增强，SRI 概念逐渐演化为 ESG 理念。

---

① 黄世忠. ESG 理念与公司报告重构［J］. 财会月刊，2021（17）：3-10.

ESG 代表着环境（Environment）、社会（Social）和治理（Governance）这三个领域。"环境"考量公司在操作中对环境的影响，包括能源使用、废物处理、气候变化的影响等。"社会"涵盖了公司如何管理与员工、供应商、客户和社区的关系，包括劳动权益、健康与安全、社区发展等。"治理"指的是公司的领导层如何运行公司，包括公司的内部控制、股东权益、透明度等①。

　　ESG 的核心理念是，企业在追求经济效益的同时，也应关注其经营活动对环境、社会和治理的影响。这一理念强调了企业的社会责任，即企业不仅要为股东创造价值，也要为更广泛的利益相关方创造价值。

　　在全球发展趋势方面，ESG 理念正在被越来越多的企业和投资者接受。一方面，企业实施 ESG 政策可以提升其品牌形象，吸引更多的消费者和投资者；另一方面，投资者也越来越认识到，公司的 ESG 绩效可以影响其长期的经济绩效②③④。例如，良好的环境管理可以降低公司的法律风险⑤和运营成本⑥，良好的社会关系可以提高公司的员工满意度和客户忠诚度⑦，良好的治理结构可以提高公司的决策效率和透明度⑧。此外，全球各地的政策制定者也在推动 ESG 的发展。例如，欧盟已经制定了一系列的 ESG 相关法规，要求企业在年报中披露其 ESG 绩效；美国证券交易委员会也在考虑制定类似的披露要求。

　　当前，全球范围内正掀起一股可持续投资的新风潮。根据负责任投资原则组织（UNPRI）披露的数据，2014 年初，全球可持续投资资产为 13.3 万亿美元。2016 年初，全球可持续投资资产为 22.89 万亿美元，比 2014 年增长了 72%。2018 年初，全球可持续投资资产为 30.7 万亿美元，比 2016 年增长了 34%。2020年初，全球可持续投资资产为 35.3 万亿美元，到了 2021 年，全球可持续投资资

　　① 金融投资机构经营环境和策略课题组，闫伊铭，苏靖皓，等. ESG 投资理念及应用前景展望［J］.中国经济报告，2020（1）：68-76.
　　② 李井林，阳镇，陈劲，等. ESG 促进企业绩效的机制研究——基于企业创新的视角［J］.科学学与科学技术管理，2021，42（9）：71-89.
　　③ 张琳，赵海涛. 企业环境、社会和公司治理（ESG）表现影响企业价值吗？——基于 A 股上市公司的实证研究［J］.武汉金融，2019（10）：36-43.
　　④ 王琳璘，廉永辉，董捷. ESG 表现对企业价值的影响机制研究［J］.证券市场导报，2022（5）：23-34.
　　⑤ 彭世隆. 环境侵权法律风险管理的任务和原则探析［J］.现代经济信息，2013（16）：395.
　　⑥ 叶陈刚，王孜，武剑锋，等. 外部治理、环境信息披露与股权融资成本［J］.南开管理评论，2015，18（5）：85-96.
　　⑦ 唐镳. 企业社会责任视角下的战略劳动关系管理［J］.中国人民大学学报，2011，25（2）：101-107.
　　⑧ 崔学刚. 董事会治理效率：成因与特征研究——来自中国上市公司的数据［J］.财贸研究，2004（2）：71-79.

产更是增长到 121 万亿美元①。伴随着碳中和概念的持续走强，越来越多国家开始重视 ESG 实践，机构也逐步增加对 ESG 投资的关注。

三、ESG 的国际实践经验

1. 欧洲的 ESG 实践

在过去的几年中，欧洲在 ESG 实践方面取得了显著的进展。欧盟已经制定了一系列的 ESG 相关法规，要求企业在年报中披露其 ESG 绩效。此外，欧洲的许多企业也积极实施 ESG 政策。例如，瑞典的家具零售商宜家家居（IKEA）就以其可持续采购政策和可再生能源项目而著名。德国的汽车制造商大众汽车也在近年来积极转型，推出了一系列的电动汽车，以减少对环境的影响。这主要归功于几个关键的因素，其中包括对绿色政党的支持增长、ESG 话题在社交媒体上的广泛关注、对 ESG 投资策略的采纳以降低风险（和/或实现超额收益），以及全球变暖带来的明显证据和科学共识。此外，全球变暖引发的环境灾难（如海洋塑料污染、森林火灾、飓风）以及对劳工不良行为和治理失败的透明度增强也提升了 ESG 实践的重要性。

为了抵制市场碎片化、不透明性和质量异质性，欧洲政策制定者开发了一套统一的监管标准，要求公司以充足的数据披露来证明它们的 ESG 声明的来源。欧洲的 ESG 监管体系主要包括九大核心支柱②，这些支柱被设计用来促进投资之间的有意义比较，使投资者能做出知情决策。这种监管措施也试图应对 ESG 因素对投资（和投资公司）以及投资对 ESG 因素的增长风险（见表 1）。

表 1　欧洲的 ESG 监管体系九大核心支柱

支柱名称	描述
非财务报告指令（NFRD）	欧盟企业披露与业务运营相关的 ESG 数据；正在考虑更详细的 ESG 披露
第二股东权利指令（SRDII）	买方将 ESG 和客户的长期可持续利益纳入投资策略和参与活动
可持续财务披露规例（SFDR）	投资公司应进行 ESG 风险分析，并发布产品和公司层面的 ESG 披露
气候基准规例（CBR）	除外汇和利率指数外，所有基准的新 ESG 披露。建立两个新的气候基准

---

① 第一财经研究院《2022 中国 ESG 投资报告——方兴之时，行而不辍》发布！［EB/OL］. yicai. com.

② https：//insight. factset. com/the-eu-esg-regulatory-regime-a-detailed-guide.

续表

支柱名称	描述
审慎立法	将 ESG 风险纳入更广泛的欧盟审慎风险框架
分类监管	在被贴上环境可持续的标签之前，投资将根据严格的标准进行评估
欧盟绿色债券标准	关于绿色债券营销最低基本要求的建议
欧盟生态标签	将生态标签扩展到金融服务公司的建议
未来计划	欧洲绿色协议、ESG 和适用性、跟踪短期主义，以及其他与 ESG 相关的建议

资料来源：欧盟 ESG 监管制度详细指南（https：//insight. factset. com）。

一项由洲际交易所（Intercontinental Exchange）进行的数据研究显示，欧洲和美国的公司在 ESG 报告方面存在广泛的差异[1]。这些差异主要包括以下方面：在欧洲，公司有近 50%的可能性将联合国可持续发展目标（SDGs）关于气候行动的目标作为它们的商业目标（74%的欧洲公司承诺实现这个目标），而在美国，只有 25%的公司将这个目标作为优先事项。欧洲的公司更有可能报告温室气体排放，其中 74%的公司公开了排放信息，而美国公司的这一数据约为 45%。大约 58%的欧洲公司明确将联合国可持续发展目标中的性别平等作为目标，而在美国，这一比例为 21%。欧洲的公司更有可能明确承诺解决联合国可持续发展目标中的负责任消费和生产问题，其中 68%的欧洲公司致力于实现这个目标，而在美国，这一比例为 23%。大约 81%的欧洲公司有明确定义的供应链和采购政策，在美国，这一比例为 53%。这些数据显示，欧洲的 ESG 实践比美国的更为深入。在欧洲，ESG 基础设施已经存在了很长时间，而且存在需要特定披露和额外报告要求的区域和国家特定的法规，因此 ESG 产品的需求持续增长，而且大西洋两岸的投资者都在试图用更健全的 ESG 数据和分析来满足这些需求。

2. 北美的 ESG 实践

在北美，ESG 实践非常活跃。美国的许多大型企业，如苹果、微软和亚马逊，都在其业务中融入了 ESG 理念。例如，微软已经承诺到 2030 年实现碳中和，到 2050 年消除其历史碳排放。此外，美国证券交易委员会也在考虑制定 ESG 披露要求，以推动更多的企业实施 ESG 政策。北美的 ESG 实践受市场力量的影响正变得越来越普遍。许多北美公司已经认识到，实现可持续的 ESG 绩效不仅可以提高品牌声誉，还可以实现经济上的长期收益。例如，加拿大的森科尔能源有

---

[1] https：//www. environmentalleader. com/2021/06/data - shows - broad - differences - in - esg - reporting - between-europe-and-the-us/.

限公司（Suncor）在环境方面采取了一些积极的措施，承诺到2030年减少30%的温室气体排放，并在2050年实现净零排放。此外，Suncor还在可再生能源项目上投资了数亿加元，包括风能和生物能。

在社会方面，一些公司提供了包括学费援助在内的员工福利计划，以促进员工的发展和提升员工的满意度。而在治理方面，很多北美公司如金融服务公司摩根大通，已经设立了由独立董事组成的治理委员会，以提高公司的透明度和问责性。

然而，北美在ESG实践上面临的主要挑战是缺乏一致的报告标准和监管框架。不同的公司和行业往往有不同的ESG报告实践，这使得投资者难以比较不同公司的ESG绩效。虽然有一些组织如全球报告倡议组织（GRI）和可持续发展会计准则委员会（SASB）提供了一些指导，但它们的采用程度各不相同。然而，随着美国证券交易委员会对ESG报告披露的要求日益严格，预计未来北美的ESG报告实践将会更加一致。

3. 亚洲的ESG实践

亚洲对于ESG的实践也值得关注。在全球金融市场中，亚洲的角色日益重要，而在ESG领域，亚洲的ESG实践虽然起步较晚，但发展十分迅速，许多亚洲国家也正在逐步展现自身的影响力。

以日本为例，日本作为亚洲的经济大国，其企业对ESG的认识和实践领先于亚洲其他国家。日本政府推动ESG投资已有一段时间，比如推出企业治理法案以改善公司治理、鼓励企业在年报中增加非财务信息的披露等。此外，日本的投资大鳄——日本政府养老投资基金（GPIF）积极推行ESG投资，带动了其他投资者的行动；丰田也已经制定了一系列的环保目标，包括到2050年实现碳中和。

在我国，ESG议题也日益引起重视。虽然相比发达国家，我国ESG实践仍处在初级阶段，但近年来我国政府和企业在ESG方面的努力显而易见。例如，我国已承诺到2060年实现碳中和，这需要大规模的绿色投资和企业的绿色转型。同时，我国的监管部门也在推动企业提高ESG信息披露的透明度，以满足国内外投资者的需求。此外，我国越来越多企业开始关注员工福利待遇的优化，比如部分企业开始实施"上二休一"的一周四天工作制；唯品会斥资1.03亿元买下一处物业，为员工打造"唯家"公寓，并以极低的价格出租给员工。

然而，亚洲在ESG实践上仍面临挑战。例如，对于ESG的认知和重视度在亚洲国家之间存在巨大差异。另外，尽管许多亚洲国家的公司已开始披露ESG信息，但这些信息的质量和一致性仍需要进一步提高。此外，亚洲在ESG投资方面的监管环境也需要进一步完善，以便为投资者提供清晰的指引和保护。

4. ESG 实践的成功因素与挑战

从全球的 ESG 实践经验来看，ESG 的成功实施主要依赖于以下两方面因素：

首先，政策的引导和监管非常重要。政府可以通过制定相关政策和法规，为公司 ESG 实践的实施提供清晰的方向。例如，政府可以设定公司碳排放的目标，或者要求公司提供详细的供应链信息。这样的政策可以帮助公司明确它们在 ESG 方面需要达到的标准，从而推动它们进行改进和创新。政府的监管可以确保公司按照设定的标准执行 ESG 实践。此外，通过公平、透明和一致的监管，政府还可以在各种公司之间创造公平的竞争环境。这样，在 ESG 实践中做得好的公司将获得竞争优势，而未能达到标准的公司则可能面临罚款或其他惩罚。此外，通过政策引导和监管可以增加公众对公司 ESG 实践的信任。通过规定公司需要公开的 ESG 信息，政府可以帮助投资者、消费者和其他利益相关者了解公司的实际表现，从而做出更好的决策。

其次，公司领导层和员工的参与也是关键。一方面，实施 ESG 需要公司领导层的积极参与和推动。领导层的态度、理解和行动对 ESG 实践的成功实施起着决定性的作用。如果公司领导层对 ESG 进行了深思熟虑的决策，并将其纳入公司的长远战略中，那么 ESG 实践的影响力将更大。另一方面，员工是实施 ESG 的关键角色。员工作为公司日常运营的主要推动者，也是实现 ESG 目标的主力军。如果员工理解并接受公司的 ESG 目标，并参与到这些活动中，那么公司实现这些目标的可能性就会大大增加。员工可以通过改进工作流程、减少浪费、参与社区服务等方式，为实现 ESG 目标做出贡献。因此，公司需要提供适当的教育和培训，帮助员工理解 ESG 的重要性，并鼓励他们参与其中。总的来说，领导层能确保 ESG 实践与公司的整体战略相一致，员工参与则能确保这些实践在日常操作中得以执行。

然而，ESG 实践也面临着一些挑战，如数据的获取和分析、效果的评估和监控，以及利益相关方的沟通和协调等。

ESG 数据获取和分析可能非常复杂和具有挑战性。首先，ESG 涉及许多不同的领域和指标，比如碳排放、员工福利、公司治理等，收集这些数据需要大量的资源和时间。其次，由于不同的公司和行业有不同的度量标准和报告要求，因此 ESG 数据的标准化和一致性也是一个挑战。最后，分析 ESG 数据也需要特定的技能和知识，以确保数据的准确性和有用性。

对 ESG 实践的效果进行评估和监控也是一项挑战。这需要在实施 ESG 实践之前设定明确的目标和基准，以及在实施过程中进行定期的评估和调整。并且，由于 ESG 实践的结果可能需要较长时间才能显现，因此对其效果的评估和监控需要持续和长期的关注。

利益相关方的沟通和协调方面的挑战在于 ESG 实践的利益相关方非常多，包括员工、客户、供应商、投资者、社区、政府等。这就需要公司进行有效的沟通和协调，以确保所有的利益相关方都理解和支持 ESG 实践，但这必然会涉及不同的利益和观点，因此沟通和协调的过程可能会非常复杂和困难。

四、拉美国家的 ESG 政策与实践

1. 拉美国家 ESG 政策概述

拉美国家在 ESG 政策的推动上显示出了独特的路径和重心。由于区域内的国家拥有丰富的自然资源，因此这些国家制定了诸多环境政策来保护和管理这些资源。例如，许多国家都设立了环保机构，制定了环境保护法规，并推动可再生能源的开发和使用。此外，拉美国家也倾向于利用其自然资源进行可持续的经济发展，比如生物多样性的商业利用和生态旅游等。

在社会方面，拉美国家的 ESG 政策主要关注社会公正、教育和医疗等领域。例如，许多国家已经出台了福利政策，以减少贫困和社会不平等。许多国家也在努力改善教育和医疗服务，以提高人民的生活质量和未来发展的可能性。此外，一些国家也在推动有关性别平等和工人权益的政策，以提升社会包容性和公正性。

然而，在治理方面，拉美国家的 ESG 政策较为薄弱。虽然一些国家已经开始重视公司治理和反腐败等问题，并出台了相关的法律和政策，但在执行和监管方面仍然存在一些问题。此外，许多国家的公共服务和行政效率也需要进一步改善，以提高其治理水平。

2. 拉美国家 ESG 实践的主要成就

必须认识到的一点是，目前拉美地区的 ESG 实践进度依旧缓慢，鲜有国家出台 ESG 相关的政策来推动 ESG 实践的进展。笔者通过信息检索发现，在巴西，由于其拥有丰富的自然资源，环境保护和可持续开发成为其 ESG 实践的重点。例如，巴西的 Natura 公司利用亚马逊雨林的植物资源，生产出一系列的化妆品，同时，该公司也致力于保护亚马逊雨林的生态环境和原住民的权益。此外，巴西还拥有全世界最大的可持续能源网络，这也为其推进 ESG 实践打下了坚实的基础。然而，由于其经济发展的压力，加上制度的问题，巴西在环境保护上的表现并不理想。在阿根廷，由于其经济困难、社会问题突出，因此其 ESG 实践的重点在于社会公正和包容性发展。阿根廷政府推出了一项名为"绿色债券"的政

策，旨在鼓励投资者投资于环保项目。墨西哥在环境保护方面表现活跃，例如，该国承诺到 2030 年将其温室气体排放量减少至比 2005 年水平低 22%。此外，墨西哥也致力于社会公正，特别是在改善原住民和女性的权益方面。而在智利，由于其具有较好的制度环境和治理能力，因此在 ESG 实践上的表现相对较好，尤其在环境保护和公司治理方面，其有很多值得借鉴的经验。智利政府推出了一项名为"绿色公共采购"的政策，旨在鼓励政府机构采购环保产品和服务。表 2 所示为部分拉美国家 ESG 实践内容。

表 2 部分拉美国家 ESG 实践内容

国家	ESG 实践内容
巴西	减少森林砍伐，制定了一系列法律和政策来实现这一目标；政府承诺减少温室气体排放，逐步推动可再生能源的使用
阿根廷	制定了一系列环保政策，其中包括对可再生能源的投资和推广；政府努力改善社会公正和包容性
墨西哥	承诺到 2030 年将其温室气体排放量减少至比 2005 年水平低 22%；致力于社会公正，特别是在改善原住民和女性的权益方面
智利	是世界上首个承诺到 2050 年实现碳中和的国家；计划到 2025 年关闭所有煤矿，并大力投资可再生能源

3. 拉美国家 ESG 实践面临的挑战

拉美国家的 ESG 实践对其经济社会发展产生了重要影响。一方面，ESG 实践有助于这些国家提高环境质量，改善社会问题，提升国际形象。另一方面，ESG 实践也带来了一些挑战。如何在经济发展和环境保护之间找到平衡，如何促进社会公正和包容性发展，以及如何改善制度环境和治理能力等，是 ESG 时代大背景下需要非常重视的议题。

当前，许多拉美国家经济发展压力较大，面临着保护环境与促进经济发展之间的矛盾。再以亚马逊雨林所在的巴西为例，虽然保护雨林具有极其重要的环境意义，但如何在保护雨林的同时，满足经济发展的需求，这对于巴西而言仍是一个挑战。许多拉美国家面临严重的社会问题，如贫困、教育不公、社会不平等等。这些问题对社会稳定和持续发展构成了挑战，也使得 ESG 的社会因素在实践中遇到了困难。此外，拉美国家普遍缺乏有效的政策制定和执行能力，许多拉美国家的环境法规在实施上存在困难，在 ESG 报告上也缺乏一致性和透明度，这些都会影响拉美地区 ESG 实践的推进。在环境方面，许多拉美国家如巴西、哥伦比亚和墨西哥已经承诺减少温室气体排放，并采取了一些措施以保护其丰富的生物多样性。在社会方面，一些拉美国家如智利和阿根廷已经发布了一些法律以提高劳动者的权益。在治理方面，尽管拉美国家的公司治理水平普遍较低，但也有一些公司如巴西银行，已经设立了独立的治理委员会，以提高透明度和问责性。

拉美国家在 ESG 领域的实践仍处于发展初期，在面临重大环境和社会挑战的同时，也展现出巨大的潜力。在环境实践方面，拉美拥有丰富的自然资源和生物多样性，由此也导致诸多环境相关问题的产生，如森林砍伐、土地退化、水资源短缺等。在环保方面，拉美各国开始采取行动，例如制定和执行环保法规、推动清洁能源的使用等。然而，政府的这些努力往往受到经济发展和政治稳定性的制约。例如，巴西作为拥有亚马逊雨林的国家，其在环保方面的责任和影响力举世瞩目。然而，由于需要发展经济、改善民生等，巴西在保护环境与推动经济发展之间常常需要进行艰难的权衡。在社会责任方面，拉美社会问题突出，如贫富差距、教育不公等。对于这些问题，一些公司已经开始承担起社会责任，通过改善员工福利、支持社区发展等方式，尽力解决社会问题。然而，由于政府功能不足、法律制度不完善等原因，拉美的社会实践面临很大挑战。在公司治理方面，拉美公司的实践也在逐步提高。例如，一些公司已经开始改善内部控制、提高透明度、增强股东权益等。然而，由于监管环境和法治环境不足，拉美国家的公司治理实践还有很大的提升空间。

五、中国和拉美国家 ESG 合作领域展望

拉美国家与中国的经济产业结构互补性强，是天然的贸易伙伴关系。自 2012 年以来，中拉始终保持着密切的外贸交易往来，中国一直是拉美国家的第二大贸易伙伴。然而，一个不可忽视的事实是，中拉之间的贸易往来存在较大的局限，贸易的大部分产品为大宗商品等初级产品，导致进出口产业结构单一。另外，双方贸易都基于廉价的劳动力成本优势，导致中国出口的工业制成品在拉美国家市场上存在较强的可替代性和竞争性。因此，中拉双方以一般消费品交换能源和矿物产品为主的贸易结构无法持续，这就需要进一步推动工业化升级和经贸结构的调整转型。综上所述，拉美在 ESG 领域的实践仍处于发展初期，挑战和机会并存，潜力巨大。展望未来，中国和拉美国家双方都面临经济转型升级的挑战。其中，产能合作是走出中拉贸易困境的重要出路和方式。通过产能合作，中拉双方

可以逐步调整自身的贸易结构，实现产业对接。要实现这个目标，双方的合作可以采取两个步骤：第一步，中国可以向拉美国家输出产能，帮助其发展工业，挖掘新的贸易潜力。第二步，通过这个途径助力于中拉经贸关系的可持续性提升，促进双边合作转型升级。显而易见，可持续的产能合作在考量技术要素的基础上，必须重点关注环境和合作带来的社会问题，如就业、对东道国经济贸易发展的影响等。这一切，都与 ESG 理念产生了直接的联系。可以说，成功的产能合作，就是实践和展示 ESG 理念的机遇和平台。

以中国与拉美国家的锂矿合作为例。当前，由于全球气候灾害涌现、极端天气频发、生态环境衰退，世界各国都在面临能源短缺的约束，从传统的化石能源转向可再生能源已迫在眉睫。能源转型成为各国无法回避的选择。随着联合国发布"奔向零碳"倡议，多国开始积极施行碳中和战略，努力依托新型能源与科技发展，对生产和生活方式进行变革重塑。中国政府于 2020 年 9 月明确提出碳达峰与碳中和的"双碳"目标。因为可充电锂离子电池是新能源交通领域的主要储能系统，可以有效减少对化石燃料的依赖，所以锂矿的开发和生产成为世界能源结构升级背景下能源争端的焦点。而拉美与加勒比地区是世界上锂矿资源储备量最丰富的地区，智利、阿根廷、玻利维亚组成的"锂三角"控制着全球55.9%的锂矿资源量①。拉美国家是中国共建"一带一路"重要的参与者，也是中国锂矿合作的重点对象。

共建"一带一路"为中拉锂矿资源领域的合作奠定了坚实的基础。在拥有锂矿资源的国家中，智利、秘鲁、阿根廷、玻利维亚均是共建"一带一路"国家和地区中与我国有友好合作关系的伙伴国，为我国锂矿投资营造出稳定的政治环境。中国企业则利用先进的技术和经验为拉美国家补齐基础工程建设的短板，助力拉美国家智慧交通提档升级，为促进当地的物流与贸易蓬勃发展，带动当地民众就业创造了良好的条件。在投资方面，拉美国家成为仅次于亚洲的中国第二大投资目的地，而中国在拉美绿色能源项目的投资则是各类投资的重中之重，为促进拉美经济绿色低碳转型，增强拉美国家政府应对气候变化的能力做出特殊贡献。在金融领域，中国政府为拉美国家提供了大量的融资与贷款，其中大部分用于能源开发和基础设施建设。总而言之，在共建"一带一路"友好合作协议下，我国在诸多领域推动了拉美国家的经济发展，同拉美国家互动合作，逐步形成双赢的良好态势。所有这些成果，都为中拉的锂矿合作奠定了坚实的政策与环境基础，也为双方将 ESG 理念实施到此领域，获得可持续性的合作与发展开辟了一片新天地。

---

① 姜玉妍. 能源转型期中国与拉美锂矿合作的机遇和挑战［J］. 中国国土资源经济，2023，36（5）：22-31.

当然，中国和拉美国家在 ESG 领域的合作还面临许多挑战。仍以中拉锂矿合作为例。锂矿开采涉及的一个核心问题就是，ESG 模式下社会与环境问题的加剧，造成矿业企业与原住民的冲突。具体表现为原住民社区在土地所有权、环境、资源等方面与国家和矿企的冲突。矿产资源开发不仅涉及土地所有权问题，而且锂矿开发也会对环境和资源造成危害，如水资源安全、野生动物和人类生存等问题层出不穷，对原住民社区造成很大的负面影响，各类冲突时有发生。所有这些问题和挑战都在提醒相关企业，在拉美现实的政治、经济、技术和社会背景下，无论是贸易还是不同类型的产业合作，新的模式和理念成为无法绕开的课题。企业尤其要重点关注 ESG 模式，即企业必须要兼顾环境影响、社会责任和内部治理，以此达到可持续发展的目标。企业在实现自身利益的同时，也要为社会创造价值，改善公民生活条件和生态系统，树立和打造负责任的企业形象①。

六、启示和结论

1. 对拉美国家 ESG 实践的评价

从目前所了解的信息来看，拉美国家的 ESG 实践无疑是复杂且具有挑战性的。首先，环境、社会和治理三大要素中，环境和社会要素的实践在拉美地区取得了一些积极的进展。这主要体现在一些国家对环保政策的重视，以及在社会公正和包容性发展上的努力。这些国家正在积极探索如何利用其丰富的自然资源进行可持续的经济发展，并努力改善社会问题。

然而，这些国家在治理实践方面的进展较慢。这在很大程度上是由于制度环境和治理能力的不足，以及政策制定和执行的困难。目前，很多拉美国家的制度环境尚未完全发展成熟，有关公司治理、透明度和反腐败等议题的法律法规并不完善，因此尽管可能有政策上的意愿，但实际执行和落实仍会面临较大挑战。虽然有部分国家已经开始重视公司治理和反腐败问题，并出台了相关的法律和政策，但在执行和监管方面仍然存在一些问题。此外，很多拉美国家的监管机构缺乏足够的资源、能力或者权力来监管和执行 ESG 相关的政策和法规。这就导致了尽管有相关的法律法规，但实际的执行力度可能会偏弱。

其次，尽管拉美国家已经在环保和社会公正方面取得了一些成绩，但这些成绩在很大程度上受到了其经济发展压力和社会问题的影响。当前很多拉美国家仍

① 姜玉妍. 能源转型期中国与拉美锂矿合作的机遇和挑战 [J]. 中国国土资源经济，2023，36（5）：22-31.

在发展阶段，可能会更侧重于经济发展和减贫等问题，而在治理实践上投入的资源相对较少。许多拉美国家在环保和社会公正的实践中，都面临着经济发展和环保、社会公正之间的矛盾和冲突。

因此，从总体上看，拉美国家的 ESG 实践还有很大的改善空间。这需要各国政府、企业和社会各方共同努力，改善制度环境，提高治理能力，解决社会问题，并在经济发展和环保、社会公正之间找到平衡。随着全球对 ESG 的重视度日益提高，相信拉美国家的 ESG 实践会有所改进。

2. 拉美国家 ESG 实践的一般启示

通过对拉美国家 ESG 实践的研究，可以得到一些重要的启示：

首先，"绿水青山就是金山银山。"拉美国家丰富的自然资源对于环境保护和经济发展的重要性为此提供了有力的证据。如何在经济发展和环境保护之间找到平衡，如何进行自然资源的可持续利用，这些都是我们可以从拉美国家的 ESG 实践中学习到的。其次，要在国家发展中促进社会公正和包容。拉美国家在社会公正和包容性上的努力展示了 ESG 实践在改善社会问题、提高生活质量、促进公平和公正方面的重要作用。这也能够为其他国家提供借鉴，在推动 ESG 实践时，不能忽视社会因素，要立身于自身国情，更要立心于为民，切实改善社会大环境，促进人民生活水平的逐步提高。此外，ESG 的发展离不开制度环境和治理能力的关键作用。拉美国家在治理实践上面临的挑战揭示了制度环境和治理能力在 ESG 实践中的关键作用。没有健全的法规、有效的监管和透明的治理，ESG实践的发展将会面临困难。拉美国家在 ESG 报告方面的缺失也表明，透明和一致的报告机制对于推动 ESG 实践、评估 ESG 表现以及提高透明度和问责性都是非常重要的。最后，改善 ESG 实践需要长期和系统性的努力。这不仅包括制定和执行相关的政策和法规，还包括改善制度环境、提升治理能力、提高公众认知度和参与度等。

3. 对未来研究的建议

未来可以进一步深入研究拉美国家的 ESG 实践，例如，可以对单个拉美国家从 ESG 的不同维度进行更加细致、深入的评价，结合国家的国情、社会环境、制度环境以及政治因素等，从多个维度、多个角度对该国的 ESG 实践进行客观的评价，并给出更具有针对性的 ESG 实践推进建议。从更多的角度和层次进行研究，或者对比不同国家的 ESG 实践，可以得到对 ESG 实践更全面和深入的理解。此外，也可以研究其他地区或国家的 ESG 实践，以得到更广泛和多元的视角。同时，中国和拉美国家在不同领域的 ESG 合作，应该如何选择，以及根据拉美国家不同的经济发展环境和社会条件，如何做到重点关注，从而产生以点带面的效果都是值得未来进一步研究的问题。

4. 结论

总的来说，通过研究国际社会上其他地区的 ESG 实践，为拉美国家的 ESG 实践提供了一种重要的观察和学习的机会。通过研究这些地区的 ESG 政策和实践，不仅可以深化对 ESG 理念的理解，也可以探索和找到更有效的 ESG 实践方法和路径。尽管还存在许多挑战和问题，但仍要相信，通过不断的学习和改进，拉美国家可以实现更好的 ESG 实践，从而实现可持续发展的目标。中国和拉美国家之间的经贸合作紧密，产业结构互补性和竞争性并存，在各个合作领域实施 ESG 的条件好、机遇多、空间大。双方对 ESG 实践的关注，将成为促进中拉经贸合作以及双方可持续发展的重要契机。

参考文献

［1］黄世忠. ESG 理念与公司报告重构［J］. 财会月刊，2021（17）：3-10.

［2］金融投资机构经营环境和策略课题组，闫伊铭，苏靖皓，等. ESG 投资理念及应用前景展望［J］. 中国经济报告，2020（1）：68-76.

［3］李井林，阳镇，陈劲，等. ESG 促进企业绩效的机制研究——基于企业创新的视角［J］. 科学学与科学技术管理，2021，42（9）：71-89.

［4］张琳，赵海涛. 企业环境、社会和公司治理（ESG）表现影响企业价值吗？——基于 A 股上市公司的实证研究［J］. 武汉金融，2019（10）：36-43.

［5］王琳璘，廉永辉，董捷. ESG 表现对企业价值的影响机制研究［J］. 证券市场导报，2022（5）：23-34.

［6］彭世隆. 环境侵权法律风险管理的任务和原则探析［J］. 现代经济信息，2013（16）：395.

［7］叶陈刚，王孜，武剑锋，等. 外部治理、环境信息披露与股权融资成本［J］. 南开管理评论，2015，18（5）：85-96.

［8］唐鑛. 企业社会责任视角下的战略劳动关系管理［J］. 中国人民大学学报，2011，25（2）：101-107.

［9］崔学刚. 董事会治理效率：成因与特征研究——来自中国上市公司的数据［J］. 财贸研究，2004（2）：71-79.

［10］姜玉妍. 能源转型期中国与拉美锂矿合作的机遇和挑战［J］. 中国国土资源经济，2023，36（5）：22-31.

中国在拉美投资的优势与风险研究

谢雪芹　朱文忠

摘　要： 在投资构成中，拉美地区主要为原材料特别是能源和矿产的生产地。2022 年 11 月 25 日，中国国家主席习近平与古巴领导人会谈时指出，当前拉美和加勒比政治格局正在经历新一轮深刻调整。中方高度重视中拉关系发展，愿同包括古巴在内的拉美和加勒比国家一道，深入推进高质量共建"一带一路"，推动平等互利、共同发展的中拉全面合作伙伴关系在新时代得到更好发展，更好造福中拉人民。近年来，中拉经贸合作蓬勃开展，共建"一带一路"走深走实，为推动全球发展凝聚合力，生动演绎了"志合者，不以山海为远"的中拉友谊。本文在介绍中拉合作背景的基础上，分析了中国投资拉美地区的产品优势，并分析了拉美市场的优势与风险。中国对拉美地区的投资始于 20 世纪 80 年代，经过多年的积累，进入了 21 世纪以来的高速发展阶段，本文最后针对中国在拉美地区投资的特色和风险挑战提出了对策建议。

关键词： 中国对拉美投资　产品优势　风险挑战　对策建议

一、背　景

拉丁美洲东邻大西洋，西靠太平洋，幅员辽阔，共有 33 个国家和地区。拉美人口众多，截至 2021 年，已超过 6.5 亿人口，人口数量多就意味着需求量大。而且拉美地区基础设施不完善，工业基础差，非常依赖进口。因此，拉美市场现在仍然具有非常大的潜力。

---

* 谢雪芹，广东外语外贸大学国际商务英语学院研究生；朱文忠，广东外语外贸大学商学院教授，博士生导师，广东外语外贸大学拉丁美洲研究中心主任。

拉美地区是中国实施"走出去"战略的最主要目的地之一。第一，拉美地区是中国工业原料的重要供应地。根据中国矿业联合会的研究，到2020年，中国短缺和严重短缺的矿产达19种之多，除铬和金刚石外，拉美有17种矿产的储量居全球领先地位，有十余种已经是拉美对华出口的主要产品。拉美对华出口的大豆、豆油、鱼粉、铁、铜矿砂及精矿等占中国进口此类产品的1/3，是中国不可替代的供应地；拉美还是中国动植物油脂、糖类、钾盐、木浆等11种重要工业原料的现实供应地；是中国柠檬油、硝酸钠、未精炼铜、锰、铝等7种重要工业原料的潜在供应地区。第二，拉美是中国企业海外布局的战略支点。尽管中国周边石油等资源丰富，但因领土争端、民族矛盾和大国竞争而难以施展。相反，中国与拉美地区虽然相距遥远但无任何领土争端，国际环境方面的条件更为优越。第三，拉美是中国能源来源多元化的现实选择。自2010年以来，在中国的石油进口来源地排名中，拉美稳居第5位，但比重显著上升。

　　近年来，拉美各国探明储量不断上升的矿产资源和不断发现的大型油田也为中国的多元化战略提供了条件。拉美作为未来中国经济可持续发展的外部市场以及能源、资源提供者，投资潜力巨大。因此，中拉经贸合作的跨越式发展对中国的现代化进程具有战略意义。

　　另外，对于拉美国家而言，20世纪80年代的债务危机之后，拉美各国进行了大刀阔斧的改革，改革促成了该地区由内向发展模式向外向发展模式的转变。经历2008年的国际金融危机冲击之后，拉美国家重新走上可持续增长之路，也亟须进行一些重大的结构与政策调整，特别是改变长期以来出口严重依赖欧美等发达国家需求的局面。以"客户工业"为主的墨西哥和中美洲国家想冲出危机导致的外需萎缩、贸易保护主义抬头的"重围"，必须要进行技术创新、产品升级的"第二代改革"；而以初级产品出口为主的南美洲国家要想摆脱"资源诅咒"的宿命、规避大宗商品价格波动的风险，除延长产业链、提高附加值的产业升级外，可能更多地需要考虑如何使本国制造业融入亚洲的产业链，以扩大其制造业部门与亚洲国家间的产业内贸易。

　　截至2022年，中国在拉美和加勒比地区累计有600笔直接投资交易，投资额高达1846.19亿美元，提供近63万个就业岗位。2000～2004年平均每年创造2621个就业岗位，并持续增加到48351个（2015～2019年）和81923个（2020～2022年）。中国对外直接投资中，并购在拉美和加勒比地区的重要性不言而喻，2000～2022年占总额的69.39%，尽管2020～2022年降至57.39%。与新增投资额相比（2.24亿美元），并购使每笔交易的投资额翻了一番（2020～2022年为4.46亿美元）。

　　中国向来重视同发展中国家的经贸投资往来，是很多国家和地区的重要投资来源国。就拉丁美洲而言，仅 2010 年，中国在拉美地区的投资就占到了中国对外投资总额的 20%以上，随后每年，有 5%~13%的中国对外投资流向该地区，整体呈波动状态。作为中国向世界提供的重要国际公共产品和合作平台，共建"一带一路"得到了国际社会的广泛支持和积极参与。截至 2023 年 1 月 6 日，中国已经同 151 个国家和 32 个国际组织签署 200 余份共建"一带一路"合作文件，其中有 21 个国家来自拉美地区。近年来，中国与拉美共建"一带一路"有力促进了中拉关系的发展，已经成为推动构建中拉命运共同体的重要纽带。

二、中国在拉美地区投资的产品优势

在对联合国 2015~2021 年贸易数据进行分析后发现，除美国最大的贸易伙伴墨西哥之外，中国与拉美国家的贸易总量已超过美国。自拜登上任以来，拜登政府承诺恢复美国作为全球领导者的角色，决定将注意力重新集中到已被"忽视"多年的拉丁美洲。但美国多名现任和前任官员坦承，截至目前，情况依旧不乐观，因为美国在采取具体行动方面行动迟缓，而作为拉美地区谷物和金属主要买家的中国却在贸易和投资方面优势明显。数据显示，2020~2021 年，中美在该地区的贸易差距并没有缩小，反而越来越大。2021 年，拉丁美洲（不包括墨西哥）和中国之间的进出口贸易总额达到近 2470 亿美元，远高于与美国的 1740 亿美元（见图 1）。

自 20 世纪 90 年代墨西哥和美国达成自由贸易协定以来，两国之间的贸易量就超过了美国与其他拉美国家的贸易量。墨西哥与美国的贸易额 2021 年为 6070 亿美元，高于 2015 年的 4960 亿美元；墨西哥与中国 2021 年的贸易额为 1100 亿美元，2015 年仅为约 750 亿美元。秘鲁前驻华大使卡普奈（Juan Carlos Capunay）称，尽管与美国的政治联系仍更加紧密，但除墨西哥外，拉丁美洲与中国保持着最重要的商业、经济和技术联系，中国是该地区最大贸易伙伴，远高于美国。这一趋势凸显了美国在一个长期被自己视作"后院"的地区失去优势的过程。而在此基础之上，中国的贸易和产品优势日益显著。

2022 年对外直接投资报告指出，中国在拉美地区直接投资共计 37 笔交易，金额高达 120.24 亿美元，与 2021 年相比下降了-6.7%。2000~2004 年，中国在拉美地区对外直接投资占该地区外国直接投资的 1.44%，2020~2022 年增加到 8.81%。中国在拉美地区对外直接投资在 2010 年达到峰值（占该地区外国直接投资的 13.61%），在 2019 年达到次峰值（11.70%），2022 年为 7.63%（见图 2）。

Latin America trade: US V China

China's trade with Latin America-when excluding Mexico-has overtaken the United States in the past few years and the gap is widening, a challenge for the Joe Biden White House as it looks to improve ties with the region. The shift is mainly driven by the resource-rich countries in South America like Brazil. When including Mexico, the United States' top trade partner, China still remains well behind.

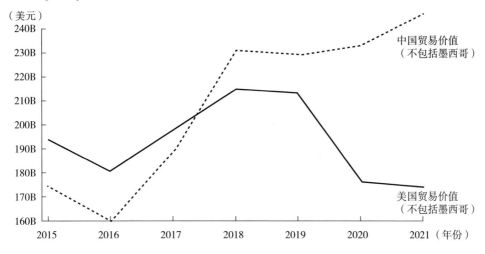

图 1　中美在拉美地区的进出口贸易总额变化趋势

注：阿根廷、秘鲁、乌拉圭、哥斯达黎加、洪都拉斯和苏里南的 2021 年数据不可用，尽管从历史上看，这些国家在中国与美国的贸易数据方面大致相互平衡。洪都拉斯 2020 年数据不详。

资料来源：Comtrade。

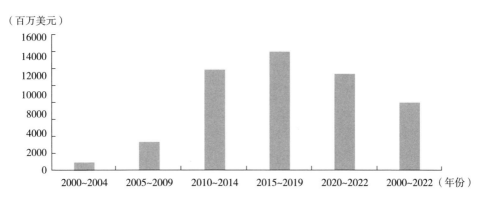

图 2　中国在拉美地区直接投资

对于很多拉美居民来说，中国的产品具有很大的优势。拉美国家多为发展中国家，居民收入有限，而中国产品在质量有保证的同时价格相对较低，物美价廉，所以拉美人民对于中国产品的喜爱也是拉美市场火热的一个原因。

近年来，中国在拉美畅销的产品有许多。举例如下：

（1）机电。智利的电压及功率和中国一样，所以中国的电机可以直接在智利使用。智利工业基础薄弱而且门类不齐全，主要是一些轻工业和加工工业，因此中国对智利高科技产品和机电产品的出口有较大的潜力。

（2）家具、五金和纺织在智利有着相当大的市场。智利的五金和纺织几乎都是中国进口的。家具市场潜力更大。在圣地亚哥有两个大的家具销售中心，富兰克林是其中最大的一个。而且许多家具出口企业把加工厂开在智利。智利南部有很多原木加工厂，生产出来的家具直接本地消化掉了，基本可以降低高昂的海运费。

（3）健身器材。智利很多公寓都配备有健身中心，健身房在智利也很流行，所以有一定市场。尽管如此，但智利国家人口少，消费能力有限。许多中国商家以巴西作为切入点，因为很多工业产品都从巴西流入整个南美。

（4）汽车与汽车零部件。拉美汽车市场是继北美、亚洲和欧洲之后世界第四大汽车市场。中国汽车生产企业成功进入巴西市场，不仅要面对欧美、日韩老牌汽车企业先期市场竞争优势，还要面对当地法律法规复杂、安全环保要求严格等实际困难。但中国大多数企业已成功克服困难，打入拉美市场，汽车与汽车零部件十分畅销。巴西现有各类中国汽车零配件企业 460 家左右，巴西汽车及零配件企业大部分集中在圣保罗地区以及圣保罗与米纳斯吉拉斯州及里约热内卢州的三角地带。

总的来说，在当今国际形势和金融贸易多变的背景之下，中国的产品在拉丁美洲的各个领域大致均有所覆盖，覆盖面极广，且具有一定的优势，部分产品也深得拉美人民的喜爱。

三、拉美市场的投资优势与风险

党的十八大以来，中拉关系快速发展，为双方共建"一带一路"打下了良好的合作基础。当前，拉美地区作为"21世纪海上丝绸之路"的自然延伸，已经成为共建"一带一路"的重要参与方。中拉在共建"一带一路"框架下的合作取得了诸多实质性进展和瞩目成绩，树立了南南合作的典范。

中拉投资合作规模庞大，全球化运营水平相对较高，但这与拉美市场的广阔潜力和众多挑战相互关联。这种特性既有利于企业在拉美地区进行投资，同时也迫使企业积极应对挑战，以促进其快速成长。

拉美市场拥有四个基本投资优势：第一，规模优势显著。拉美地区拥有超过6亿人口，包括8个高收入国家和19个中等以上收入国家。这使得拉美国家的经济总量在发展中国家中占据领先地位，足以满足企业对市场规模的需求。第二，规则优势明显。拉美国家形成了广泛的自由贸易网络，与美国、欧洲等传统市场签订了自由贸易和投资协定，还在地区内建立了南方共同市场、太平洋联盟等程度不一的一体化组织，为企业进入第三方市场提供了有利条件。第三，拉美作为全球大宗商品的主要生产和出口地，在全球粮食和原材料供应中具有不可替代性。这有助于增强中国企业在全球供应链中的韧性。第四，拉美地区的需求互补性明显。拉美目前对传统基础设施如能源和道路的需求日益增长，同时也对新兴领域如5G、互联网和再工业化等有高需求，这些领域恰恰是中国产能的优势所在，为中国企业在当地投资创造了机遇。

然而，投资拉美市场也伴随着一些显著风险，要求中国企业提高运营水平。首先，市场环境风险显著。自2014年以来，拉美地区经历了一轮较低的经济增长，年均GDP增长率仅为0.9%，通货膨胀压力上升。政治选举周期、社会冲突等因素与宏观经济波动相互叠加，对政策的可持续性和经营环境的稳定性构成了挑战。其次，摩擦性风险存在。在环保、劳工保护和原住民土地权利等领域，中拉之间存在法律和法规方面的差异，这些差异可能对中国企业的经营活动带来潜在约束。再次，结构性风险也需注意。拉美地区普遍存在基础设施薄弱问题，同时高税收等多方面显性或隐性成本对投资构成限制。最后，竞争性风险不容忽视。发达国家和地区如美国和欧洲的跨国企业长期在拉美市场运营，拥有资源控制和市场份额方面的优势，对中国企业进入新兴拉美市场造成一定挤压。因此，中国企业需要认真应对这些挑战，提高其在拉美市场的竞争力。

四、中国投资拉美的特点与建议

1. 中国投资拉美的特点

中国对拉美的投资始于20世纪80年代，经过多年的积累，已经取得了显著的发展。中国在拉美地区的投资表现出以下特点：

第一，中国在拉美的投资实践相对领先。这一过程主要可以分为两个阶段：一方面，中国企业的投资遍及拉美地区的31个国家，包括两个主要的离岸金融中心。另一方面，投资流向主要集中在巴西、秘鲁、智利、墨西哥、阿根廷和哥伦比亚六个国家，占总投资的近87%，这六个国家也是拉美地区经济实力的前六名。中国企业在拉美的投资行为明显受市场因素驱动，经济考量在选择投资国时占主导。

第二，中国的投资结构相对优化。中国对拉美的直接投资在行业上表现出较高的集中度，前五个主要行业占据总投资的 88%。其中，贸易相关产业占比最大，达到 58.7%，其次是信息传输/软件和信息技术服务业（15.7%）、制造业（7.3%）以及金融业（6.3%）。在微观层面，中国企业在拉美的最大投资领域是能源业，同时也有较大的投资比重分布在电力、通信、汽车零部件、金融、食品和饮料加工等领域。显然，中国在拉美的投资在某些行业领域具有领先地位，特别是在技术类投资方面，为中拉合作的深入发展提供了有力支持。

第三，中国企业在拉美地区表现出较强的本土化特色。这种本土化表现在三个层面：首先是员工本土化。大多数中国企业雇用当地员工。统计数据显示，2000~2021 年，中国企业在拉美雇用了超过 58 万名本地员工，为当地创造了大量就业机会。其次是企业的本地化。一些中国企业尝试在当地上市，而仍保持绝对控股权，这有助于增加巴西本地民众的持股。最后是中国企业在拉美投资过程中积极践行环境、社会和公司治理（ESG）理念，以实现经济、社会和环境的综合价值最大化。研究表明，中国企业在拉美国家的形象相对较好，73%的受访者对中国企业持积极印象，这一比例高于美国企业（71%）和法国企业（62%）。

2. 中国投资拉美的建议

中国企业在投资拉美的实践中积累了特定经验，有条件进一步提升经营能力，扩大对拉美投资，建议采取多元保障措施，抓住拉美市场特点，形成对拉美投资的"组合拳"，以便于有效控制风险。具体建议如下：

第一，企业应发展"耐心投资"，以长期目标对冲短期波动。拉美市场具有周期性，中国企业应以长期运营的冷静心态来应对拉美市场的短期波动。

第二，中拉双方应共同推动制度创新，消除制约投资的瓶颈性因素。在投资环境存在不确定性的背景下，制度创新有助于消除或冲抵不确定性。中拉双方可强化共建"一带一路"下的"五通"（政策沟通、设施联通、贸易畅通、资金融通和民心相通）合作，推动投资自由化和便利化，不断发现并拓展合作新空间、新动力。

第三，利益相关方应谋求合作共赢，共同实现高质量发展。中拉关系的核心内涵是合作共赢，作为市场新进入者，中国企业应努力创造增量市场，促使各方受益。同时，借助当前全球价值链重构的机会，中资可以通过并购借力美欧企业进入拉美，达到事半功倍的效果，共同实现高质量发展。

第四，投资主体应深入了解法律法规差异，突破法律法规瓶颈。针对拉美法律环境的复杂性，中国投资者除了注重前期调研和人才培养外，应严格遵守东道国法律法规和政策规定，积极承担相应的社会责任。在发生法律纠纷时，应优先选择拉美国家认可的国际商事仲裁，争取更为有利的司法待遇。

五、结　语

中国对拉美地区的投资是一个充满发展机遇和风险挑战的领域。对于很多拉美居民来说，中国的产品具有很大的优势，在质量有保证的同时价格相对较低，物美价廉。面对当前诸多全球性危机和挑战，中拉深化各领域合作，有利于凝聚合力，实现共同发展，成为推动世界多极化、反对单边主义和霸权政治的重要力量。中国与拉美国家同属发展中国家，在经济上有互补需求，在国际事务上有共同利益，在发展问题上有高度共识。在这个复杂而多元化的拉美市场中，中国企业可以采取一系列策略和行动，以最大化投资回报并降低风险。例如，中国企业应发展"耐心投资"，以长期目标对冲短期波动；中拉双方应共同推动制度创新，消除制约投资的瓶颈性因素；利益相关方应谋求合作共赢，共同实现高质量发展。

参考文献

［1］Bertaut C C, Tryon R W. Monthly Estimates of U. S. Cross-Border Securities Positions ［R］. U. S. Federal Reserve Board's International Finance Discussion Papers, 2007.

［2］Buchanan B G, Le Q V, Rishi M. Foreign Direct Investment and Institutional Quality: Some Empirical Evidence ［J］. International Review of Financial Analysis, 2012（21）: 81-89.

［3］Cárdenas G, García S, Salas A. Institutional Framework and Governance. （Year not provided）.

［4］CEPAL（Comisión Económica para América Latina y el Caribe）. Relaciones económicas entre América Latina y el Caribe y China: Oportunidades y desafíos ［R］. Santiago de Chile: CEPAL, 2016.

［5］Chowdhury M A F. Essays on the Impact of Capital Flows on The Institutional Infrastructure of The OIC Countries, 2019.

［6］Coase R. The New Institutional Economics ［J］. The American Economic Review, 1998, 88（2）: 72-74.

［7］Curcuru S E, Thomas C P, Warnock F E. On Return Differentials ［R］. NBER Working Papers, 2013.

［8］Author（s）not provided. Latin America ［J］. International Journal of Emerging Markets, 2018.

［9］王燕, 范和生. 中国与拉美太平洋联盟经贸合作 ［J］. 国际研究参考, 2021（6）：29-35.

［10］石景云. 美国公司在拉丁美洲的直接投资 ［J］. 厦门大学学报（哲学社会科学版）, 1980（1）：6-13.

［11］李建平. 自由贸易协定（FTA）下的中国—东盟及中国—智利农产品贸易发展研究 ［D］. 中国农业科学院博士学位论文, 2006：42-68.

［12］倪权生, 潘英丽. 中美相互投资收益率差异及其蕴含的政策启示 ［J］. 上海金融, 2010（12）：2-6.

［13］黎贵才, 王碧英. 拉美依附理论的当代发展——兼论中国经济是否正在拉美化 ［J］. 当代经济研究, 2014（1）：45-50.

［14］程恩富, 方兴起. 让·梯若尔：资本账户放开与金融危机 ［J］. 东岳论丛, 2016（1）：40-45.

［15］中国社会科学院拉丁美洲研究所.“一带一路”合作空间拓展：中拉整体合作新视角 ［M］. 北京：中国社会科学出版社, 2017.

［16］朱鹤, 蓝艺华, 张春宇. 20 世纪中期美国企业对拉美地区投资的教训及对中国的启示 ［J］. 拉丁美洲研究, 2018, 40（3）：4-8.

［17］岳云霞, 洪朝伟, 郭凌威. 中国—拉丁美洲与加勒比地区经贸合作进展报告（2019）［M］. 北京：中国社会科学出版社, 2019.

［18］伍晓光, 林光彬, 王卉彤, 赵浚竹. 中国与“一带一路”沿线国家经贸投资发展报告（2019—2020）［M］. 北京：经济科学出版社, 2020.

［19］林杉杉. 深化中国与拉美国家经贸合作的对策研究 ［J］. 国际贸易, 2021（7）：32-38.

［20］杨志敏.“一带一路”框架下中拉资金融通合作的历程和方向 ［J］. 西南科技大学学报（哲学社会科学版）, 2021（6）：9-16.

［21］李宗圆. 中国美债持仓策略大调整及其战略意蕴 ［J］. 海派经济学, 2022（2）：87-101.

［22］曹廷. 中拉蓝色经济合作：机遇、挑战与实践路径 ［J］. 边界与海洋研究, 2022（3）：87-106.

联想智能设备产品在拉美市场营销策略研究

吴易明　韩赣湘[*]

摘　要： 作为一个充满活力和潜力的市场，拉丁美洲地区对智能产品的需求不断增长。联想集团作为全球知名的科技公司，在智能产品领域具有广泛的产品线和较强的技术实力。拉美市场已成为联想集团全球业务的重要组成部分。本文聚焦联想集团在拉美地区主要国家的市场状况，分析近年来拉美主要智能设备市场发展基本状况，从产品策略、价格策略、渠道策略和促销策略四个方面对联想智能设备产品的营销策略进行研究，总结其在拉美市场取得成功的主要原因，分析其面临的问题与挑战，并提出相应的改进建议。

关键词： 联想集团　拉美市场　营销策略　智能设备

一、引　言

随着世界经济水平的提高和信息技术的不断发展，电子产品的普及率逐渐上升，人们对电子产品的需求也不断增长。2022 年的资料显示，全球智能手机销量在 2021 年已超过了 15 亿部，电子产品已形成一个庞大的市场。电子产品包含各种电子设备，其中，消费电子市场产品产值在 2018 年已达到 2920 亿美元，如图 1 所示，2023 年的消费电子市场的产值预计将达到 3390 亿美元。①

---

* 吴易明，广东外语外贸大学国际商务英语学院教授；韩赣湘，广东外语外贸大学经贸学院国际商务硕士研究生。

① 《2023—2028 年中国教育电子产品行业供需分析及发展前景研究报告》。

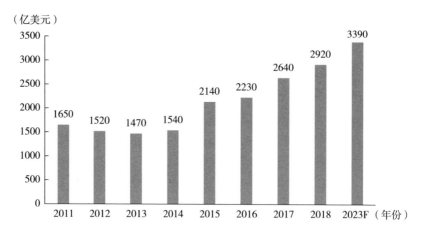

图1　全球消费电子行业产值

资料来源:《2023—2028 年中国教育电子产品行业供需分析及发展前景研究报告》。

近年来, 中国与拉丁美洲地区的贸易关系日益密切, 双边贸易额从 2002 年的 170 亿美元增至 2022 年的 4857 亿美元, 20 年间增长了 20 余倍。

2023 年, 环球资源与拉美知名平台 Grupo Eletrolar 在巴西圣保罗联合举办第 16 届国际消费类电子及家电博览会。此次博览会主要展出了来自拉美以及国际上最为前沿的电子产品。由此可见, 电子产品在拉美市场具有足够的发展空间。拉丁美洲市场的智能设备产业正处于一个快速发展阶段, 尽管拉美市场规模相较于中国和北美地区小一些, 但无论是产业增长速度还是产品迭代频率, 拉美的市场表现都令人满意, 其中, 中国企业的作用不容忽视。

联想作为电子产品的领军品牌, 除了中国市场以外, 拉美市场和北美市场也是其全球业务的重要组成部分。在 2020~2022 财年, 联想集团营收从 3500 亿元增至 4600 亿元, 净利润翻了 3 倍。在此成就背后, 自然有拉美市场的重要贡献。在联想集团公布的 2022 年财报中, 美洲市场实现营收 212 亿美元, 在全球的营收占比为 34%。在其他市场已经趋于饱和的竞争状况下, 拉美地区成为了联想最为理想的成长空间。在电脑和智能设备领域, 联想集团在拉美的市场份额在过去五年从 6% 增长至 20%, 成功占据主要的市场地位。

二、拉美智能设备市场现状

拉美地区主要的特征是地广人稀, 自然资源丰富, 整体工业能力较为薄弱,高科技产业缺乏，但部分国家的城市化程度较高。拉美地区人口自然增长率仅次于非洲，是世界上人口增长较快的地区之一，年轻人占比非常高，人口结构健康，并且互联网渗透率也较高，人均互联网使用时长排名世界前列。巴西和墨西哥作为拉丁美洲的核心大国，人口过亿，经济总量超过 10000 亿美元。

（一）拉美智能设备市场发展状况

拉美地区的市场潜力巨大，为联想提供了广阔的发展机会。随着当地经济的增长和中等收入人口的增加，对智能产品的需求将继续增长。同时，拉美地区的数字化转型进程也为联想提供了市场机遇。联想可以利用其技术实力和产品优势，满足当地消费者对于高质量、高性能智能产品的需求。

在拉丁美洲，移动连接仍然是互联网连接的主要形式。截至 2021 年底，拉丁美洲的移动互联网用户数量超过 3.8 亿，占总人口的 60%。4G 是拉丁美洲领先的移动技术，截至 2021 年底，连接数超过 4.1 亿。在过去 5 年里，受网络扩张和移动运营商将用户从传统网络转移出去的努力的推动，中国手机在拉美市场的占有率增加了 1 倍以上。5G 目前在拉丁美洲处于起步阶段，随着消费者越来越多地转向 5G 计划，5G 的采用预计将在 2024 年达到峰值。

据 GSMA[①] 预计，阿根廷的智能手机应用率将从 2021 的 73% 上升至 77%，巴西智能手机应用率将从 86% 上升至 88%，哥伦比亚智能手机应用率将从 67% 上升至 82%，墨西哥智能手机应用率将从 68% 上升至 74%，智利智能手机应用率将从 70% 上升至 81%，秘鲁智能手机应用率将从 65% 上升至 70%。如图 2 所示，到 2025 年，智能手机平均将占拉丁美洲总连接数的 83%。

2020 年的线上办公以及在线教育推动了拉丁美洲对教育电子设备的需求，开拓了智能设备的新市场。拉丁美洲的消费者越来越多地采用各种数字生活服务方式。智能手机普及率的提高是一大推动因素，现在平均有近 4/5 的移动连接是基于智能手机的。2020 年之后，拉美地区的居家办公大范围推广并延续至今，许多公司及个人都对智能设备有了更高的要求。据此可以看出，拉美地区的智能设备市场有着巨大的潜力。

图 3 为 2020 年拉丁美洲各厂商智能手机出货量份额，三星以 40.50% 的份额占据首位，华为的出货量份额为 23.10%，排名第二，而摩托罗拉以 18.50% 的份额位列第三。虽然摩托罗拉与三星的出货量份额仍存在着一定的差距，但与第二名华为之间的差距并不是很大。研究机构 Strategy Analytics[②] 的报告显示，2021 年，联想集团旗下的摩托罗拉凭借 22.6% 的市场占有率，高居第二位。在后续的市场发展中，摩托罗拉仍具有相当大的发展空间。

---

① GSMA，即全球移动通信系统协会，全称为 Global System for Mobile Communications Association。

② Strategy Analytics 为美国的波士顿外商独资机构，网站为 https：//www. strategyanalytics. com/。

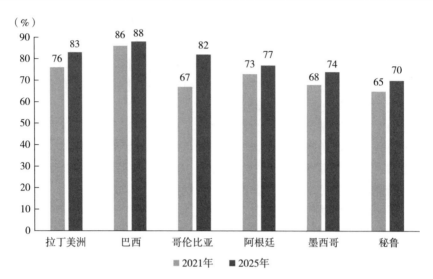

图 2　拉丁美洲部分国家智能手机占总连接数的百分比

资料来源：GSMA. The Mobile Economy Latin America 2022。

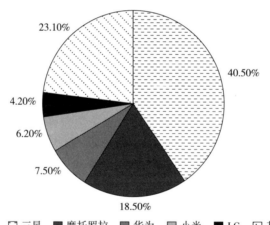

图 3　2020 年拉丁美洲各厂商智能手机出货量份额

资料来源：未来智库官网，https：//www.vzkoo.com/。

（二）拉美智能设备销售状况

巴西国家地理与统计局（IBGE）[①] 的数据显示，在 10 岁以上的巴西人中，超过 1.55 亿人拥有智能手机，普及率约占总人口的 84%。巴西瓦加斯基金会

[①] 巴西国家地理与统计局（Brazilian Institute of Geography and Statistics，IBGE），https：//www.ibge.gov.br/pt/inicio.html。

（FGV）^① 的数据表明，目前巴西全国范围内有超过 2.4 亿部智能手机被使用，超过全国 2.1 亿的人口数量。加上笔记本电脑和平板电脑等，巴西共有 3.5 亿台便携式设备。移动数据分析平台 App Annie^② 对 2022 年全球智能手机使用习惯进行调查，结果显示，巴西人使用智能设备上网的时间增长迅猛。

图 4 为拉丁美洲主要国家消费电子产品进口额。由图可知，墨西哥消费电子产品进口额连年遥遥领先于其他国家，而智利、巴西、哥伦比亚、阿根廷与秘鲁的消费电子产品进口额基本持平。表 1 为拉丁美洲主要国家消费电子产品出口额，不难看出，除墨西哥外，其他国家的出口额均较少，说明这些国家的消费电子产品生产能力较弱，较为依赖进口。

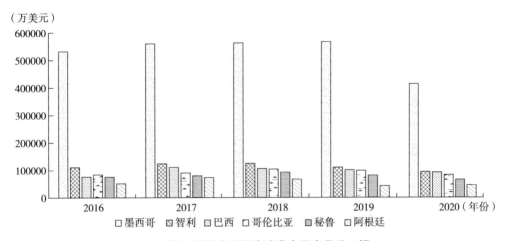

图 4　拉丁美洲主要国家消费电子产品进口额

资料来源：CEIC 数据库，https://www.ceicdata.com/zh-hans。

表 1　拉丁美洲主要国家电子消费产品出口额　　　　　单位：万美元

年份	墨西哥	智利	巴西	哥伦比亚	秘鲁	阿根廷
2016	1705919.808	6032.01	5692.81	606.51	384.041	2261.5
2017	1721650.414	5956.22	6488.28	570.141	311.816	2264.76
2018	1622765.931	8403.38	5837.62	609.781	290.428	942.25
2019	1730785.535	11140.4	4808.02	1000.76	338.274	1777.27
2020	1630944.622	10154.4	4847	751.574	390.561	945.316

资料来源：CEIC 数据库，https://www.ceicdata.com/zh-hans。

---

① 巴西瓦加斯基金会（Fundação Getulio Vargas，FGV），https://portal.fgv.br/。

② App Annie，移动数据分析平台，网站为 http://content-new.appannie.com/cn/。

在拉美地区的智能产品市场，联想面临着激烈的竞争，如三星、苹果、华为等。这些竞争对手不仅具有强大的品牌影响力，还在产品技术和创新方面拥有自己的优势。因此，联想需要不断提升产品质量和创新能力，以在激烈的竞争中脱颖而出。

三、联想智能设备产品在拉美市场表现

（一）联想集团简介

联想集团成立于中国，业务遍及全球 180 个市场，其宗旨是建设更为包容、值得信赖和可持续发展的数字化社会，致力于引领和赋能智能化新时代的转型变革。联想集团秉承"智能，为每一个可能"的公司愿景，致力于为全球数以亿计的消费者打造更好的体验和机遇。联想集团每年为全球范围内的用户提供数以亿计的智能终端设备，包括个人计算机（PC）、智能手机等，截至 2022 年，联想集团 PC 销售量居全球第一。

联想集团的业务部门主要分为三类，即智能设备业务集团（IDG）、基础设施方案业务集团（ISG）和方案服务业务集团（SSG）。智能设备业务集团主要负责 PC、手机以及其他智能设备业务。国际数据公司（IDC）[①] 数据显示，联想是 2022 年全年最大的 PC 厂商，总出货量为 6810 万台，稳居世界第一。

2014 年，联想集团以 29 亿美元的价格从谷歌（Google）手里收购了摩托罗拉品牌，联想集团手机产品线结构不断优化。联想集团移动业务主要集中在智能手机业务，有联想集团自有品牌以及收购的摩托罗拉品牌。IDC 公布的 2022 年全球智能手机销量排行榜单中，摩托罗拉品牌智能手机在 2022 年的全年出货量占全球的 4%，位居世界第九。

在联想集团的三个业务部门中，营收主要来源于智能设备业务集团，占比多年在 90% 左右，其海外市场份额呈现逐年扩大迹象，处于行业领先水平。2021 财年，线上办公、在线学习以及电子商务的推动使得智能设备的需求不断提升，联想集团智能设备业务营收达 485 亿美元。联想集团凭借着自身产品的独特竞争力，个人电脑业务在 2022 年第四季度的全球市场份额达到 23%，终端激活量始终保持行业领先。而 5G 的推广与运营也推动了移动业务的增长，移动业务收入达 57 亿美元。[②]

---

① 国际数据公司（International Data Corporation，IDC），https：//www.idc.com/。
② 《联想控股 2022 年度报告》。

与此同时，联想集团还积极在个人电脑以外的领域不断地拓展新的业务点，从智能设备到智能协作，再到智能空间，彰显了联想集团的蓬勃创造力。

（二）联想集团在拉美市场的表现

2023 年 4 月 20 日，联想集团在圣保罗进行誓师大会，并表示，在个人电脑方面，联想集团已连续两年占据拉丁美洲市场份额的第一位，连续五年实现收入正增长。在电脑和智能设备领域，联想集团在拉丁美洲的市场份额已从 2017 年的 16% 发展至 2022 年的 20% 以上。在移动业务方面，联想集团在过去 8 年一直位于拉美市场第二，过去 6 年市场份额翻了一番，在巴西占有约 30% 的份额，位列第二，在阿根廷占有 40% 的份额，位列第一。[①]

1. 智能设备市场份额居拉美地区主要国家前列

联想集团全球业务的重要战略地区是拉美地区和北美地区，在 2022 年 4～12 月，联想集团在该地区的营收占联想集团总营收的 34%。联想集团 PC 业务稳居拉美地区市场首位，份额约为 22%，摩托罗拉手机也凭借约 22% 的市场占有率居市场第二，服务器业务位居市场第三。

从巴西市场来看，在 PC 方面，联想集团市场份额从 2012 年的 3.5% 上涨到 2022 年的 20%，在巴西 PC 市场份额排名中位居第二，巴西市场占据联想集团拉美地区收入的 39%。在智能手机方面，自 2014 年收购摩托罗拉品牌以来，摩托罗拉在巴西地区的市场份额已连续 9 年位居第二。在服务器业务方面，联想集团 x86 服务器业务在巴西市场也位居第二。从阿根廷市场来看，截至 2022 年底，联想集团 PC 业务在该地区连续五年位居第一，摩托罗拉手机市场份额自 2017 年的 12% 增长至如今的约 40%，排名市场第一。从墨西哥市场来看，截至 2022 年，摩托罗拉手机市场份额为 28%，位于市场第一。结合拉美地区表现来看，联想集团智能设备在拉美地区仍有相当大的发展空间。[②]

联想智能产品在拉美地区的销量持续增长。该地区的消费者对智能手机、平板电脑和笔记本电脑等产品表现出了强烈的兴趣。联想凭借良好的产品品质、创新的设计和具有竞争力的价格，在该地区取得了一定的市场份额。同时，联想还通过与当地运营商和零售商的合作，扩大了产品的销售渠道，提高了品牌知名度。

2. 在拉美三国自设制造工厂，注重研发

联想集团在巴西、阿根廷和墨西哥三个国家设置了自有的制造工厂，用于生产 PC、服务器、手机等智能设备。其在巴西和阿根廷地区的摩托罗拉手机工厂已经实现完全本地化生产。

---

①② 联想官网，https://www.lenovo.com.cn/。

在巴西,联想集团选择了自有工厂和原始设计制造商混合制造模式,其三家工厂分别位于圣保罗州雅瓜里乌纳市、因达亚图巴市和亚马逊州马瑙斯市。2012 年,联想集团在巴西成立研发部门,与当地的研究机构和高校进行合作研发,有数百名工程师参与技术创新项目,现有超 1500 名研究人员。2016 年,因达亚图巴市的工厂建立,主要生产几种个人电脑和服务器,具备 10 条以上全自动生产线。联想集团在开发符合市场特点的产品的同时,为当地提供了大量的就业岗位,雇用员工超 1600 名,与巴西的产业链企业实现了共赢。联想集团现已与巴西 14 所高校和研究机构进行合作,与一所联邦大学合作建立了 5G 实验室。

在阿根廷,2011 年,联想集团投入 1400 万美元,与当地消费电子领域知名企业 Newsan 集团进行合作,在火地岛建设工厂,主要负责生产 PC、智能手机等产品。自 2014 年联想集团收购摩托罗拉以来,该工厂相应负责了摩托罗拉手机的生产,成为联想集团手机业务抢占拉美市场的重要支撑点。2022 年 12 月,阿根廷政府宣布将投入 8 亿多阿根廷比索,目的是为其首都布宜诺斯艾利斯的国家气象局部署一台高性能计算机。这一高性能计算机正是由联想集团搭建的,搭建成功后预计其算力水平将位居全球前 100,不仅能为阿根廷的气象预测提供设备支持,还能够广泛应用于其他的科学研究。

在墨西哥,2007 年,联想集团斥资超 4000 万美元在墨西哥北部工业重镇蒙特雷建设了制造工厂,占地面积 2.4 万平方千米,主要生产 PC 与服务器等产品,年产量 500 万台。该工厂极大地缩短了联想集团对北美洲与拉丁美洲客户的产品交付周期,不仅为集团自身的业务带来了增长,也推动了蒙特雷的就业和产业的发展。

3. 提出"新 IT"理念并积极推动转型

联想集团在业内率先提出"新 IT"理念,即从"Information Technology"到"Intelligent Transformation",充分运用"全球资源,本地交付"模式,使得其营业额大幅增长。2022 年第三财季,联想集团非 PC 业务在整体营业额中的占比首次超过了 40%,标志着联想集团以服务为导向的转型取得了阶段性成果。

联想集团近年投入的重点为智能化转型,并计划通过 3S 战略来实现,即智能物联网(Smart IoT)、智能基础架构(Smart Infrastructure)、行业智能(Smart Vertical),以摆脱 PC、手机、服务器以及其他智能设备的初级销量战状况,更多地向生态式发展。

四、联想智能设备产品在拉美市场策略分析

（一）产品策略

1. 手机产品

联想集团在拉美市场进行发展时，注重科技研发，是当地研发力度最大的企业之一。大力研发让摩托罗拉拥有了领先全球的技术，全球第一通 5G 电话是用摩托罗拉手机打出的，其也是第一个发布折叠屏手机的厂商。除技术创新外，摩托罗拉还通过深度了解消费者需求，判断当时市场走势，推出更加本土化、有针对性的新产品。

以巴西为例，除了在当地具有供应链的优势之外，联想集团还有着自己的本土研发团队，能够直面用户建议与反馈，更好地满足拉美本地客户的需求，有针对性地来实现本地化运营。例如，相比阿根廷、乌拉圭等白人国家，巴西少数族裔更多，有着不同肤色和各种族裔，相机美颜需求也各不相同。为此，联想集团根据这些特征做了特殊相机调校。拉美地区的人们更热衷于高饱和色彩的色调，于是联想集团对手机机身的色彩设计做出了针对性调整。

2021 年，摩托罗拉在拉美地区发行的手机率先针对性地支持了两种濒危的当地原住民语言，这一本土化措施超越了其他品牌的手机。这一系列"接地气"的措施使得联想集团在拉美的地位十分稳固。在巴西，很多消费者没有银行账户，摩托罗拉于是在系统中内置数字银行账户，方便消费者进行手机支付。再例如，当地消费者对香味有着特殊偏好，摩托罗拉就在当地推出两款带有香氛的手机。巴西全年有超过 40% 的 App 下载量来源于手机游戏，摩托罗拉就率先推出针对手游的功能手机。另外，联想集团在高端市场的手机业务也在不断渗透升级。在 50 余年的创新之路上，联想集团从未停歇。

2. PC 产品

联想集团产品的创新集中在产品形态和功能方面。例如，联想集团推出了折叠电脑、折叠手机、卷轴屏手机和电脑等新产品，以刺激新需求的产生。2020 年，远程办公以及在线教育需求的增加，使得联想集团针对性提升了智能设备摄像头的清晰度，以满足视频会议与交流的需求，带动了不少终端购买行为。

2021 年 9 月，联想集团发布面向拉丁美洲市场的 ThinkPad X1 Fold 折叠式笔记本电脑。ThinkPad X1 Fold 不仅提供平板电脑的便携性，还具有笔记本电脑的

功能以及像智能手机一样的通信功能。该产品完全便携，满足放在手臂下或包内的需求，是工作或娱乐的理想之选。

2022 年，Canalys 表示，联想集团在拉丁美洲的平板电脑产品表现优异，出货量达 43 万台，小幅增长 2%，位于榜首。不仅如此，联想集团在拉丁美洲的台式机和笔记本电脑市场中也居于首位。

3. 服务器产品

联想集团服务器主要在美国研发，并在墨西哥工厂生产，极大地方便了为拉美地区提供服务。

联想集团在服务器产品的提供上种类繁多，公司服务器类型主要包括机架式服务器、塔式服务器、关键业务服务器、刀片服务器、高密度服务器和边缘服务器。塔式服务器较为常见，主要针对中小型企业和大型机构，能够满足企业的服务器密集部署需求。机架式服务器小巧，易于扩展，提供了可专用的功能服务器配置。刀片服务器则是当今市场上最先进的服务器，是市场的主力军。

联想集团的服务器获得国家级认证以及行业内认证，品质获得一致认可。高性能、高可靠性和高安全性是衡量服务器的重要指标。联想集团服务器在服务器性能基准测试和可靠性调查中获得了 242 项世界纪录，并获得 ITIC 全球可靠性调查最高纪录，纪录连续保持 7 年，其旗下的 x86 服务器可靠性高达 99.999%。由此可见，联想集团服务器的质量与性能就是最好的招牌，广受拉美地区企业与机构的信任与欢迎。

4. 其他智能设备产品

随着数字经济的发展，数据中心成为各种云业务的技术支撑，应用背景也越来越多样化。除服务器外，联想集团数据中心产品种类丰富，还包括存储、网络设备和融合架构产品。其中，存储产品能够与服务器产品相配合，实现企业关键业务的 24 小时不间断运营，极大地满足了企业的日常办公需要。

不仅是数据中心产品，联想集团还能够提供综合供应链与服务团队，不仅能够给企业提供服务器本身的设计与数据中心的建设服务，还能够提供后期的运营软件形成等一系列解决方案，满足企业的一系列要求。

（二）价格策略

在拉美市场，摩托罗拉也采取过性价比策略，通过价低质优的方式来吸引消费者购买。比如，Moto G8 在巴西的售价为 1299 雷亚尔（约合 1955 元人民币），Defy 2021 在墨西哥则定价 7999 比索（约合 974 元人民币）。

三星和摩托罗拉手机在拉美市场占据了大部分的市场份额，原因就是产品都是在本地制造的。本地化生产能够极大地降低产品的成本，进而降低手机价格来匹配当地消费者的消费水平。摩托罗拉 Edge 30 在巴西的售价是 2199 雷亚尔（约合 3138 元人民币），低于红米 Note 11，而摩托罗拉的低端产品定价甚至可以低于 1000 雷亚尔。

（三）渠道策略

在拉美地区，面对着激烈的市场竞争和本地政策的限制，联想集团品牌难以建立自己的销售代理渠道和完整的服务体系。因此，联想集团需要借助外包分销商来扩大销售渠道以及推广自身品牌。当地分销商更熟悉当地的市场环境和消费者习惯，能够提供更好的服务和支持，帮助品牌建立更好的品牌形象以及提高在当地的市场占有率。

联想集团采取了两种策略：一种是与运营商建立合作关系；另一种是推广认知度较高的摩托罗拉手机品牌。通过整合资源的优势，联想集团在拉美主要地区建立了自己的制造工厂，缩短了地理距离，减少了审批手续和上市时间，极大地提高了手机的流转效率。大力推行摩托罗拉品牌，能够很好地利用摩托罗拉在当地的品牌效应，因为在拉美市场时间长，摩托罗拉更懂当地消费者的需求。联想集团充分利用摩托罗拉被收购前在拉美市场形成的布局和优势，形成了自身的独特优势。

（四）促销策略

在中国，手机品牌的主要出货渠道可以分为电商与线下门店两种。而在拉美地区，运营商渠道则占据重要地位。与当地运营商的关系是否良好，决定了手机品牌能够在多大程度上取得成功。

摩托罗拉与拉美当地的运营商一直有良好的合作关系，在 5G 技术到来后，拉美地区消费者掀起了换机潮，摩托罗拉积极与运营商形成绑定销售的促销方式。运营商是当地分销渠道的主导力量，美洲电信旗下的电信运营商号称是巴西网速最快的运营商，于是联想集团与拉美当地电信运营商积极达成合作，通过旗下运营商 Telcel 与 Claro 进入墨西哥及其他市场。相比小米品牌通过经销商渠道和自有门店的方式来进行促销，这种方式能够很好地吸引顾客为了更换 5G 手机或更换运营商等选择摩托罗拉手机，促进手机的销量提升。另外，联想集团还签约当地明星担任代言人，进一步打响了产品知名度。

五、联想智能设备产品在拉美市场面临的问题与挑战

尽管联想在拉美地区的市场表现良好，但其在该地区也面临着一些挑战和激

烈的竞争。首先，拉美市场竞争激烈，需要与其他品牌竞争。其次，拉美地区各国情况不一，需要有不同的对策。再次，当地消费者对于价格敏感，需要提供具有竞争力的价格策略。最后，也需要考虑该地区的文化和语言差异，联想需要进行本土化的市场推广和服务。为了应对这些挑战，联想可以加强与当地的合作，提供符合当地市场需求的定制化产品和服务。

1. 大量厂商涌入，市场竞争激烈

在墨西哥和哥伦比亚等市场，不断有大量新的厂商涌入，竞争也逐渐变得更为激烈。在拉丁美洲地区，100～500 美元价格区间的出货量甚至占据总出货量的 70% 以上，特别是智利和哥伦比亚市场，出货量保持增长趋势。比如在智利和哥伦比亚，vivo 品牌逐渐抢占成熟厂商的市场份额，增长速度快，在智利为 80% 的增长速度，在哥伦比亚为 110% 的增长速度。同时，2022 年第二季度，荣耀品牌在推出新的系列和大量的营销预算的支持下，在秘鲁、哥伦比亚和墨西哥市场的销量均有增长。对此，联想集团应该做好相应的措施，以免被复杂的市场冲击到当前的市场地位。

2. 拉美各国文化和语言存在差异，政府政策错综复杂，贸易政策严格

联想要保持在拉美的可持续发展，必须继续坚持本土化的市场推广与服务，尊重各国的文化和语言差异，不断提升产品质量和创新能力，制定具有竞争力的价格策略，以及加强与当地的合作，提高自身产品的竞争力。

巴西和阿根廷等拉美国家政府为了能够推动本地制造业发展，保障就业率，促进当地基础设施建设，设置了高昂的进口关税。在巴西，手机、PC 等消费电子产品的进口关税高达 16%，不仅如此，还要缴纳其他相关附加税。将税率总计起来，一部手机就会增加一半以上的成本。

并且，拉美各国的税率繁复，企业要面临各级政府设置的各种税，贸易政策也错综复杂。按照美国税收基金会的特定计算，拉美或许是全球平均法定企业税率最高的地区。因此，企业想要进入拉美市场，面临的挑战可谓众多。

3. 营销渠道拓展不足，运营商所占比重较大

目前，拉丁美洲的运营商，对于智能手机厂商及其产品基本上一视同仁。对于企业来说，渠道畅通不仅能够提高市场占有率，而且对于降低成本也有着很大的作用。所以，在信息时代，联想集团需要在维护原有的销售渠道的同时，更广泛地拓展新的销售渠道。尽管通货膨胀对拉丁美洲市场产生了一定的影响，但仍有较大的市场需求。因此，联想集团应该继续关注终端用户的不同需求，继续保持本土化与个性化的服务。

六、总结与建议

中国是拉美地区的第二大贸易伙伴，随着共建"一带一路"的不断深化，中国与拉丁美洲的贸易关系与经贸往来也在不断地提升，双方已经互为不可或缺的贸易伙伴。在数字化浪潮以及电子产品不断更新换代的背景下，智能设备被视为具有极大潜力的领域，而拉丁美洲作为具有巨大成长空间的市场，城市化进程加快，当地消费者对于现代化生活方式的追求不断增加。

基于以上分析，本文认为，为进一步提升联想在拉美市场的影响力，可以在以下几个方面进一步加大工作力度：

1. 加强与各地政府的联系和沟通，熟悉当地法律法规

拉丁美洲各国情况错综复杂，法律法规以及临时措施也五花八门，这对外国企业在当地进行发展来说是一个严峻的挑战。因此，联想集团在当地不仅要迎合消费者的需求，体现个性化和本土化的特色，降低成本以获取竞争优势，还要加强与当地政府的联系和沟通。与当地政府的友好联系与往来能够帮助联想集团及时获取有利于企业的政策信息，避免因为信息不对称导致的损失。另外，联想在当地发展过程中，更不能忽视的一点是熟悉各国的法律法规以及风俗习惯，维持联想集团在当地的企业形象。

2. 提升品牌形象，加强品牌知名度建设

品牌如果缺乏自身的独特之处，且在营销过程中没有系统的规划，是难以走向成功的。这就要求品牌不仅要注重营销方式，完善自身的品牌设计规划，还要在发展过程中不断地延伸品牌意义与概念。联想应该深入了解拉美地区消费者的需求和偏好，包括了解当地消费者对智能手机、平板电脑和笔记本电脑等产品的功能需求、价格敏感度、品牌认知度等。通过市场调研和消费者洞察，联想可以根据市场需求来制定产品规划和营销策略。

首先，联想集团可以扩大线上和线下的宣传范围，从而让更多群体和更大范围的消费者了解品牌，提高品牌辐射范围。其次，联想集团还需要培养口碑，可以在当地进行慈善捐助以及承担对消费者、社区和环境的责任，提高公众对公司的认可度、好感度和信赖度。再次，联想集团可以建设一个专业的形象，积极为消费者答疑解惑，解决相关的产品问题，对市场的个性化需求进行高效的响应，这样能够提高客户忠诚度。最后，就是品牌建设，如果产品质量得不到消费者认可，就无法建立良好的形象，提高知名度。因此，在加强品牌建设的同时，还要

保持产品质量的稳定甚至提升。

3. 坚持技术创新以提供定制化产品与服务

联想集团作为科技公司，应该继续进行技术创新，推出具有竞争力的智能产品，通过持续改进产品性能、功能和用户体验，以此吸引消费者的注意并建立品牌忠诚度。拉美地区的市场多样性较高，不同国家和地区的消费者对产品有不同的需求。联想可以根据当地市场需求，提供定制化的产品和服务，包括针对当地消费者需求的特别功能、设计或价格策略。通过满足当地消费者的个性化需求，联想可以在竞争激烈的市场中脱颖而出。

4. 深耕本土化策略，深化与运营商的关系，拓宽营销渠道

拉美地区存在较大的文化和语言差异，联想需要根据当地文化特点进行本土化的市场推广活动，包括在广告、宣传和促销活动中运用当地语言、符号和文化元素，以更好地与当地消费者建立情感联结。

在已有的营销渠道上，拉丁美洲运营商的作用很重要。因此，联想集团应该发展好与运营商的关系，运用好运营商的资源，处理好与当地消费者的关系，推动品牌影响力扩散，提高消费者对品牌的接受度与忠诚度。联想可以与当地的运营商、电子零售商和分销商建立紧密的合作伙伴关系。通过与当地的合作，联想可以扩大产品的销售渠道和市场覆盖范围，提高产品的可见性和知名度。合作伙伴关系还可以帮助联想更好地了解当地市场和消费者，并根据市场反馈进行产品调整和改进。

在新的营销渠道方面，eMarketer① 的数据显示，2022 年拉丁美洲的社交媒体用户将接近 4 亿，而拉美的总人口在 6 亿左右，社交媒体的普及率高达 66%，印证了社交媒体营销的可行性。譬如，SHEIN 品牌就开通了巴西 Instagram 的专门品牌账号，借助品牌本身的影响力和巴西本土网红营销的加持，为品牌在巴西的发展助力，效果显著。联想集团也可以采取类似的方式，使用社交媒体的官方账号，运用明星或 Tiktok、Instagram、Facebook 上的网红所拥有的粉丝资源与影响力来为品牌拓宽营销渠道。

另外，联想还可以借助拉美地区特有的购物节来进行促销。拉美市场不仅有源于北美的"黑色星期五"和"网络星期一"等购物节，还有一些由当地政府和电商平台组织的购物节。例如，智利有 Cyber Day 购物节，墨西哥有 Hot Sale、美好周末购物节等。这些本土化的购物节日是联想集团在拉美市场进行营销时不能错过的极佳促销时机。

总而言之，在当地政策方面，联想应当加强与各地政府的联系和沟通，熟悉

---

① eMarketer, https：//www.emarketer.com/.

当地法律法规；在拉美地区的市场策略上，应该坚持品牌可持续发展，如注重市场调研扩大宣传、坚持本土化市场推广、在当地建立合作伙伴关系、提供定制化产品和服务，以及技术创新和品质保证等。通过对这些策略的综合运用，联想一定可以在拉美地区的智能设备产品市场取得竞争优势，并实现可持续的业务增长。

参考文献

［1］管静．基于可持续发展理念的企业经营管理应用模式案例研究——以联想集团为例［J］．企业改革与管理，2022（19）：98-100. DOI：10.13768/j.cnki.cn11-3793/f.2022.1064.

［2］雷彩云．中国企业跨国并购分析——以联想集团并购摩托罗拉为例［J］．经济研究导刊，2021（24）：51-53.

［3］倪箫吟．中国上市公司跨国并购的整合效应分析——以联想集团并购IBM PC业务为例［J］．全国流通经济，2019（13）：7-9. DOI：10.16834/j.cnki.issn1009-5292.2019.13.003.

［4］刘娟．联想集团的发展历程及其国际化战略［J］．经营与管理，2019（3）：26-28. DOI：10.16517/j.cnki.cn12-1034/f.2019.03.009.

［5］陈涛涛，吴敏，金莹，徐润．投资拉美：中国企业的多案例分析［J］．国际经济合作，2020（5）：25-39.

［6］迈克尔·波特．竞争战略〔M〕．北京：华夏出版社，2001

［7］朱晓玮．联想集团智能手机大败局——基于营销策略（4P's）视角的探析［J］．市场周刊（理论研究），2017（11）：68-69.

［8］胡小华．联想集团电脑国际化品牌营销分析［J］．才智，2013（13）：7-8.

［9］亨利·明茨伯格．战略历程：纵览战略管理学派［M］．刘瑞红译．北京：机械工业出版社，2005.

［10］石念．拉美主要国家贸易规制对中国出口的影响浅析——以拉美六国为例［J］．标准科学，2022（11）：49-54.

［11］陈倩文，薛力．"一带一路"倡议背景下中拉人文交流研究：现状、挑战与应对［J］．克拉玛依学刊，2022，12（4）：38-47+2. DOI：10.13677/j.cnki.cn65-1285/c.2022.04.06.

［12］Md. Salamun Rashidin, Sara Javed, Lingming Chen, Wang Jian. Assessing the Competitiveness of Chinese Multinational Enterprises Development：Evidence from Electronics Sector［J］．SAGE Open，2020，10（1）.

［13］Anonymous. The Mobile Economy Latin America 2022［R］．GSMA，2023.

智利与秘鲁酒店业数字化营销管理比较研究

马塞洛·塔伊托·哈拉

毛里西奥·穆尼奥斯·奥索雷斯

何塞·费尔南德斯·帕尔马[*]

摘　要：本文描述并比较了智利与秘鲁酒店业中数字营销工具的应用水平。本文主要结论为：对照预订流程相关的大多数指标，秘鲁酒店都更优，比智利酒店高出 30% 以上，而其他指标则并非如此。本文通过深入分析网站上生成的数据，可以了解酒店数字化应用的水平，这可以被视为与现有和潜在客户进行互动的一种高效且有效的选择。本文的独创性价值在于：目前没有大量研究帮助确定酒店企业应用数字营销工具的指标和水平，在一些酒店业仅支持部分旅游业增长和发展的邻近国家中，相关研究更少。

关键词：酒店业　数字化营销　比较研究

一、引　言

随着时间的推移，企业的经营模式发生了令人眼花缭乱的变化，迫使企业重新思考如何面对新的现实和变迁。常用的商业模式正在以一种颠覆性的方式发展，出现了前所未有的全新模式。在这种全新模式中，新技术与通信变革正在形

---

　*　马塞洛·塔伊托·哈拉，美洲大学，商业工程学校工程与商业学院；毛里西奥·穆尼奥斯·奥索雷斯，美洲大学，商业工程学校工程与商业学院；何塞·费尔南德斯·帕尔马，麦哲伦大学经济与法学院管理与经济学系。

成一种准则与趋势。例如，在这种模式下，人们去实体店购物的习惯正慢慢消失，取而代之的是线上购物，在知识和资源方面最先进的企业积极利用这种交易和交换形式，逐步实现了业务转型、流程数字化以及与消费者接触方式的转变。

在这种情况下，互联网成为一种变革工具，近年来被企业广泛使用，决定了企业不同的组织模式和指导方针。正如罗德里格斯（2018）所指出，随着互联网时代的到来，企业容易受到重大变革的影响，这涉及一种不同的挑战，又或许是纳入新知识、新技能和新能力以提高组织绩效的当务之急。

同样，奥鲁斯（2022）提到，全球在线贸易已成为交易的重要组成部分。2021 年，已有85%的买家使用这种方式来满足他们的需求，或者更确切地说，这种贸易的比重达到了全球零售业的19.6%，到2025 年预计将达到24%。因此，互联网、数字营销、电子商务等概念就成为商业世界前沿领域的一部分，也是必须认识、理解的一个方面。

二、理论基础

1. 商业世界中的互联网

如今影响我们的变革源于20 世纪50 年代，也就是互联网出现的那个年代。有人说，斯普特尼克1 号的发射是一连串全球变革的起点，这些变革自1973 年起得到巩固，当时开发出了最早的多网互联协议以及由美国国防部高级研究计划局（ARPA）完成的首批国际连接，并创建了传输控制协议/互联网协议（TCP/IP）模型和协议。这些都是处理网络间通信的系统，后来又有了局域网和域名系统等其他网络作为补充（梅希亚，2017）。1962 年，美国希望建立一个能够在核攻击背景下处理通信问题的军事网络，互联网项目应运而生。1969 年，第一个接口信息处理器阿帕网在加利福尼亚大学诞生。

正如罗德里格斯（2014）所指出的，互联网可以被定义为一个由独立自主的计算机网络组成的全球性网络，通过该网络可以进行互相通信、信息和数据共享。最初，互联网有四个基础应用，即电子邮件、新闻、远程登录和文件传输，但它渐渐在人们的生活中巩固了自身的地位和渗透力，对企业和社会关系产生了革命性影响，成为几乎所有人类活动中的一种中介工具（卡涅多，2005）。随后，随着诸如Web、WWW、HTTP、HTML 等协议的出现，互联网个人和企业层面的使用都开始得到了大规模普及。

以上所有这些都引发了一些人所称呼的数字革命或第四次工业革命。正如哈尔珀恩和卡斯特罗（2017）所指出，除了技术创新之外，这场革命还涉及社会、文化和经济方面的深刻变革，其他人称之为新的全球经济。正因如此，数字化正在改变传统模式，构建基于协作过程的新兴商业模式。同样，现在不足为奇的是，在维持已有法律条件及其特征的前提下，我们可以在不同的国家和地区同时参与活动，并进行业务和交易，同时需要考虑到相关法律条款及其特点。因此，当前互联网的普及率迫使企业至少要有线上运作的能力。但是，在完成这个初始阶段之后，应当考虑对数字环境进行更全面的适应。

从这个意义上讲，卡罗等（2010）提到，信息技术极大地改变了商业世界的管理类型，尤其是在旅游业中，他们特别提到了酒店业。瓦列斯（1999）早年就曾提到过信息技术在这一领域的影响，因为他观察到，这类项目取得了重要且具有创新性的发展，开始为旅游行业的企业管理提供新的支持工具。

2. 数字化应用

将信息与通信技术（ICT）融入企业被认为是一个阶段性的学习过程（佩拉诺和苏亚雷斯，2006；科特尔尼科夫，2007；马切塞和琼斯，2010；里瓦斯和斯通波，2011；阿尔德雷特，2012）。在达到一定成熟度后，便可以实现先进复杂的信息与通信技术（ICT）应用，如企业资源计划（ERP）和客户关系管理（CRM）。

正如在分析酒店业历史时所发现的那样，最初其主要目标是提供住宿场所，但逐渐地，酒店业融入了信息技术，从而增加了服务的价值，不再仅仅提供住宿。从需求方的角度，特别是从消费者行为的角度来看，我们可以合理地推断出，人们在选择酒店时，会根据自己的优先顺序和观念考虑多种因素。在这种情况下，数字工具提供了增加酒店服务价值的选择。

在这个意义上，普拉滕和蒙多（2018）提到，在 21 世纪的竞争环境中，企业必须采取灵活的策略，帮助自己从同行中脱颖而出并提高在市场中的地位。这些技术有利于支持决策、电子商务和企业间合作过程，促进通过计算机网络扩展价值链的整合（卡马林哈·马托斯，2002）。

3. 数字化营销

根据梅希亚（2017）的观点，数字化营销是指通过使用和应用数字技术来实现营销目标。洛皮斯·桑乔（2022）则认为，数字化营销是与技术和互联网相关的一系列活动，包括识别到消费者的需求和愿望。后者意味着它是一个大规模、高深度的管理工具，远不止向潜在客户发送电子邮件这么简单。

根据布里西奥、卡耶和桑布拉诺（2018）引用的维尔蒂斯的观点，数字化营销是一系列企业营销活动中的一个交互式系统，利用远程通信系统实现对产品和/或商业交易的可衡量的响应。

4. 电子商业

学者之间就电子商业（e-commerce）和电子商务（e-business）的含义和局限性存在着一场争议。一些人认为，电子商业涵盖了基于电子、支持各种商业交易类型的全部企业活动，包括企业的整个信息系统基础设施（雷波特、亚沃斯基，2003）。其他人则认为，电子商务涵盖了包括电子商业在内的基于电子的整个内外部活动（卡拉科塔和罗宾逊，2003）。

说到这里，有必要强调电子商业和电子商务之间的区别，因为大部分累积的证据都表明它们是截然不同的现象。因为电子商业并不是指企业开展的任何数字化事务，所以在本文中，企业内部交易和流程数字化的实现将被理解为电子商务，涉及其控制下的信息系统。在大多数情况下，电子商务不包含涉及跨组织边界的有价交换的商业交易。例如，企业的在线库存控制机制是电子商务的一个组成部分，但这种内部流程并不像电子商业的定义那样，直接从外部业务或消费者那里为企业创造收入。然而，可以肯定的是，企业的电子商务基础设施切实为电子商业的业务活动提供了支持，电子商务和电子商业都需要相同的基础设施和一系列类似的技能。

在这种情况下，企业的网站已成为一个强大的虚拟展示平台，是它与其潜在客户之间的互动点，因此，对网站设计的任何改进，以及对它生成数据的适当维护和使用，都会增加其目前倾向于提供的综合服务的价值。特别是，网页所积累的数据已成为一个强大的信息库，对企业尤其是酒店业的决策过程有着深远的影响。

从这个意义上说，戈梅斯·德·莫拉斯（2009）指出，网站是综合通信系统的一部分，旨在实现企业与用户之间的互动。他在研究中得出结论认为，酒店将其网站作为一种营销工具，大力推销其服务，虽然该行业取得了重要发展，但在互通性方面存在缺陷，因此信息技术并没有成为以精确、独特的方式解决酒店问题的要素。因此，他建议对电子邮件进行长期监测，使用聊天工具直接为客户服务，并使用实时通话功能。

5. 数字化营销指标

在市场营销中，衡量和分析至关重要。相关决策者目前正处在一个十字路口，面临着如何处理现有大量数据以及如何定义一种能够为业务带来真正可行见解的分析模型的问题。在这一点上，定义衡量（数据捕获）和分析（处理数据以从中得出结论）之间的顺序非常重要（略皮斯·桑乔，2022）。

为了充分利用分析在市场营销中的作用，企业必须采取两项行动：首先不是先创建数据，然后再决定如何处理这些数据，而是必须先确定哪些信息与决策相关，明确需要哪些数据；其次建立必要的程序来获取和衡量这些数据。重要的不是为了衡量而衡量，而是通过衡量来做出决策。

我们通常会发现，在一个企业中，衡量和分析结果之间存在某种脱节，这个问题需要企业自身加以解决。在缺乏人才的情况下，即使是重要的数据也可能得不到利用，阻碍数据全部潜力的发挥，所以并非所有数据都能为决策提供同等的解释力。因此，必须区分两个经常被混淆的关键概念：关键绩效指标（KPI）和度量。KPI 和度量都是业务相关活动的可量化衡量标准。这两个术语的主要区别在于它们的战略或操作性质。KPI 具有战略意义，而度量则具有战术意义。简而言之，KPI 是与业务目标或战略目标相关的可量化或可衡量的值，其值反映了在实现该目标方面取得的成功程度，如营销投资回报率（MROI）、净推荐值（NPS）、市场份额、销售增长率、品牌知名度、客户生命周期等（略皮斯·桑乔，2022）。度量也是一种可量化或可衡量的值，但它反映的是战术性活动的成功与否，如数字目录的下载量、进入销售点的人数、在特定社交媒体平台上的参与度百分比等（略皮斯·桑乔，2022）。

6. KPI 与数字化营销度量指标之间的关系

所有 KPI 都是度量指标，但并非所有度量指标都能成为 KPI。每家企业都应当选择与其关键业务目标最为契合的指标，这些指标的集合将成为该公司的 KPI（略皮斯·桑乔，2022）。

上述观点的一个例子就是电子商业中的每次购买成本（CPA），用于收集产生销售所花费的成本。对于像 Booking.com 这样以数字销售为主要或唯一销售渠道的企业而言，CPA 是一项基本的业务 KPI。相反，对于数字销售只是一个辅助渠道的企业来说，CPA 可能只是一个跟踪指标，而不是 KPI。但是，确实可以指出，度量指标记录了业务流程，且其中一些指标因其战略重要性和与目标的一致性而成为 KPI。后者提供有关是否存在问题的信息，而度量指标则有助于理解业务流程中发生了什么。

但必须明确的是，度量指标不应该在与 KPI 相比中被贬低，因为即使战略非常明确，如果执行不到位，就没有成功的可能性。在许多情况下，我们会将 KPI 分配给战略测量，而将不同的度量指标分配给操作过程。

7. 酒店业务

根据智利政府发布的《国家旅游服务条例（2003）》，酒店业务是指商业性地提供旅游住宿服务的行业。这些服务在酒店中提供，住宿时间不少于一晚，并且酒店必须始终保持客户入住登记和身份识别的系统；客人可以自由进入和使用公共区域；酒店必须具备接待个人或团体客人的能力，旨在提供休闲、体育、健康、学习、商务、家庭、宗教、度假或其他旅游活动的服务。

提供旅游住宿服务的设施分为以下几类：

（1）庇护所旅馆：在不影响提供其他配套服务的情况下，为游客提供住宿的场所，通常提供半私密或共享的房间和浴室，并有一个设备齐全的公共区域供客人自己准备食物。

（2）公寓酒店：在一栋建筑中的独立公寓内提供旅游住宿的场所，这些单元构成一个行政、经营单位，并可提供其他配套服务。每个公寓至少包括以下区域：带有私人浴室的卧室、起居室、设备齐全的厨房和餐厅。

（3）民宿（住宿与早餐）：居住者将自己的住宅及其附属设施作为其日常活动外的补充，向游客提供住宿和餐饮服务。

（4）旅馆：在建筑物的私人房间内提供旅游住宿的场所，其建筑特点与住宅相似，并可提供膳食服务。若价格包括半膳食或全膳食服务在内，可被称为住宅。

（5）客栈：提供完整的餐饮服务且位于郊区或农村的旅游住宿设施，包括位于建筑或其独立部分内的私人房间或其他类型的住宅单位，其设施构成一个完整的整体，并具有专用入口。此外，在不影响提供其他配套服务的情况下，还应当提供停车设施，通常位于主楼旁边的地面上。

（6）酒店：提供旅游住宿服务的设施，包括房间和其他类型的较少数量的私人住宅单位，在建筑或其独立部分内，其设施构成一个整体，并具有专用入口。此外，在不影响提供其他配套服务的情况下，酒店至少提供 24 小时接待服务、一个供应早餐的咖啡厅及一个休息厅供客人使用。

（7）度假村：位于农村地区，在私人住房内提供旅游住宿服务的设施，主要目的是作为组织性游览活动的基地以开展相关活动。

三、研究过程

1. 研究方法与设计

本文的研究类型属于探索性、描述性和比较性研究。首先，目前尚未有针对酒店业的类似研究，且没有对两个国家之间的结果进行比较；其次，收集了智利和秘鲁两国不同酒店的背景资料，从而可以根据确定的一系列维度和指标来详细说明其特点；最后，还比较了两国酒店的指标结果。

研究设计：本文的设计为非实验性研究设计，其中变量、维度和指标不会受到控制和操纵；同时进行了横断面研究，收集和分析了特定时刻的背景资料，相当于定量研究。

研究方法：本文使用的方法是定量研究方法，收集了数值和统计数据的资料，以便对事先确定的指标进行识别和描述。

目标人群：本文目标人群为智利和秘鲁两国主要省会酒店，优先选择拥有自己网站的三星级酒店。

抽样框架：在搜索引擎网站（www.booking.com）上注册的智利和秘鲁酒店列表。

抽样方法：采用非概率抽样方法，方便抽样。

数据收集技术：为了收集、描述上述酒店的数字化应用情况，按照以下逻辑确定了可操作性：研究变量的名义定义、实际定义和操作定义。这意味着要从以下几个方面进行划分：子变量、维度和具体指标（见表1）。

表 1　研究变量操作

研究变量	子变量	维度	指标
数字化应用	电子商业	预订流程	房间空余情况、价格、附加服务选择、内部和外部预订系统
		支付方式	信用卡、借记卡、转账、PayPal、国际银行汇款、多币种账户
		联系方式	电子邮件、电话、使用社交媒体、网页表单、WhatsApp
	社交网络	网络类型	Facebook、Twitter、Instagram、TikTok
		粉丝数量	粉丝总量、点赞量
		互动	发布内容
	网站质量	分析系统的使用	Google analytics、hubspot、mixpanel、woopra、w3counter、clicky
		网络性能	错误数量、警告数量
		反向链接	网站链接数量
		搜索引擎索引	在 Google 和 Bing 上索引的页面数量

资料来源：笔者自制。

次要信息来源：对特定文献的综述（在参考文献中详细说明），并补充了具有国内外声誉的论文和科学期刊文章，此外，还辅以所研究行业的具体信息。

一手信息：智利和秘鲁两国主要省会的酒店网站。具体而言，根据上述变量操作表中的指标，对每个酒店网站的内容进行了审查。

2. 数据提取过程

为了开展这项研究，每个国家（智利和秘鲁）各考虑了 25 家三星级酒店。由于通常有第三方公司在网络上占有一定空间，因此需要对每家酒店的网站进行自身特性方面的验证。一旦验证通过，这些酒店就被确认为合格。

在验证过的酒店名单上，开始访问网站并查看其内容，以核实并开始提取数据。首先，要提取的是酒店名称，在智利还是秘鲁，以及所在地区或省份。一旦确定并收集了识别数据，就会对定义的变量以及各自的维度和指标进行搜索。这个过程对每个维度都进行了反复实施。其次，对网站源代码进行分析，例如检测网站是否安装了统计和分析系统，并确定网站上安装的是哪个系统。在网站上识别出酒店使用的社交媒体平台，并访问显示的每个账户，以收集发布数量、粉丝数、关注数等数据。再次，在 https：//www.w3.org/ 上对网站进行测试和分析，统计错误并记录错误数量。最后，使用谷歌（Google）和必应（Bing）等常用搜索引擎对每个网站进行分析。通过这些工具，可以检测每个网站有多少个反向链接（引用），并了解每个搜索引擎已经索引了酒店的多少个页面。

四、结　果

相比较而言，可以看出秘鲁在几乎所有维度上都更多地采用了所分析的工具（见图 1）。

对比数据发现，每个分析维度的测量结果非常相似，且呈现出一致的趋势，因此可以看出，秘鲁对 WhatsApp 和社交网络的使用率高于智利（见图 2）。同时，酒店业使用的主要社交媒体平台 Instagram 和 Facebook 在秘鲁的使用率都略高，且秘鲁在 Twitter 的使用率上也有优势（见图 3）。与秘鲁相比，智利酒店业在互动数量方面更为活跃（见图 4）。从图 4 中还可以看出，两国酒店都将 Facebook 作为主要社交媒体平台。对比智利和秘鲁酒店网站的索引水平，可以看出秘鲁酒店网站的索引水平要高得多，这意味着网站能够获得更多的访问量，因为这些网站在参考搜索引擎中的曝光率更高（见图 5）。

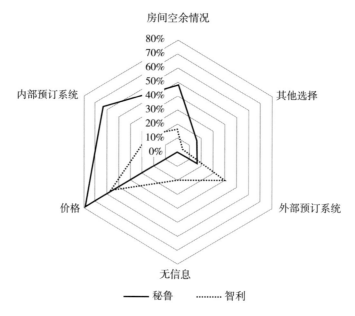

图1 电子商业/预订流程——智利与秘鲁的比较

资料来源：笔者自制。

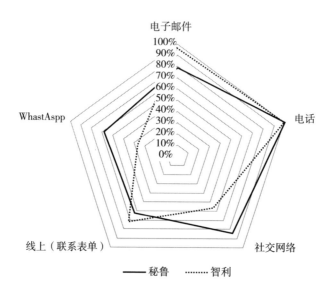

图2 电子商业/预订流程与社交网络——智利与秘鲁的比较

资料来源：笔者自制。

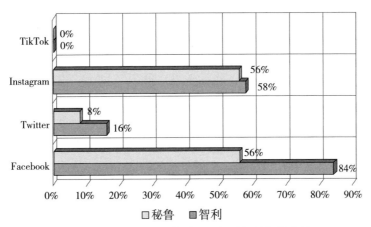

图 3　社交网络/网络类型——智利与秘鲁的比较

资料来源：笔者自制。

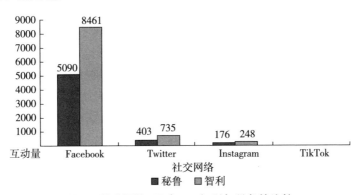

图 4　社交网络/互动——智利与秘鲁的比较

资料来源：笔者自制。

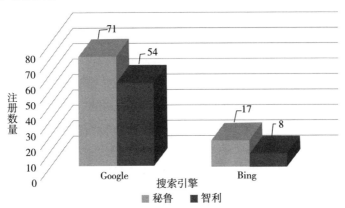

图 5　网站质量/Google 和 Bing 索引——智利与秘鲁的比较

资料来源：笔者自制。

五、讨　论

在 21 世纪的企业管理中，技术和数字化的进步使企业提高了市场竞争力。基于此，预计各企业的数字化应用水平将符合当前市场动态的要求。

然而，通过本文可以观察到，在所分析的酒店中，网站作为销售渠道只得到了部分使用，并不是与现有客户和潜在客户进行互动的有效替代方式。例如，研究发现，最常用的联系方式是电话和电子邮件，而这并不是 21 世纪推荐的交流方式，尤其对于酒店企业而言，它们需要对不同的数字工具和非数字工具进行持续的更新和动态调整。

由于本文主要是探索性的，提出衡量企业数字应用水平的建议主要是为了确定智利和秘鲁三星级酒店细分市场的参考水平。因此，未来的研究应从理论和经验两方面进行深入探讨，以确定子变量、维度和指标，从而更好地确定和比较酒店企业以及其他类型企业的数字化应用水平。未来研究还应包括对酒店管理者、经理或主管的调查与访谈。

六、结　论

在预订流程维度中，大部分指标明显有利于秘鲁酒店业，在大多数情况下都比智利酒店高出 30% 以上。然而，在其他维度，如支付方式和可联系性方面，两个国家的情况几乎相同。虽然两国在数字工具应用方面非常相似，但观察到秘鲁酒店网站的大多数指标比智利酒店网站的高出约 10%。智利酒店业只有一点表现出优势，即智利酒店在社交媒体用户数量上略高于秘鲁酒店。鉴于数据范围的有限性，可以说与智利酒店相比，秘鲁酒店并没有明显的优势。在分析工具的使用方面，大约有 42% 的秘鲁酒店网站使用了统计分析系统，而智利酒店网站的这一比例为 40%。另外，智利和秘鲁的反向链接数量分别为 47 和 46。

最后，我们可以得出结论：智利和秘鲁的三星级酒店在数字营销工具应用方面表现出很大的相似性。这或许与最初的预期略有矛盾，因为秘鲁的旅游业（酒店业）与智利相比有着更悠久的历史、更丰富的经验以及更大的规模。值得一提的是，与其他更高级别的酒店和行业相比，这两个国家的酒店网站在使用和利用数字化营销工具的水平方面相对较基础，而前者如今在管理和使用数字化营销工具方面表现出了更大的积极性，如外卖快餐服务行业。

参考文献

［1］Afrina Y, Sadia Tasneem, Kaniz Fatema. Eficacia del marketing digital en la era desafiante: Un estudio empírico ［J］. International Journal of Management Science and Business Administration, 2015, 1 （5）: 69-80.

［2］Baldev A, Amit Verma, Arun Prakash, Sunil Kumar. Analizando la empresa en redes sociales: Marketing y Hostelería e Industria Turística ［J］. International Journal Mecanic Enginering, 2022 （7）.

［3］Bricio K, Calle J, Zambrano M. El marketing digital como herramienta en el desempeño laboral en el entorno ecuatoriano: estudio de caso de egresados de la Universidad de Guayaquil. Desempeño laboral en el entorno ecuatoriano: estudio de caso egresados de la Universidad de Guayaquil ［J］. Universidad y Sociedad, 2018, 10 （4）: 103-109.

［4］Cañedo R. Aproximaciones para una historia de Internet ［J］. Acimed, 2005, 12 （1）.

［5］Caro M, Leyva C, Vela R. Calidad de las tecnologías de la información y competitividad en los hoteles de la península de Yucatán ［J］. Contaduría y Administración, 2010 （34）: 121-146.

［6］Gomes de Moraes A. El uso de internet en la comunicación con los clientes ［J］. Revista Estudios y Perspectivas en Turismo, 2009 （18）: 126-143.

［7］Halpern D, Castro C. Guía para la digitalización de las pymes ［R］. Centro de Estudios de la Economía Digital de la Cámara de Comercio de Santiago, 2017.

［8］Jones C, Alderete M, Motta Jorge. Adopción del comercio electrónico en micro, pequeñas y medianas empresas comerciales y de servicios, de Córdoba, Argentina ［J］. Cuadernos de Administración, Universidad del Valle, 2013, 29 （50）.

［9］Kalakota Rav, Robinson Marcia. Del e-commerce al e-business ［M］. Editorial Alhambra Mexicana, 2001.

［10］Laudon K, Traver Carol. E-Commerce: negocios, tecnología, sociedad ［M］. Cuarta Edición, México, Editorial Pearson, 2009.

［11］Llopis Sancho Emilio. El valor de los KPI y de las métricas, en la estrategia de marketing ［M］. Revista Harvard Business Deusto, España, 2022.

［12］Mejía J. Mercadotecnia Digital ［M］. Grupo Editorial Patria, 2017.

［13］ Ministerio de Comercio Exterior y Turismo de Perú（Mincetur 2015）. Decreto Supremo Reglamento de Establecimientos de Hospedaje.

［14］ Orús A. Comercio Electrónico en el mundo－datos estadísticos［EB/OL］. https：//es. statista. com/temas/9072/comercio－electronico－en－el－undo/# topic Header__wrapper，2022.

［15］ Platen D, Mondo T. La importancia del web check-in en el sector hotelero ［J］. Estudios y Perspectivas en Turismo，2018（27）：783-802.

［16］ Rayport Jeffrey F，Jarowsky Bernard J. Cases in e commerce［M］. Editorial Mc Graw Hill/Irwin，2001.

［17］ Rodríguez B. Los negocios realizados por internet，¿cambian los paradigmas existentes?［J］. Revista del Instituto de Ciencias Jurídicas de Puebla，2018，12（14）：71-85.

［18］ Rodríguez R. Internet, salud pública 2. 0 y complejidad［J］. Revista de la Universidad Industrial de Santander，2014，46（3）：297-303.

［19］ Sánchez W. Marketing y negocios electrónicos［M］. Centro Editorial Esumer，2015.

［20］ Servicio Nacional de Turismo（Sernatur, 2003）. Reglamento，Calificación y Registro de Establecimientos de Alojamiento Turístico denominados Hotel，Motel，y Apart Hotel［R］. Ministerio de Economía，Fomento y Reconstrucción，Chile.

［21］ Valles D. Las tecnologías de la información y el turismo. Estudios Turísticos，1999（142）：3-24.

附录
《2022~2023 年拉丁美洲蓝皮书》
英文摘要汇总
Appendix
Summary of the English
Abstracts for 2022−2023 Blue
Book of Latin America

The Economic and Trade Development Trend and Prospects of Latin American

Huang Lei，Deng Junhao，Zhu Zhenduo

Abstract：The complicated world situation has dragged the economy of Latin America into a continuous recession. Nowadays，countries have begun to restore their economies. The economy of Latin America is warming up driven by the improvement of the internal and external environment. This paper will explore the development of the Latin American economy in recent years. Firstly，it will describe and discuss the recession of the Latin American economy during the pandemic from the perspective of shrinking the foreign trade market，the collapse of the tourism industry and the exacerbation of poverty. Secondly，this paper mainly studies the recovery of the Latin American economy from the aspects of rising internal and external demand and the improvement of people's livelihood issues. Finally，this paper puts forward a vision for the future development of Latin America and China−LAC economic and trade relationship. The author believes that in order to achieve sustainable economic development，Latin American countries must strengthen intra－regional and extra－regional cooperation，reduce their high dependence on external markets by deepening structural reforms，and at the same time strengthen trade exchanges with China to realize the sustainable development of China−LAC economic and trade relationship through the transformation and upgrading of industrial structure.

Key words：China−LAC Economic and Trade Relations；Economic and Trade Development；Prospect of China−LAC Cooperation

A Study on the Sustainability of Government Debt in Latin American Countries

Li Cuilan

Abstract：The increasing government debt of Latin American countries is a potential root of the regional economic crisis. Moreover, their long-term dependence on debt financing increases the region's vulnerability to external shocks and makes it more challenging to implement public policies to achieve sustainable development goals on government debt. Based on the scale of public government debt in Latin American countries, this paper analyzes the current overall situation of government debt in Latin American countries by combining four factors that affect the sustainability of government debt：economic development, fiscal deficit, interest level and foreign exchange reserves. According to the analysis results, the author puts forward measures and suggestions to prevent greater risk of government debt due to the economic downturn, strengthen fiscal expenditure and deficit management, and promote financial and debt management reform to reduce the risk of government debt.

Key words：Latin America；Public Debt；Sustainability；Fiscal Expenditure

Research Report on the Investment Problems and Countermeasures of Chinese Enterprises in Latin America

Zhu Wenzhong, Zheng Xuemei

Abstract: Based on the theoretical model of risk classification, this paper analyzes and summarizes the main problems and countermeasures of Chinese enterprises' investment in Latin American countries. First of all, this paper reviews and discusses the advantages and disadvantages of the investment environment for Chinese enterprises in Latin America. Secondly, the author analyzes the important impacts and core challenges brought by the current international environment by studying the external environment faced by Chinese enterprises investing in Latin America. Thirdly, this paper focuses on the specific risks and problems faced by Chinese enterprises in the process of investing in Latin America, comprehensively analyzes the adverse effects of these problems and challenges from multiple angles, and puts forward reasonable countermeasures and suggestions to solve the investment problems of Chinese enterprises investing in Latin America.

Key words: Latin American Investment; Risk Classification Theory; Risk Avoidance

The Rise, Characteristics and Impact of the Migration Crisis in Central America in Recent Years

Zhang Xinyu

Abstract: In recent years, due to the influence of poverty, climate change, increased violence, adjustment of U. S. immigration policy and other factors, the problem of illegal immigration to the United States from Central America has become increasingly prominent. The United States, where the flow of illegal migrants from Central America is mainly from Guatemala, El Salvador and Honduras, is characterized by a younger population and an increasing proportion of women. In addition, hiring traffickers to assist in crossing borders and traveling in "caravans" are the main migration methods of immigrants. The rise of the migration crisis in Central America has had a huge negative impact not only on its source countries, but also on its main destination, the United States. Looking forward, increasing assistance and support to Central American countries, focusing on the development demands of Central American countries, and strengthening regional and international cooperation are important ways to solve the migration crisis in Central America.

Key words: Central America; Migration Crisis; U. S. ; Illegal Immigration

Political Party Construction and Governance Dilemma in the Transformation of the New Social Movement in Latin America —A Case Study of the Social Integration Party of Chile

Zhao Xi, Chen Xing

Abstract: The relationship between left – wing political parties and social movements in Latin America is close and complex. In the context of the new social movement in Latin America, there are many examples of social movements choosing to enter the political system and transform into a new left–wing party. Among them, the Chilean Social Integration Party has achieved some success. The foundation of the party's organization originated from the student movement in the first decade of the 21st century and gained a ruling position in 2021. From the perspective of development process, the party has experienced three stages, including the independent movement outside the system, the tortuous construction of the movement party and the transformation of the institutionalized party. However, the party faces great difficulties in adapting to the role of the ruling party, which is closely related to the root cause of its party: Firstly, the mobilization ability of the party leadership is limited by multiple restrictions, and grassroots governance experience is limited, so they have to rely on alliances with traditional left–wing political parties to maximize electoral benefits and form viable governments, which eventually leads to the restriction of reform and exacerbates the centrifugal trend of core voters. Secondly, the party's organizational structure emphasizes grassroots participation, which makes it more sensitive to social movements. However, the party is constrained by right–wing parties in the interaction of social security issues, which triggers a crisis of public trust. The above dilemma reflects the continuous internal tension of such political parties, that is, the root cause of their social movements is the confrontation between institutionalized political activities and their participation in institutional politics, which makes it difficult to balance the demands of core voters and intermediate voters inside and outside the system, and poses a higher level of challenges to the organizational construction of such left-wing parties.

Key words：Chilean Political Party Politics; New Left Party; New Social Movement

Analyzing the Reasons for Cultural Discounts in Films Based on the Cultural Onion Model
—A Case Study of the Brazil-China Film Exhibition

Wang Xiuzhi, Yang Xiaoyan

Abstract: As a medium of cultural communication, films play an important role in attracting international tourists for various countries. With the deepening economic and trade exchanges between China and Brazil, Brazil aims to attract more attention and recognition from Chinese consumers towards its culture. However, based on the effects observed from the 1st Brazil Film Exhibition in 2017 to the 4th Brazil Film Exhibition in 2021, the number of Chinese audiences for Brazilian films has dramatically declined. Additionally, the overall evaluation of Brazilian films by Chinese audiences has also shown a downward trend. These factors indicate a decreasing influence of Brazilian films in China, resulting in a cultural discount. This article utilizes the Cultural Onion Model to analyze the reasons behind the cultural discount of Brazilian films in China: Firstly, there is limited exposure of new Brazilian films in China; Secondly, the lack of innovation in storytelling and narrative techniques of Brazilian films; Thirdly, the mismatch of temporal and spatial boundaries in films; Fourthly, the lack of depth in film character development; Lastly, the difficulty for the protagonist's values to gain recognition. Based on these factors, this article proposes strategies and suggestions for enhancing the cultural value of Chinese films in the international market.

Key words: Brazilian Films; Onion Model; Cultural Discount

Review and Prospect of Film and Television Exchanges between China and Argentina

Liang Yunxian, Liu Liu

Abstract: The Belt and Road Initiative enables the rapid development of bilateral political, economic and cultural exchanges and cooperation between China and Argentina. Exchanges and cooperation in the field of radio, film and television have also become increasingly frequent, constantly promoting industrial development. The level and influence of exchanges and cooperation between the two sides continue to improve, and the connotation is getting deeper, creating a new situation for cultural exchange and cooperation between China and Argentina. This paper takes the three mass media, film, television and documentaries as the research object, sorts out the forms and characteristics of film and television exchanges and cooperation between China and Argentina since the 1950s, summarizes experience, analyzes its development trends, and puts forward countermeasures and suggestions for the problems faced.

Key words: China−Argentina Cooperation; Film and Television Exchange; Movies; TV Series

Late Apology
—Analysis of the Motivation of
the President of Mexico to
Apologize for the "Torreón Massacre"

Chen Ning, Chen Yi

Abstract: Apology refers to acknowledging inappropriate or harmful words and deeds, bearing faults and asking for the victim's understanding, usually at a private level. In recent years, apologies have been increasingly used by the government, especially between countries, which have had a far-reaching impact on the people of the two countries and the international community. It is a political and diplomatic act. On May 17, 2021, Mexican President López apologized to China and the Mexican Chinese community for the "Torreón massacre" of the genocide against Chinese people in Torreón, Mexico at the beginning of the 20th century. This behavior was affirmed by China, but the president's apology, which was more than 100 years late, quickly sparked heated discussion about its motives. At present, the academic community has not specifically discussed this matter. This article intends to analyze the motivation of the Mexican president's apology for the Torreón massacre and its political and diplomatic significance.

Key words: China-Mexico Diplomatic Relations; Chinese Exclusion Movement; Torreón Massacre; Genocide; Apology

ESG Policy and Practical Research in Latin American Countries

Huang Lei, Song Huihao, Ding Hao

Abstract：At present, the world is developing rapidly, and environmental, social and governance (ESG) factors are mentioned more and more frequently. Globally, there are significant differences in the level and focus of ESG practice between different countries and regions. Among them, ESG practice in Europe and the United States is at the leading level, while in Latin America It is still in its infancy. This article aims to analyze ESG practices in different countries and regions to find out the commonalities of ESG development and provide a reference for ESG development in Latin American countries. In general, ESG's development is inseparable from the participation of governments, enterprises and stakeholders. The government can provide a clear direction for the implementation of ESG practices by formulating relevant policies and regulations. The leadership of enterprises can ensure that ESG practices are consistent with the company's overall strategy, and employee participation can ensure that these practices are implemented in daily operations. In addition, this article briefly looks forward to potential cooperation opportunities between China and Latin American countries in the ESG field.

Key words：Latin American Countries; ESG; Policy; China－Latin American Cooperation

Consulting Research on China's Investment Advantages and Risks in Latin America

Xie Xueqin, Zhu Wenzhong

Abstract: In the investment composition, Latin America is mainly a producer of raw materials, especially energy and minerals. During the Belt and Road Forum for International Cooperation in October 2023, Chinese President Xi Jinping pointed out in a meeting with Cuban leaders that the current political landscape in Latin America and the Caribbean is undergoing a new round of profound adjustments. China attaches great importance to the development of China—LAC relations, and stands ready to work with Cuba and other Latin American and Caribbean countries to further advance high—quality Belt and Road cooperation, and promote equality, mutual benefit and common development of the China—LAC comprehensive cooperative partnership in the new era and better benefit the people of China and Latin America. In recent years, China—LAC economic and trade cooperation has been vigorously carried out, and the Belt and Road Initiative has been deepened and solidified, which has gathered synergies to promote global development and vividly demonstrated the China—LAC friendship of "Nothing, not even mountains and seas, can separate people with common goals and ideals." . In the context of Latin America, this paper analyzes the product advantages of Chinese investment in Latin America, such as the relatively low price of Chinese products with guaranteed quality, and analyzes the environmental risks of investment in Latin American markets, such as the long—term operation of multinational enterprises in developed countries such as the United States and Europe, which have advantages in resource control and market share, which squeeze Chinese enterprises to enter the emerging Latin American market, as well as frictional risks and competitive risks.

China's investment in Latin America began in the 1980s, and after years of accumulation, it has entered a stage of rapid development since the beginning of this century. This article puts forward countermeasures and suggestions for the characteristics and risks of China's investment in Latin America.

Key words：China's Investment in Latin America；Product Advantages；Risks and Challenges；Countermeasures and Suggestions

Strategic Research on Lenovo's Smart Device Products in the Latin American Market

Wu Yiming, Han Ganxiang

Abstract: As a dynamic and potential market, the demand for smart products in Latin America is growing. As a world-renowned technology company, Lenovo Group has a wide range of product lines and technical strength in the field of smart products. The Latin American market has become an important part of Lenovo Group's global business scope. This paper focuses on the market situation of Lenovo Group in major countries in Latin America, analyzes the basic situation of the development of the main smart device market in Latin America in recent years, studies the marketing strategy of Lenovo's smart products from four aspects: product strategy, price strategy, channel strategy and promotion strategy, and summarizes the main reasons for its success in the Latin American market, analyzes the problems and challenges it faces, and puts forward corresponding improvement suggestions.

Key words: Lenovo Group; Latin American Market; Marketing Strategy; Smart Devices

A Comparative Study of Digital Marketing Management in the Hospitality Industry in Chile and Peru

Marcelo Taito Jara et al.

Abstract: This article describes and compares the application level of digital marketing tools in the hospitality industry in Chile and Peru. After determining the relevant subvariables, dimensions and indicators, this paper studies the content of the three-star hotel website of the regional provincial capital. The main conclusion of this paper is that Peruvian hotels are better than Chilean hotels in most indicators related to the booking process, more than 30% higher than Chilean hotels, while other indicators are not. Through in-depth analysis of the data generated on the website, this study provides insight into the level of digital applications, which can be regarded as an efficient and effective choice to interact with existing and potential customers. The originality of this study is that there is currently no large amount of research to help determine the indicators and level of digital marketing applied by hotel enterprises and even fewer studies in some neighboring countries where the hospitality industry is only partially supporting the growth and development of the tourism industry.

Key words: Hospitality Industry; Digital Marketing; Comparative Study